"十三五"国家重点出版物出版规划项目

诺贝尔经济学奖获得者丛书
Library of Nobel Laureates in Economic Sciences

# 经济体制转型
## 理论与证据

## Whither Socialism?

约瑟夫·E.斯蒂格利茨（Joseph E. Stiglitz） 著
韩太祥 译
韩 楚 校

中国人民大学出版社
·北京·

# 前　言

本书是我 1990 年 4 月在斯德哥尔摩经济学院所做的维克塞尔讲座[*]内容的扩展。我原计划在讲座中回顾信息经济学的目前状况，这是过去 20 年间我的研究重点，但是东欧剧变提出了新的政策问题，并使旧的理论问题得以复活：如何实现经济体制转型？这些经验对长期以来关于经济体制选择的争论有什么意义？

与这些问题有关的第三个问题是：传统经济模型对这些基本的经济问题是如何解释的？对标准模型的批评通常是因为它几乎没有涉及这些问题，但我得出的结论超出了对标准模型这样的批评。在我看来，对于许多东欧国家目前所处的不利局面，标准模型负有部分责任，正如经常引用的凯恩斯的一段话所说：

> 经济学家和哲学家的思想，无论对错，均具有不凡的影响力。实际上，世界就是由他们的思想统治的。那些自以为不受任何学理影响的实干家，实际上经常成为某个已故经济学家思想的奴隶。那些自以为得自天启的执政狂人，其狂想无非来自若干年前某个三流理论家的想法。我坚信，相对于思想的持久渗透力量，既得利益的力量被严重夸大了。

存在强有力的证据证明以下命题：经济学观点导致近一半的世界人口正遭受难以言喻的痛苦。

新古典经济学经常将自己与马克思主义经济学相对比，但是，新古典经济学并没有提供一种真正可行的选择，至少流行于欧美国家的新古典经济学版本是这样。它仅提供了一种与基础力量相去甚远的经济模型，而这种基础力量恰恰支持马克思主义经济学的假设、命题和涉及的

---

① 1958 年，维克塞尔讲座学会联合斯德哥尔摩大学社会科学学院、斯德哥尔摩经济学院和瑞典经济学会为纪念克努特·维克塞尔（Knut Wicksell，1851—1926）而开办此系列讲座。在 1975 年之前，讲座每年举办一次，之后讲座停办。1979 年，讲座由瑞典经济学会重新启动。从 1982 年开始，该系列讲座每两年举办一次。

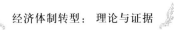

问题。虽然可以说我们似乎在所有可能的情况下已经做得很好，但并不能说服身处经济困境中的那些人。相反，在说明市场的效力时，似乎认为社会主义也行得通，即社会主义能够利用市场，并且可以避免市场在资本主义经济中的那些弊端。

现在看来，这种结论似乎值得探讨，这种探讨将使我们理解研究资本主义时所涉及的经济形态和经济模型，这个讲座的主要目标就在于此。

我认为标准新古典模型的关键失误在于它关于信息方面的假设，那些熟悉我的研究工作的人对此观点不会感到吃惊。在我早期进行的信息经济学研究工作中，我已经提出，标准信息假设方面的轻微改变，将极大地改变标准新古典理论的所有重要结论，因此，这个理论根本就不可靠。

我希望这些讲座超越现在常见的对标准模型吹毛求疵的方式，展示新的信息理论范式所提供的对经济如何运行的理论问题的新洞见，例如，竞争和分权化的作用，以及为转型经济面临的实践问题所提供的政策方案。不过，我想要强调，虽然作为标准理论基础的信息假设是标准理论的致命缺陷，但标准理论的失败不止于此，以下三个问题也是标准理论的缺陷，即关于完备市场、市场竞争性和忽略创新的假设。

新范式的建立是一个缓慢的过程，我所称的标准理论已经经过很长时间的完善，现在它可以用极具一般性的数学语言来表述。不过，更具一般性并不意味着理论的更高贴切性，基础理论能否对现实经济提供某些解释终究不依赖于相关函数的可微性。如此多的教授资源被用来完善一个无法充分解释现实问题的模型，意味着思想市场存在无效率，它至少与资本市场和劳动市场的无效率一样严重。

本书会运用正式的数学模型来讨论所涉及的某些问题，例如，给定信息条件下竞争的作用，每个个人具有有限信息情况下组织中分权化的作用，或者不完备市场和不完全信息条件下政府干预经济的作用，均在书中有所展开。但是，在这里我不打算回顾或扩展这些模型，有兴趣的读者可以参考给出的参考文献。相反，正如维克塞尔系列讲座的功能所显示的，我努力展示和推广一套思想观点。如果我能成功地质疑占支配地位的理论范式，如果能说服读者相信值得去探求其他可供选择的范式，相应地，如果能使我们教授的智力资源配置得到轻微调整，我的目的就达到了。如果讲座对于研究和设计转型过程的人们有所帮助，即使不能提供答案，至少能提供讨论问题的框架，这样我也将感到非常欣慰。

我对我的学生、同事，特别是合作者欠债多多。在过去的 20 多年里，我与他们讨论过本书中的许多问题。特别要提到的是理查德·阿诺特（Richard Arnott）、艾威·布瑞弗曼（Avi Braverman）、帕萨·达斯古普塔（Partha Dasgupta）、布鲁斯·格林沃德（Bruce Greenwald）、迈克尔·罗斯柴尔德（Michael Rothschild）、巴里·纳尔巴夫（Barry Nalebuff）、史蒂夫·萨洛普（Steve Salop）、戴维·萨平顿（David Sappington）、卡尔·夏皮罗（Carl Shapiro）和安德鲁·韦斯（Andrew Weiss）。作为研究助理，乔舒亚·甘斯（Joshua Gans）和迈克尔·司马特（Michael Smart）的有见地的评论使最终手稿增色颇多。简·科托普（Jean Koentop）和琳达·汉德尔曼（Linda Handelman）出色的秘书工作保证了手稿编辑打印的质量。

我从参加斯德哥尔摩经济学院讲座的同行的许多评论中获益良多，同样受益于布达佩斯、布拉格和罗马研讨会上诸多同行的评论，这些启发反映在本书的许多章节中。我对市场社会主义经济问题的兴趣可以追溯到我就读研究生期间，当年我到华沙中央统计学院考察时，正是与兰格（O. Lange）、卡莱茨基（M. Kalecki）及他们的学生们的讨论，使我获得了对市场社会主义经济理论和实践的认识，我非常感谢他们的盛情款待。我对经济转型问题的兴趣萌发于 1981 年，当年在威斯康星州的温斯普利茨，我参加了由美国国家科学院和中国社会科学院联合举办的研讨会（在这次会议上，我报告了本书一个章节的最早版本）。从那时起，我非常幸运地多次访问匈牙利、捷克斯洛伐克、罗马尼亚、俄罗斯等国家。我当然不能基于几次简短的访问就成为研究这些国家所面临问题的专家，但是我希望并相信本书的理论观点是有价值的。

我要感谢对本讲座的前期研究提供资金支持的几个组织，它们是美国国家科学基金会、斯隆基金会、斯坦福大学胡佛研究所、罗马尼亚政府、政策改革研究所和世界银行等。特别值得感谢的是斯坦福大学，它给我创造了一个很好的环境，使我能够以开放和积极的心态探讨最基本的思想，也使我能够每天从同事和学生身上学到许多东西。

# 目 录

经济体制转型：理论与证据

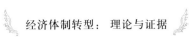

# 第1章　社会主义理论与经济思想的力量

自 20 世纪以来，我们见识了经济思想的威力。例如，关于社会如何组织经济活动的问题，人们不仅在学术领域展开争论，也在实践活动中展开较量。之所以有这种争论和较量，在很大程度上与经济学理论及其思想基础的缺陷有关。当然，即使一些实践者了解这一点，他们也不会关注马克思主义经济学的劳动价值论和其他命题的相关争论，因为信仰某种经济体制的人，总是坚信自己信奉的理论可以带来更幸福的生活。这种理论信仰对其信徒行为的支配力毫不亚于宗教信仰。历史上在欧洲宗教改革后期的教派冲突战场上，宗教信仰曾激励着教徒们为实现其拯救人类的誓言而英勇战斗。

社会主义作为一种意识形态受到一定的挫折，在很多方面与苏联解体事件一样引人注目。这意味着长达半个世纪的经济体制尝试受到一定质疑，这种尝试曾经被认为是一种深谋远虑的规划，它植根于一种存在了很长时间的意识形态，这种意识形态的内容涵盖了百年来的相关思想成果及其后继者的发展，其前提和结论均被广泛讨论。即使在今天，支持这种意识形态的马克思主义思想和理念，在发展中国家和其他许多地方仍然具有活力。

全面、系统地阐述社会主义意识形态的产生、发展及其遭受的局部挫折，是一件很有意义的工作，但超出了本书的范围。我将阐述的一个中心思想是，虽然经济学中的新古典模型不是直接和有意识地为市场社会主义提供理论基础，但它在传播和维持市场社会主义思想方面起到了关键作用。市场社会主义在诸多社会主义模式中处于中心地位，也是一种与资本主义并存的体制。我的观点是，如果新古典模型（或者其前身）对经济体系的描述是正确的，那么，市场社会主义确实有成功的机会。在本书中我试图对新古典模型的错误之处给出更精确的分析，并提出其他可供选择模型的基本要素。

在大多数人看来，社会主义的尝试结果显然存在一定不尽如人意之处。像其他许多社会试验一样，社会主义尝试不是可控试验，因此，何种因素导致这种试验的结果，对其回答不可能有单一的结论：在多大程度上是关于社会主义基本思路的问题所致？在多大程度上可归因于这种基本思路的实现方式？又在多大程度上来自"特定政策特征"？[1]

当学者在思考上述现象时，苏联解体后的大部分东欧国家已经坚定地向市场经济转轨。这些国家看到西欧、北美、东亚一些经济体实现了富裕，从而希望通过仿效这些经济体的市场经济体制实现自身的发展。但是，它们面临着一个转轨难题，即如何实现从现有体制向理想体制转型。我们深信这些国家对市场经济结果的真诚期望，但值得怀疑的是，它们真的愿意为转型付出相应的代价吗？这些代价就是许多实行市场经济的穷国所面对的极度贫困[2]，转型国家也可能会遇到，这可能是经济转型的代价。并且，市场经济具有多种多样的具体形式，转轨国家在选择哪种具体形式上仍面临一系列困难。实际上，并非所有转型国家都确定地向市场经济转轨，一些国家试图探索第三条道路，尽管这种可能性受到一些理论家的质疑，但设想一经提出，你就不可能完全无动于衷。

对经济学家而言，社会主义经济所面临的问题，无疑是对理论的一个严峻挑战。我们可以发现，一些国家正处在对新经济体制的选择过程中，经济理论应该提供有价值的指导。但遗憾的是，经济学对经济体制的基本内容缺乏相应的分析，甚至还不如对经济转型问题的分析，至少目前的情况是这样。那些行程仓促的客座顾问们给转型国家提供的典型

---

[1] 关于市场社会主义在多大程度上存在问题的看法仍然莫衷一是。例如在匈牙利，人们还在努力探索。在 1968 年改革后的一段时间里，匈牙利一直保持相当高的增长率。后来几年的增长率有所下降，部分原因是改革的无所作为，部分原因是导致大量国家经济增长率下降的世界经济环境变化。的确，匈牙利增长率的下降小于其他许多国家。评论家认为，由于匈牙利没有根据世界石油价格变化及时做出调整，因而匈牙利的外债增加。这种外债负担构成目前匈牙利面对的主要问题。

[2] 或就此而言，与美国黑人和少数民族平民区的贫困类型相似。也许值得注意的是，一些最成功的发展中经济体，如韩国和中国台湾，至少按传统的不平等尺度测算，它们达到了较高的公平性。

建议，就是重复强调市场的重要性。现在看来，这具有值得反思的教训，尽管市场倡导者认为这种教训并非经常出现，但全面引进外来经济体制确实存在消化吸收的困难，即使是那些长期习惯市场的国家也是如此。的确，尽管旧的"排斥市场的"左派思潮和"崇拜市场的"右派思潮各自均被宗教般的狂热所支配，因而缺乏理性分析，但它们似乎都有相应的吸引力。当右派思潮排斥马克思主义观点时，会尽可能地接受自由市场的思想。正如在苏联，尽管米尔顿·弗里德曼（Milton Friedman）的著作并未被广泛阅读，但他却被视为伟大的经济学家，因为弗里德曼是一种思想的象征，而这种思想正是他们追求的另一种可供选择的信仰体系。

长期以来，理论上总是不断重复着市场经济的出色表现，但证据多为轶事性故事。对于经济体制选择这样的重大决策，这些轶事性证据像芦苇一样弱不禁风，当然，证据总是聊胜于无。15 年前的轶事性证据，使得许多教科书作者〔包括保罗·萨缪尔森（Paul Samuelson）〕提出自由和增长不能兼得，这意味着社会主义经济的增长速度会快于市场经济。人们曾普遍认为，民主和自由是富人才消费得起的奢侈品，那些希望取得高增长的国家可能不得不选择社会主义道路，这意味着社会主义与自由受限之间存在某种（必然或偶然的）联系。即使是那些没有完全采纳苏联模式的国家，也相信苏联模式的某些特征是成功发展的重要因素，这些特征包括：中央计划、重工业化、基本生产资料全民所有制、强迫性的高储蓄率。今天回过头来看，这些经验主义的论断是值得怀疑的。当然，始终有不少经济学家从未动摇过对市场的坚定信念，他们现在可能会告诉你："我曾对你说过，情况会是这样的。"但他们中的一些人与那些预测熊市、牛市的证券分析师是同一类人（也是依据轶事性证据）。现今他们的声望如日中天，并不是因为他们分析的精确性和严密性。并且，轶事性证据并没有为转型国家应采取何种行动给出明确建议。例如，关于亚洲奇迹（即日本、韩国、新加坡、中国台湾的高速增长）的一种普遍接受的解释，就是将这些经济体的高速增长归因于当局在驾驭市场中所起的关键性作用[①]，而不是市场起了关键性作用。

问题是，经济学对这种争论应做出何种贡献呢？我认为，不能局限于轶事性证据的详细描述，也不能局限于经济学家对市场崇拜的不断重

---

① 例如，参见 Wade（1990）和 Amsden（1989）。

申。否则，只会在下述问题上兜圈子：某些定理是否断言市场经济一定
比社会主义经济优越？国有企业私有化是否一定提高效率？理论结论是
否告诉我们，政府部门和私人成分的适当平衡与各自作用对经济发展都
具有重要意义？实际上，所有成功的例子都实行了包括大政府的混合经
济体制。向市场经济过渡并不是弱化政府的作用，而是重新定义政府的
作用。对此，经济学会给予什么样的启示呢？

在过去的半个世纪，一个简单理论范式主导着经济学领域，这个范
式就是以不同形式表达的竞争模型，也称新古典模型或瓦尔拉斯模型，
对该模型的最精确论述是由阿罗和德布鲁完成的（参见 Arrow，1951b；
Debreu，1959）。该模型假设，任何商品在任何时间、任何地点、任何
自然状态（或风险状态）均处于完全竞争市场，其中，大量追逐利润
（或企业价值）最大化的厂商与（理性的）追求效用最大化的消费者之
间相互影响和相互作用。那些宣称该模型适用于现实情况的学者认为，
该模型的结论可以适用于放宽阿罗和德布鲁提出的严格假设的情况（例
如有关市场完备性的假设）。

我将在本书中提出，该竞争模型不仅没有为经济体制选择中的重大
问题提供指导，而且基于该模型的建议往往是误导性的。作为分析基础
的市场概念是有问题的，关于市场经济优点和弱点的分析是不恰当的，
关于市场如何实现和改进资源配置的论证也是不准确的。总之，竞争模
型不能为东欧国家探索新经济体制提供指导。

新古典模型和市场社会主义[①]模型均存在以下根本性问题：它们没
有考虑在缺乏完全信息和获取信息需要成本条件下可能出现的各种问
题，也没有考虑在缺乏重要的风险市场和资本市场或两个市场均不完备
的条件下可能出现的问题。这两个市场的缺乏或不完备，在很大程度上
是因为存在信息问题。在过去的 15 年里，已经形成了一种新的理论范
式，有时被称为经济学的信息理论方法（或简称信息范式[②]），该范式

---

① 我将在后面讨论市场社会主义的含义。

② 在强调信息范式的同时，我也不会忽略或轻视对新古典范式的其他批评，这些批评性
观点是过去 25 年里提出来的。其中包括对不完全竞争重要性的强调，它不仅与信息范式一致，
而且正如后面将指出的，在许多方面，它也与信息范式具有互补关系。

考虑到时间和篇幅的限制，我将集中讨论信息范式。我认为，该范式是一种可以替代新
古典范式的最清晰和影响最深远的模型。

充分考虑了上述信息问题①。该范式为研究发展经济学②和宏观经济学③提供了一种新的视角，还为我们提供了一种新的福利经济学④和新的厂商理论⑤，并且对金融市场的作用和功能也提供了一种新的解释，使我们能够深入探讨激励机制设计这样的传统问题。

　　这种信息理论方法不仅巩固或修正传统经济问题的答案，而且引出新的问题并试图给出解释。经济学中有三个经典问题：生产什么、如何生产和为谁生产。我们现在提出第四个问题，即如何决策和谁来决策。在琼·罗宾逊（Joan Robinson）（或阿罗和德布鲁）的经济理论中，决策者和决策结构被认为不发挥作用，罗宾逊把企业经理的工作描述为在计划书的相应章节里寻找目前（或未来）的要素价格，这些计划书章节告诉经理使用什么技术可以使要素价格降至成本最低点。但现实情况并非如此简单。当然，如果情况果真如此，那么经理的工作确实无聊，也应该受到传统英国学者的鄙视。如果不考虑兰格、勒纳（Lerner）、泰勒（Taylor）提出的管理激励任务，这些经理无疑将被自动化的工作程序取代。

　　简言之，我将在本书中展现新信息范式的应用前景，至少是能够对东欧国家面临的基本问题给出相应的见解。此外，我还将强调经济组织理论中一些长期存在的基本问题。我认为，先前人们对市场社会主义合意性的讨论是被误导的，因为这些讨论是基于对竞争市场如何运作的不正确理解，以及对瓦尔拉斯均衡模型适用范围的误解。我认为奥地利学派经济学家能够理解这一点，他们曾试图发展另一种理解市场经济的方式，但是他们一直未能成功地将其观点清晰地表述为一种令人满意的理论，以替代瓦尔拉斯模型。他们的著作通常只出现在一些文章的脚注中，所以，奥地利学派仍游离于主流经济学之外，至少是美国和西欧的主流经济学之外。我将在后面的章节中详细讨论我的观点与奥地利学派

---

　　①　为了研究，可参见 Stiglitz（1975a，1985c，1990a）和 Hirshleifer and Riley（1979）。许多模型的扩展性解释可以参见 Laffont（1989），Milgrom and Roberts（1992）。

　　②　例如，参见 Stiglitz（1985a，1988a），Bardhan（1989）以及 Hoff、Braverman and Stiglitz（1993）最新的关于农村组织理论方面的论文集。

　　③　例如，参见 Greenwald and Stiglitz（1987）。

　　④　为了研究，可参见 Stiglitz（1987a）。

　　⑤　这种新理论明确认识到股东利益与经理利益的分歧，以及经理利益与工人利益的分歧。也解释了市场控制经营者的有限性，并在考虑到激励因素和获得与传递信息需要成本的条件下，提出了企业如何组织和应该如何组织的问题。本书后面将涉及许多这类问题。

的传统观点之间的关系。[①]

在讨论了早期理论和争论及其局限性之后，我将提出我所认为的基本问题，而且这些问题均有待解决，对这些问题的相关见解都是过去15年中通过学习积累起来的。在本书最后我将给出一些评论，试图应用于分析东欧国家所面临的转型问题。[②]

# 比较经济体制研究的传统结论

在10～15年之前，经济学就提出了用于指导经济体制选择的三组结论。

## 福利经济学基本定理与斯密"看不见的手"

福利经济学基本定理（Arrow，1951b；Debreu，1959），或斯密"看不见的手"论断的正规形式，为经济体制选择提供了理论依据。斯密指出，"看不见的手"会将个人追逐私利的行为导向有利于公众利益，这种对私人利益的追求，不仅是确保公众利益实现的可靠途径，而且比政府官员想做的更为可靠。斯密的这个观点为市场经济可信性提供了理论基础。

福利经济学基本定理是关于何种市场以及市场具备何种条件才能有效运转的精辟论述。福利经济学第一定理是指，在一定条件下，每一种竞争均衡都是帕累托有效的。就是说，在该状况下，任何人都不可能在不损害其他人利益的条件下改善自己的境况。福利经济学第二定理是指，在何种条件下，任何一种资源配置的帕累托效率，均可以通过竞争市场实现。这两个定理为政府干预解决"市场失灵"奠定了基础。[③]当存在严重外部性时（如污染），市场无法有效发挥作用，政府需要对污染征税；由于市场不能提供公共物品，从而需要政府支出来提供公路、国防和其他公共服务；市场上的分配可能无法达到社会合意状态，这时

---

① 我对早期奥地利学派的批评，不仅针对他们的理论不完整，也如我将指出的，他们的一些基本观点，例如经济演化过程和信息效率，在某种程度上被误读了。

② 在我准备这个讲座时，转型过程刚刚开始。两年多之后这个讲座内容出版时，我所说的大部分内容还是贴切的。当然，有关转型过程的讨论仍然十分活跃。

③ 这方面的标准参考文献是 Francis Bator（1958）的论文。现在，这种方法构成标准教科书中公共部门经济学分析的基础，例如，参见 Stiglitz（1988b）。

就需要政府进行再分配。

市场失灵的分析表明，政府确实在经济中发挥作用，不过这种作用是有限的。政府只需要运用简单的工具来纠正特定的市场失灵，从而对经济运行产生微小的影响。例如，对于外部性问题，通过征收补偿性税款（庇古税）就可以解决。如果政府部门不能确定恰当的税率，也可以通过市场机制来达到污染控制目标，这种市场机制就是出售污染许可证。[①] 此外，政府还有其他社会责任，必须提供公共设施，并通过征税来保证资金来源。政府还必须采取措施保证市场的竞争性。福利经济学第二定理进一步表明政府的作用有限，即使收入分配不尽如人意，也仅仅需要有限的政府干预加以调整，即政府对初始收入进行一次性总量（非扭曲性）再分配。

隐含在两个定理中的基本观点是，价格制度是资源配置的有力手段。教科书中对价格制度的效力，即对市场经济和价格制度信息效率的阐述，常常超出福利经济学基本定理所反映的思想。人们不需要了解个人偏好、生产技术以及资源禀赋等情况，甚至没有必要去了解如铅笔这样的简单商品是如何生产出来的。价格传递了资源稀缺性的信息。从家庭到厂商，价格传递消费者需要何种商品的信息，从厂商到家庭，价格传递生产商品耗费的成本信息，这样，价格制度保证了经济体系中的厂商生产与个人需求相吻合。

当市场崇拜者使用诗意的词汇来描述市场经济的完美和力量时，修辞意义上的定理似乎没有什么可以用来描述"信息"。例如，福利经济学定理没有涉及经济体系如何处理新信息，实际上，在其模型中根本不存在新的信息流。福利经济学定理也没有讨论有关资源配置的信息获取，以及信息在资源配置中的有效性问题。人们甚至忽略了传输信息与获得信息激励、知识有效性与获得知识激励之间的冲突。如果证券市场上的价格准确、及时地传递了信息，那么，没有一个投资者会有积极性来收集信息；但是，如果信息的收集需要成本，就意味着证券市场的信息一定是不完全的。这就是 Grossman and Stiglitz（1976，1980a）提出的"非均衡状态下的均衡量"悖论。而福利经济学基本定理根本不涉及任何意义上的非均衡状态下均衡数量的有效性这一问题。例如，收集和传输信息的成本支出是大、是小还是适度？

---

① 美国政府最近已经实施了这项措施。芝加哥期货交易所为这种许可证创造了交易市场，这不仅促进了交易，而且促进了对这些权利未来价值的投机。

同样，对于那些希望通过创造性劳动获得报酬的发明者和创新者来说，也没有免费传播的技术知识。在以后的章节中，我将强调，在有效处理信息问题上，竞争性市场经济的能力是极其有限的。

### 兰格-勒纳-泰勒定理

经济学中指导经济体制选择的第二组结论是兰格-勒纳-泰勒定理，它是指两种可供选择的制度结构之间的等价关系，即市场经济与市场社会主义是等价的。

市场社会主义指的是一种经济组织形式，在该形式下，政府拥有生产资料（所有社会主义体制均是如此），但与市场经济一样运用价格配置资源。在市场社会主义条件下，厂商追求利润最大化，而且价格制定的基础是供求平衡，这些方面与资本主义是相同的。

市场社会主义与市场经济之间的差异主要在于定价机制与资本所有权。市场社会主义经济中的定价过程，是政府计划机构替代市场进行反复竞拍，即政府成为虚构的瓦尔拉斯拍卖者。[1] 政府拥有资本意味着红利（代表厂商"利润"）归政府所有，而不向股东支付。

政府拥有资本所有权也意味着政府对资本配置承担责任。在大多数市场社会主义经济中，政府并不是通过供求平衡实现资本配置（其他商品配置则按供求平衡实现），而是通过一种更直接的配置机制。[2] 不过，如果政府和私人厂商采用同样的方式配置资本，那么，两种体制下的资源配置结果将是相同的。

市场社会主义思想具有较强的生命力。因为它声称，市场社会主义拥有市场经济的所有优点，而没有私有制及其相关财富集中带来的弊端。并且，市场社会主义还避免了苏联式社会主义的主要问题。市场社会主义经济要做到这一点，要求中央计划者必须掌握有关技术方面的全部信息[3]，并就生产什么和如何生产做出成千上万的决策，中央计划者

---

① 市场社会主义文献出现的时间比最近的公共财政研究成果要早。在公共财政理论中，最优税导致生产者供给价格和消费者需求价格之间的差异。但是，兰格-勒纳-泰勒定理可以很容易加以扩展以包含这种价格差异。特别参见 Dasgupta and Stiglitz (1972)。

② 正如我们在后面将会看到的，我们有充分的理由采取差异化处理：资本有效配置所需要的期货市场和风险市场，在资本主义经济中也是缺乏的，从而很难与市场社会主义经济相类比。尽管属于分权化经济，但实际上资本主义经济在很大程度上也依靠直接的配置机制。

③ 苏联模式并不关注消费者偏好。但是，我们可以推测，在一个消费者导向的经济中，关于偏好的信息也必须传递到中央计划者那里。

必须决定每个工厂将生产何种产品，工厂从何处获得投入品，产品又销往何处。哈耶克（Hayek）一针见血地反驳了这一点，认为中央计划者不可能获得必需的信息。而市场社会主义者则提出相应的辩解，认为中央计划者除了处理投资之外，无须掌握所有细节信息，中央计划者仅仅充当瓦尔拉斯拍卖者角色，即传统竞争经济场合的重要行为者。福利经济学基本定理为市场社会主义提供了有力支持：福利经济学第二定理使人们相信，政府通过市场社会主义同样可以获得帕累托效率的结果。

在过去的十几年里，匈牙利和其他国家在尝试市场社会主义的过程中收效甚微（至少它们自己认为采取的是市场社会主义模式）。① 这种情况导致了两种反应：某些国家至少在一个时期内试图退回到非市场经济体制；大多数国家则希望沿着市场经济体制继续走下去；而对市场社会主义代表的第三条道路则普遍产生怀疑态度。

市场社会主义效果不佳的原因究竟何在呢？与福利经济学基本定理相联系的兰格-勒纳-泰勒定理认为，市场社会主义与市场经济一样，均可以达到帕累托效率的结果。那么，人们从现实生活中得到的更多启示是什么？或人们至少从经济活动中得到了什么样的启示？

## 中央计划经济与新古典范式

在本书中我重点比较市场经济和市场社会主义，而不是比较市场经济与中央计划经济，不过，这里提出的观点同样适用于后者的比较。我的观点之一是，如果新古典模型是正确的，市场社会主义已经成功了；同理，如果新古典模型是正确的，中央计划经济的运行就不会遇到如此多的问题。萨缪尔森把经济体系的任务简化为求解最大化问题，福利经济学基本定理显示，在严格假设条件下，他的观点是对的。② 并且，如线性规划之类的数学技术结合高速计算机，提供了直接"求解"资源最优配置的可能性。正如我前面所提到的，阿罗-德布鲁模型表明，竞争市场相当于"求解"经济体系资源配置问题的一种有效计算程序，而上述新技巧和新技术使我们能够推广这种计算程序，将其应用于与市场机

---

① 值得注意的是，即使在匈牙利，政治考虑对市场社会主义模式的实现程度也有重要约束，特别是在 20 世纪 70 年代中后期。

② 也就是说，所有竞争市场资源配置的实际求解，都是一种精确的最优化问题。

制相关的所有问题，从而获得社会如何有效配置资源问题的答案。[①]

也许值得注意的是，早期关于求解复杂最大化问题的计算程序的研究成果，显示了涉及"价格"（使用对偶性）和"分权"因素的有效性，这两项因素对于市场实现资源配置问题的方式是类似的。近期研究成果形成的更有效计算程序，似乎不同于任何直接的市场方式，这支持了我的下述观点：分析经济如何配置资源问题比求解最大化问题要复杂得多。这意味着经济学本身比单纯的工程学方法更复杂，也更有趣，这种工程学方法是萨缪尔森《经济分析基础》（*Foundations of Economic Analysis*）1947 年出版后几十年来被广泛运用的。[②]

## 科斯定理（或猜想）

经济学提出的指导经济体制选择的第三组结论是通常所称的科斯定理，该定理始终没有与其名称相对应的精确内容表述。科斯（Coase）强调产权的重要性。按照科斯的说法，如果产权界定清晰，个人总是有积极性去达成有效率的经济安排。谁获得产权（对效率）并不重要（当然会影响福利的分配）。诸如"公地悲剧"这类无效率（包括公共牧场的过度放牧、公共油田的过度开采、公海的过度捕捞等），就是产权界定不清的结果。其他无效率则是产权受到限制所致。例如，在美国西部，对水域权买卖的限制，导致水资源配置的无效率。

通常认为，正是由于社会主义经济摧毁了私有产权，从而导致这种经济的失败。公寓业主不能从房屋维护活动中获得好处，从而没有积极性去维护，因为他们无权销售这种房屋（与那些控制房屋租金的城市面临的问题相同）。[③] 国有企业的管理者没有积极性增加自己所管理的企业的价值，因为他们不是企业的所有者，无法获得自己努力的全部收益。

根据我们目前的观察，实际上，社会主义经济在对私有产权的处置

---

① 作为市场社会主义的开拓者之一，兰格对这些新技术具有强烈的期望，这从他的著作中可以看出来（Lange, 1967）。应该注意到，兰格长期在波兰政府中担任高级职务，因此，他的思想对那里的经济政策演变具有重要影响。

② 也许值得注意的是，即使像琼·罗宾逊这样激进的新古典经济学批评者也难以摆脱相同的心理模式。例如，与新古典经济学家一样，她也将企业管理者的问题描述成在计划书相关章节中寻找目前（和未来）的要素价格。

③ 在没有租金控制时，房屋所有者具有持有房屋的激励，因为这将影响他们能够收取的租金。

方面并不像他们设想的那样成功。管理者在分配产出方面具有相当大的自由处置权（例如，通过定低价，从其他相同情况的管理者那里得到好处）。企业不能随意解雇工人，从而这种岗位类似于工人的私人"产权"。当然，这是受限制的私人产权，例如，工人不能把自己的岗位出售给其他人。由于产权总是受到限制，容易导致诸多扭曲。科斯理论的清晰命题是：市场社会主义效果不佳的原因就在于产权没有清晰界定。产权全民所有实际上等于没有任何人拥有产权，从而对所有个人均没有适当的激励。由此看来，向市场经济转轨的首要任务就是国有产权私有化。

产权界定不清或者对产权存在限制会导致扭曲，如果这个观点正确，则意味着其他基础结论是错误的。首先，产权明晰不一定必然带来效率。例如，公共物品问题就不能通过科斯定理来解决。[1] 科斯及其追随者非常关注交易费用阻碍交易双方通过谈判达成有效率结果的可能性。实际上，不完全信息（可以看成一种交易费用）也经常导致无效率的结果。如果获得交易关系中大部分利益的一方（能够隐瞒情况）极力向另一方证实自己所获甚微，这时互利的交易就不能发生（例如，参见Farrell，1987）。[2]

其次，缺乏明晰的私人产权并不一定会产生问题。大量不断增加的文献显示，在很多情况下，地方性社区通过各种管制性措施避免了公地悲剧的发生。

更一般地说，缺乏明晰产权不一定是中心问题。对此有两方面的证据支持。第一，多数大型企业是由受雇的管理者经营而不是由所有者经营。管理者为一群分散股东工作，或为国家工作，是否具有很大差异呢？这个问题后面还要讨论。第二，缺乏明晰产权并没有阻碍中国南方地区两位数的快速增长。

缺乏明晰产权可能不是问题的关键所在。不仅如此，甚至是企业通

---

[1]　并且，正如我后面要讨论的，公共物品问题比传统的讨论更具有一般性，例如，知识获取和企业治理均存在公共物品问题。

[2]　罢工就是互利交易没有能够实现的例子。因为每一方都想获得合作总剩余的更大部分，讨价还价的结果部分取决于每一方对对方没能获得最大利益时将如何行动的猜测（威胁点）。如果一方可以说服另一方，使之相信具有更好的外部机会，能使他获得更大的利益，谈判各方均试图传递这样的信息。但有效地传递这种信息是需要成本的（仅在口头上说是容易的，这种表达经常不具有实际价值）。显示这类信息的一种通常方式是，一方表示打算推迟签约，即使这种推迟对他是有代价的。

过私有化还是政府直接控制能够更有效实现目标，也不是很清楚。对于企业而言，私有化是否优于公共控制将是本书第 9 章的中心议题，那里讨论的私有化定理将给出否定的答案。

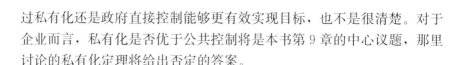

# 本书的主要议题

我将在本书中依次详细讨论以下六个主要议题：

第一，标准新古典模型对经济体制选择提供的理论支持是极其有限的。该模型是对斯密"看不见的手"猜想的正式解释，是关于市场经济能保证经济效率的证明。一旦在分析中引入必须考虑的信息不完全（和市场不完备的事实），就无法得出市场有效率的推论。

第二，断言市场等同于市场社会主义的兰格-勒纳-泰勒定理，是基于一套关于市场、资源配置以及市场如何实现资源配置的误导性观点。

第三，基于市场经济和资源配置问题的错误定性，新古典范式给出了一套关于市场社会主义解决资源配置问题能力的错误理念。换句话说，如果新古典范式对资源配置问题和市场机制的描述是正确的，市场社会主义早已大功告成。从这个意义上说，对市场社会主义的批判，在很大程度上就是对新古典范式的批判。

第四，主要经济问题超出了通常经济学教科书界定的以下范围：生产什么？如何生产？为谁生产？还包括下述更广泛的问题：如何做出资源配置决策？谁进行决策？决策者如何做出正确的决策？在进行决策之前，决策者如何了解需要何种信息？从何处获取信息？如何使得经济体系中成千上万、各自为政的分散决策者实现协调？

第五，使得市场经济运转成功的关键因素是竞争、市场和分权。在政府发挥广泛作用的经济中同样如此。并且，要维持市场的竞争性，政府也必须发挥重要作用。

过去一二十年，东亚地区经历了惊人的快速增长，对这种增长奇迹产生的原因存在广泛的认识混乱。韩国确实在很大程度上利用市场，有力地实施出口导向政策。基于这种经验，一些观察家得出以下结论：像韩国这类国家的成功，证明唯有市场才是增长奇迹的原因。但是，在东亚奇迹的每一个经济体中，政府均在经济中发挥着重要作用。正如韦德（Wade）将分析中国台湾经济成功的著作定名为《驾驭市场》（*Governing the Market*），这无疑反映了在中国台湾经济发展过程中，当局始终通过市场干预经济的实际情况。

　　第六，社会主义试验遭遇挫折的根本原因，不仅在于缺乏产权，也在于缺乏竞争和激励，既表现在经济方面，也表现在政治方面。更重要的原因也许在于信息问题。在这一点上，哈耶克无疑非常正确，虽然我不能断定他所指的信息问题的范围。哈耶克强调中央计划制定者面临的最大难题就是信息问题。如果哈耶克所指的信息仅仅局限于阿罗-德布鲁模型中的价格信息，则市场社会主义可以运转。阿罗-德布鲁模型中的价格信息，一方面将消费者偏好信息传递给厂商，另一方面将稀缺性信息同时传递给消费者和厂商。如果社会主义可以像阿罗-德布鲁模型中的市场那样"解决"信息问题，兰格的市场社会主义就是正确的。但是，信息问题的范围比阿罗-德布鲁模型中的价格信息要宽泛得多。

# 第2章 关于市场社会主义的论战：第一回合

关于社会主义一般问题特别是市场社会主义问题的论战，是持续时间较长且具有较大影响的历史事件。在20世纪30年代，立场不同的两派经济学家均做出了突出贡献：一方是兰格、勒纳和泰勒，另一方是哈耶克等。实际上，参与这场论战的有诸多流派，不过，在最近的讨论中，有些流派已经消失了，另一些流派则受到特别的关注。

例如，现代争论强调，市场社会主义之所以不切实际，是因为它忽视了经济问题的政治性，即政府官员是否有动力去实施市场社会主义者提出的措施。市场社会主义的批评者指出，相关的比较不是在市场社会主义支持者假设的理想化政府与市场经济之间进行，而是在调控经济运行的现实政府与市场经济之间进行。而先前的讨论主要涉及经济体系竞争性模式的非现实性问题，即在报酬递增普遍发生的情况下，只能在市场社会主义与垄断资本主义之间进行比较，而不能在市场社会主义与竞争资本主义之间进行比较。

从这场论战开始至今的50多年里，世界发生了很大变化，经济学也是如此。不仅经济学家使用的术语变化了，而且经济学科也取得了长足的进展，使得我们有可能从新视角来重新考察老问题。如前所述，本书的中心目标就是使用新信息经济学范式研究这些老问题。不过，在详细阐述我自己的观点之前，我想简要概括一下，在解决这些老问题上经济学已经取得了哪些进展。具有讽刺意味的是，正当市场社会主义走下坡路的时候，经济学在研究市场社会主义方面却取得了一些新进展，同时，这些新进展又提出了有关市场社会主义必要性和可行性的一些新问题。

# 为什么现代理论认为市场社会主义具有更大的合理性?[①]

从某种意义上说，至少有两个现代经济学的重要结论强化了对市场社会主义的信念。

## 期货市场缺失与政府在分配投资中的作用

很明显，如果市场体系的功能真像其推崇者所描述的那样发挥作用，就必须存在各种商品和服务交易的市场。竞争市场经济模型的一个基本假设就是存在一套完备的市场体系，这个模型提供了关于市场经济信念的系统知识基础，这个假设并不像初看起来的那样容易理解。确实，现实中存在着钢材市场、劳动市场、土地市场、股票市场、小麦市场等诸如此类的市场，但这些市场不可能是完美的，也就是说，这些市场并非像竞争模型所设想的那样，有大量买者和卖者，也不具备标准理论设想的组织方式，即由一个拍卖者喊价，直到市场出清。尽管如此，人们还是具有以下共识：经济学家的市场模型至少提供了对现实中各类商品和服务市场的较好的近似模拟。

但是，完备市场体系假设远远超出了上述范围。不仅必须存在商品和服务交易的现货市场，而且商品和服务交易的期货市场也不可缺少。[②] 现实中确实存在某些期货市场，如人们可以在今天购买 3 个月或 6 个月之后的谷物或小麦。但是，对大多数商品或服务而言（除了少数几种、几个月的农产品期货），并不存在这样的期货市场。

这类期货市场对实现正确的投资分配至关重要。鉴于市场体系配置和协调投资的能力，并且以社会性的生产方式实现，因此，在 19 世纪和 20 世纪，人们也试图寻求社会主义的运作方式。没有完备的市场，价格就不能发挥协调或传递信息的作用，而价格的这种作用对于市场经济的效率是基础性的。在现实市场体系中，每个企业必须形成关于未来价格走势的预期，而这些预期又部分取决于关于其他企业如何做的信

---

[①]　在本书后面我会回到这个一般性的主题。这里只是简单提出问题。太多的经济学家忽略了市场社会主义，他们认为市场社会主义"明显地"具有缺陷。

[②]　对所有风险都必须有市场。在第 3 章我将讨论为什么不存在期货市场和风险市场的问题，并广泛讨论这类市场不存在所导致的失灵的后果。

念，通常其他企业总是尽可能保守信息秘密，因此，市场经济似乎不是提供协调投资决策的机制，反而驱使经济主体为这种协调设置障碍。在现实中确实存在以下市场失灵的例子：有时出现对一个行业的过度进入，有时则是进入不足。甚至在政府试图通过指导性计划①（如法国）这种有限干预方式为企业提供必要信息的场合，似乎也是不成功的，因为企业不愿意将其真实计划公之于众（并且，在很多情况下，企业出于策略性考虑，甚至可能提供虚假的信息）。

完备市场体系不仅需要存在中短期的期货市场，而且需要有扩展到无限未来的所有时期的长期期货市场。如果没有这种长期期货市场，经济运行的有效路径将只具有局部性和暂时性，即从短期看，似乎是遵循理性预期路径，表现为所有资产的实际收益率（资本收益加租金）相等，但是，从更长期的视角来看，会显示出无效率的状况，并且私人没有动力来纠正这种长期内的无效率情况。这从直觉上就很容易理解。假定一家企业准备 1990 年建一家工厂，计划使用 20 年，然后将其出售。为进行这项决策，该企业需要对 20 年之后即 2010 年时该厂房的价值做出估计，而该厂房 20 年之后的价值，又部分取决于从其建成之日起 20 年内其他厂房的供给情况。甚至在一定程度上，相应决策还取决于人们对更远将来可能发生的事情的预期。例如，假定该厂房建成 10 年之后即 2000 年，企业想知道 20 年之后即 2020 年同样厂房的售价，而 2020 年的厂房售价又取决于那时候的厂房供给状况，还取决于从目前起2020 年期间的厂房建设情况。如果考虑 2010 年准备建设的厂房，则企业需要了解 2030 年时的厂房价值，依此类推。因此，目前决策是镶嵌在延伸至无限未来的相互联系的链网之中的。现实中，企业决策并非通过如此复杂的推理过程进行的，管理者的决策往往基于预感和猜测。理论上的重要观点是，即使在最好的情况下，即使管理者使用最具理性的分析方法，由于缺乏扩展到无限未来的期货市场，也无法确保市场必然带来有效率的结果。可以确定的是，如果管理者通过减少复杂性的计算来简化决策过程，对市场结果有效性的信心将会被进一步削弱。

①　在指导性计划条件下，经济中的不同企业会将自己未来投资和生产的计划，以及需要的投入要素告诉政府部门。然后，政府原则上能够使用这些信息，例如告知企业：某些期货市场存在不平衡；或者按当前计划，钢将供过于求。如果要使指导性计划发挥作用，企业必须根据具体市场价格来显示其要素需求和产品供给曲线（也就是它们的计划）。当然，大多数企业并没有如此详尽的计划。但是，指导性计划不成功的更基本原因可能是企业不愿意提供被要求公布的信息，即使它拥有这些信息。

## 长期动态：一个离题的技术性讨论

人们早已知道，动态优化模型会产生一条鞍点路径（如 Samuelson and Solow，1953），也就是说，在良好行为假定下，无论经济的初始状态如何，只要满足暂时性效率条件，该经济就总是存在一种最后收敛于稳态的路径，而其他满足暂时性效率条件的路径则会偏离稳态。当然，这不是致命性的，因为通常存在附加条件，即横截性条件，它能保证经济沿着最优路径向稳态收敛。哈恩（Hahn，1966）指出，在一个经济的描述性模型中，如果资本品多于一种，也存在上述情况。不过，他同时指出，在缺乏扩展到无限未来的期货市场情况下，则无法保证市场经济收敛于稳态。哈恩之后的研究（Shell and Stiglitz，1967）则指出，经济模型中的不稳定性可以通过改变模型假定而消除，即经济主体的完美预见性（理性预期）假定改变为其他类型的预期假定，例如适应性预期假定，反映足够的缓慢适应速度。同时，对经济的其他规定可能使得稳定节点成为稳态。例如，在一个货币和增长模型中，Shell 等（1969）指出，从资本存量和名义货币供给的任何初始值开始，均存在着收敛于相同稳态的多条路径。其他一些研究（Stiglitz，1973a）则显示，如果这些路径不是收敛于唯一稳态，也不是爆炸式发散，将存在理性预期均衡。确实，这里可能存在与理性预期一致的非收敛路径的多样性。

人们感兴趣的是，如何用不同的方式来解释相同的结果。这方面的早期研究者（Samuelson，1967；Hahn，1966；Shell，Sidrauski and Stiglitz，1969）认为，鞍点均衡给资本主义经济体带来的一个问题是，在缺乏一个扩展到无限未来的期货市场情况下，无法保证经济运行将选择收敛于稳态的唯一路径，也就是说，存在一些与多重均衡（通过多条路径收敛于稳态）相关的问题：首先，经济学家无法预测经济将选择哪条路径；其次，从某种意义上说，某条路径优于其他路径，但经济运行却无法确保能够遵循这条最优路径。但是，这些经济学家更关注的是经济不稳定性以及与此相关的无效率问题（也许这种无效性很严重），而不是与选择不同收敛路径相关的福利上的微小差别。

最近的理性预期研究中，通过比较之后发现，鞍点是好的，而节点是不好的。理性预期学派想说明的是，市场经济是有效率的。他们通过展示满足理性预期条件的唯一路径宣称市场经济是有效率的。这些条件包括：第一，该唯一路径是社会最优路径；第二，经济运行方式与理性预期相一致。在节点的情况下，存在着起始于不同初始状态的多条路

17

径。那么，人们如何识别经济运行将遵循哪条路径呢？既然不是所有路径均具有帕累托最优性质，节点情况就可能导致经济沿着非效率路径运行。

值得注意的是，每一种基于理性预期假设的分析均是不可靠的，因此，既不存在唯一的理性预期均衡，也不能声称理性预期均衡一定是帕累托最优，除非在更严格的限定条件下才可能达到最优。下一章将详细讨论这一点。对目前的分析而言，最重要的是要认识到，即使存在收敛于稳态的唯一路径，也没有理由相信，缺少扩展到无限未来的期货市场的经济将会"选择"此条路径。那些宣称市场经济（基于理性预期）有效率并且将沿着收敛于稳态的唯一路径运行的论点，不是基于哈恩等人的分析，而是仅仅忽略了哈恩等人的分析。他们假定在经济运行过程中，每个人都在无限生命期内追求效用最大化，个人确信横截性条件会自然得到满足，也断言经济运行条件会得到满足。人们往往忽略了市场体系需要期货市场这个事实。

简言之，一方面，如果缺乏一般的期货市场，将使得价格体系对于投资这类未来导向性活动不能发挥重要的协调作用；另一方面，如果缺乏扩展到无限未来的期货市场，将使得市场经济产生动态不稳定性。无论是由于第一方面原因，还是由于更微妙的第二方面原因，都没有充分的理由相信理性预期可以导致向稳态的收敛，也无法推断出市场会自发地实现效率。上述分析对市场社会主义信奉者而言，其含义是清楚的，也就是说，在设想的市场社会主义条件下，对投资分配需要某种类型的政府调控。

## 委托-代理问题和所有权与控制权分离

在关于市场社会主义的早期讨论中，激励问题没有受到重视。在政府物价部门给定价格的条件下，管理者追求利润最大化，因为管理者被要求这样做，而且他们也确实会按要求执行。这里忽视了对管理者的激励，这也是对市场社会主义的最强烈批评。甚至在早于20世纪30年代的市场社会主义大论战之前，现代资本主义的研究者就已注意到所有权和控制权分离所导致的激励问题（Knight，1921；Berle，1926；Berle and Means，1932）。如果所有权和控制权分离，成千上万的个人掌握公司股份与所有个人通过国家掌握公司股份有很大的差异吗？市场社会主义者认为两者之间没有差别。

对所有权和控制权分离所导致的结果的分析，已经成为信息经济学的重要研究课题。被称为"委托-代理理论"的一个文献分支[1]，为 20 世纪 50 年代强调的管理者自主权分析提供了严谨的理论基础（如 March and Simon，1958；Marris，1964）。该理论指出，在信息有成本的条件下，股东对管理层只能实现有限的控制。同期以及随后有关公司接管和其他控制机制的研究成果，进一步巩固了（至少是有限度的）管理者自主权的结论。这些理论发现在一定程度上被 20 世纪 70 年代和 80 年代的接管和并购狂潮所证实。对于大公司而言，并不存在追求期望利润贴现值最大化或长期市场价值最大化的"单一所有者"[2]。所有者真的重要吗？英国石油公司（BP）的效益低于德士古（Texaco）石油公司吗？[3] 加拿大国有铁路（Canadian National Railways）公司的效益低于加拿大太平洋（Canadian Pacific）公司吗？[4] R. 约翰逊和他的 RJR 公司[5]股东朋友对公共利益的掠夺更严重吗？

## 为什么现代理论不再强调市场社会主义的必要性？

在某种程度上，现代理论对市场社会主义的讨论比以前更具有平和的态度，两个后续结论具有更模糊的含义。

---

[1]　继 Ross（1973）和 Stiglitz（1974）之后，这方面研究的文献非常丰富。要得到简要概览，可参考 Stiglitz（1989a）。

[2]　确实，正如我在东京讲座（Stiglitz，1972b）中所指出的，当缺乏完备的市场体系时，在一般情况下，股东对企业应该追求的目标方面难以达成共识。

[3]　直到最近，英国政府才拥有英国石油公司的大部分股份。德士古作为一家美国私人石油公司在行业内的名声是管理无能和傲慢。德士古由于劝诱盖提（Getty）石油公司撕毁将股权出售给鹏斯（Pennzoil）石油公司的合同，因此受到鹏斯的控告。在这一诉讼中，德士古损失了数十亿美元，但并没有人同情它。

[4]　Caves and Christensen（1980）并没有为此提供证据。（加拿大国有铁路公司为政府所有，加拿大太平洋公司是私人所有。）

[5]　RJR-纳贝斯克（RJR-Nabisco）是美国一家大型混合企业。最初以两种主要产品而闻名，即 R. J. 雷诺兹公司的烟草和纳贝斯克（Nabisco）公司的面包制品［也包括其他产品，如都乐（Dole）菠萝］。但是，很快因为经理人的生活方式而出名，包括为经理人提供大型喷气式飞机以及滑雪胜地的度假村。想了解更多情况，可以参见 Bryan Burrough 和 John Helyar 的《门口的野蛮人》（*Barbarians at the Gate*）（该书中文版由机械工业出版社 2010 年出版。——译者注）。有不断增加的理论和经验文献讨论股东和管理层之间的利益冲突。例如，参见 Morck、Shleifer and Vishny（1989，1990），Shleifer and Vishny（1986，1989）和 Jensen（1986）。

## 竞　争

如前所述，至少有一些市场社会主义倡导者认为，相关的比较选择不是在竞争市场与市场社会主义之间进行，而是在垄断资本主义与市场社会主义之间进行。[①] 他们相信，在经济的大多数部门，竞争并不是常态。分析市场经济具有效率性的基本假定是每家企业均是价格接受者，即企业必须确信它既不能影响自己所售产品的价格，也不能影响自己购买的要素的价格。20 世纪初期，根据大企业增加的情况，许多经济学家推断和设想，市场经济中的未来趋势可能是，主要部门将由一家或少数几家企业支配，这些部门包括钢铁、石油、汽车、炼铝等。经济学理论也支持这种推测，因为大企业通常使用固定成本较高的技术，从而产生内部规模报酬效应。当然，如果大企业缺乏适当的管理控制，将会使得相应的管理成本递增，但应用新的组织管理技术将会有效避免这种情况，阿尔弗雷德·斯隆（Alfred Sloan）在通用汽车（General Motors）公司的实践就是典型。国内市场的形成，以及国内媒体在国内市场的广告宣传，会进一步扩大国内市场，促进规模报酬的形成。对企业而言，如果没有重要的报酬递减因素，而是存在某些导致报酬递增的因素，可以预期到每个部门都将由一家或少数几家企业支配。[②]

这样，经济面临的选择就是：第一，容许垄断存在，从而增加了资源配置的扭曲程度（以及不可避免的政治权力集中）；第二，对这些部门进行直接的政府控制；第三，通过打破垄断（使得规模经济丧失从而会导致效率损失）或控制反竞争行为，尽可能对垄断势力进行规制或控制。民主体制的政府不能接受第一种选择。在采用第三种选择的国家中，美国也许是最激进的，但在 20 世纪中叶，即里程碑式的反垄断法生效 50 年之后，美国的许多关键性产业仍然是高度集中的。尽管反垄断取得了一些成功，如分拆了标准石油（Standard Oil）公司，但效果并不明显。人们普遍认为，标准石油公司被分拆成七家公司之后，它们更类似于一个卡特尔，用暗中合谋和共同利益方面的有限竞争来替代公开合谋，可见，反垄断法使得企业的反竞争行为变得更加微妙。这些情

---

① 参见 Persky（1989）。

② 20 世纪 20 年代后期和 30 年代早期的理论文献反映了对报酬递增和间接费用重要性的关注。例如，参见 Lewis（1928）和 Clark（1923）。对均衡性质的关注也包括在内，例如，参见 Young（1928）。不完全竞争理论却在关注之外，在这方面，Chamberlin（1933）的贡献是更加原创性的。而 Robinson（1933）则更直接与关注的问题相关。

况直接强化了人们对第二种选择的倾向，即通过政府拥有和政府控制来反垄断。①

人们可能认为，上述趋势给市场社会主义提供了更强的支持，但是经济国际化在一定程度上抵消了上述"垄断增强"趋势。竞争程度会受到市场规模的限制，市场规模变化必然影响到竞争的程度。整个 20 世纪 60 年代，通用、福特（Ford）和克莱斯勒（Chrysler）三家汽车公司支配了美国汽车市场，现在它们的市场势力已经受到侵蚀，因为它们面对日本和欧洲汽车企业的有力竞争。美国市场只能容纳三家大企业的持续生存，但世界市场的规模足够容纳更多的企业生存。

## 凯恩斯主义经济学

在所有市场失灵的情况中，20 世纪 30 年代的大萧条是最突出的，它摧毁了公众对市场过程的信心，它是经济周期衰退最严重的情况，也是几个世纪资本主义发展过程中对市场经济打击最沉重的一次。失业的存在和持续可以被看作反驳新古典模型的有力证据，因为在该模型中，包括劳动市场在内的所有市场均是出清的。

奇怪的是，市场社会主义的相关争论并没有集中在不同体制的宏观经济优缺点方面，并且历史证据的价值也很有限：尽管市场社会主义经济解决了失业问题，但是它的解决方法可能是将公开失业伪装成隐蔽失业。市场社会主义经济似乎也显示了增长率不稳定和经济活动波动的问题。

当然，认为市场社会主义能够缓解基本经济问题是具有理论依据的。目前宏观经济研究中的一个中心问题，就是将经济衰退归因为协调失灵。直截了当地说，失业是由于对企业产品缺乏需求，而对企业产品缺乏需求是由于人们没有工作。假如经济体系像阿罗-德布鲁模型所描述的那样完美，假如有一套完备的市场，协调失灵大概不会发生。市场社会主义的倡导者认为，市场社会主义体制可以克服协调失灵问题，从而可以避免巨大的经济效率损失，这种效率损失是市场经济特有的周期

---

①　也许我应该提及一个理论发展，该观点认为，先前关于不完全竞争结果重要性的认识是言过其实的。可竞争理论认为，潜在竞争就可以确保经济效率的实现。即使某行业只有一家企业，潜在竞争也会给消费者带来好处，因为企业利润会趋向于零。对市场如何发挥作用的进一步研究发现，竞争并非像经济学家早期认为的那样强有力，在位企业可以通过许多策略性措施（超越全面的合谋）阻止新企业的进入，限制已有企业之间的竞争。只要存在少量沉没成本和固定成本，竞争就可能受到限制。例如，参见 Stiglitz（1987g）。

性波动所带来的。

最近的其他研究认为，这种经济波动是由资本市场的不完备所致，资本市场不完备阻碍了经济体系转移和分散风险的能力。① 这样，如果企业察觉到风险在增加，它们会降低投资水平。如果企业面临信贷约束，或者难以通过其他途径（如股票）筹集资金，使得企业现金流量减少，这也可能导致投资下降。在这种情形下，市场社会主义可以通过对投资的直接控制来缓解上述问题：似乎可以将投资维持在保证充分就业的水平。

20 世纪 70 年代和 80 年代初，另一分支的宏观经济学研究提出，上述宏观经济问题并不是特别重要，因为市场经济可以迅速对这些扰动进行调整。美国大学中有一种趋势，就是在经济学教育中排除了经济史课程，这强化了记忆的短视，导致许多美国的学院派经济学家认为，如果经济衰退是一个问题，也是一个过时的问题。但是很不幸，20 世纪80 年代初和 90 年代初发生了影响较大的经济衰退，欧洲则出现了持续的高失业率，对那些认为周期失业只是历史问题的人而言，这些情况无疑是一副天然的清醒剂。这些经验给出的一个信息就是，阿罗-德布鲁模型存在某些基础性错误。如果这个模型是正确的，则失业将不会存在。如果这个模型是正确的，则意味着价格体系可以缓解对经济的冲击，也意味着存货、储蓄和保险市场对单一企业或家庭具有缓解冲击的作用。这就很难解释经济体系为何出现波动。

不过，为了精确辨识阿罗-德布鲁模型何处出了问题，导致失业和经济波动发生，凯恩斯本人和后继的新凯恩斯主义经济学者提出了一种解释，凯恩斯同时也给出了另一种观点：资本主义的宏观经济毛病是可以治愈的，不需要对经济制度进行根本性变革，只需进行选择性的政府干预。正是在这个意义上，凯恩斯主义经济学极大地弱化了市场社会主义的必要性。

对这些同样重要问题的更全面讨论，将超出本书的范围。

## 对兰格-勒纳-泰勒定理贴切性的质疑：初步思考

总之，我不能确定简要概括的现代经济理论发展的相关内容，是否

---

① 要了解理论综述，可参见 Greenwald and Stiglitz（1993）和 Stiglitz（1992b）。

使人们对市场过程的效率性产生更大的怀疑。现代经济理论发展的相关内容包括：关于期货市场和风险市场重要性（市场经济中缺乏完备市场体系）的认识，所有权与控制权的分离，竞争的不完全性，以及经济波动和失业的重复出现。

不过，相比 50 年前，今天的大多数经济学家对市场过程进行了更多的反思，对市场"带来效率"的信心也有所降低，特别是对兰格-勒纳-泰勒定理贴切性的质疑。随意的观察就会发现，市场社会主义经济不同于资本主义经济，即使是细微的相同之处也没有。基于兰格-勒纳-泰勒定理的市场社会主义模型存在严重缺陷。

但是我们认为，同样重要的是，也要认识到市场经济模型存在的严重缺陷。这个模型不仅基于兰格-勒纳-泰勒定理，也基于福利经济学基本定理。市场经济模型和市场社会主义经济模型都存在缺陷，所以，毫不奇怪，二者之间任何可能的相似性，最多是一种偶然。

# 哈耶克与斯蒂格利茨

下一章的主要内容是解释，为什么标准的新古典福利经济学定理对不同经济体制选择问题作用甚微。信息不完全这个结论，以及我对这个结论阐述的理由，对精通奥地利学派的许多读者是很熟悉的。哈耶克强调，在简单的意义上，完全信息模型也不能刻画价格和市场在传递和汇总信息过程中的中心作用。

我的异议不是针对哈耶克的上述论断，也不是针对他的许多其他结论，如计划对企业的重要性。我的观点有双重含义：第一，因为哈耶克（及其后继者）没有构建市场过程的正规模型，所以不可能评价关于市场过程效率性的论述；第二，与第一点相关，因为缺少这种正规模型，所以，不可能突出这里考虑的公共和私人活动的混合与设计这个中心问题，包括规制形式的选择（选择政府可能制定的"博弈规则"），以及分权-集权政策选择的各自优势比较。正如 15 年前我和格罗斯曼所写的：

> 尽管早期（关于兰格-勒纳-泰勒-哈耶克定理）的争论，似乎是关于组织结构选择的信息效率问题，但是，由于没有将经济系统必须依据新信息进行调整的思想形成正式模型，使得人们形成以下认识：如果信息相同，资源配置结果也是相同的。这样，关于可供

选择的不同组织之间的比较，就转化为不同信息流模式的成本差异的比较，或者是不同成本收敛速度的比较。(Grossman and Stiglitz 1976，252)

确实，任何简单模型都不能完整刻画经济体系面临的信息问题的复杂性，也没有任何简单模型能够完整描绘出制度适应环境变化的过程。我们大胆构建一个简单模型，假定一组简单的信息问题得到解决，现实中的市场过程将正常运转。但考虑一组更现实的信息问题时，市场过程就难以正常运转（相反的情况也是可能的，尽管可能性不大：考虑一组简单信息问题时，市场过程不能正常运转；考虑一组复杂信息问题时，市场过程能正常运转）。

奥地利传统的支持者经常对该学派缺少正规模型和缺少正式效率定理进行防卫性辩护。他们认为，市场经济是一个有机过程，其复杂程度太高，以致无法简化成简单的正式模型，经济学家的任务就是描述这个有机过程，并观察这个有机过程运行中的阻碍因素；或者是缺乏正规的法律结构，或者是政府的过度干预。但是，他们没有甚至不愿意诉诸帕累托最优这个标准福利准则，他们的论述具有很强的规范性质。达尔文给出适者生存的结果时，他可能认为自己只是简单地描述演化过程，但是这种论述要求给"适者"下一个定义，并分析该生物系统的一般均衡和动态性质。今天我们认识到，在各种可能的环境中，演化过程可能不具有"效率性"特征。[1]

实际上，现实世界比我们可能构建的模型要复杂得多，但不能以此为借口，放弃使用简单、易懂的模型来检验我们的思想。如果市场在理想环境中都不能有效运转，如何能使我们相信它在更复杂的环境中还能有效运转？恐怕只有依靠信念了（实际上是信念的跳跃）。

在过去 20 年的研究过程中，我构建了一些简单模型，它们可以用来评价不同市场环境中，市场过程在收集、传输和处理各种不同类型信息时是如何运作的。在接下来的五章我将阐述这些研究成果。

---

[1] 例如，在缺乏一种完美资本市场时，企业发现自己很难生存。当然，有些企业知道，只要自己坚持下去，它们就会在将来的环境中兴旺起来。但由于缺乏完美资本市场，这些企业不能借用将来的兴旺。参见 Stiglitz（1975a，1992c）。关于"学习"问题，参见 Bray and Kreps（1987）。

# 第3章 对福利经济学第一定理的批判

在本章和下一章中，我将重新详细讨论福利经济学基本定理。在本章中，我将指出福利经济学第一定理是有缺陷的，该定理可以概括为如下命题：竞争性经济是有效率的。与该定理的结论恰恰相反，竞争性经济几乎从来不可能达到有效率状态（下文将详细定义）。下一章将对福利经济学第二定理进行相似的批判性分析。在这两章中，我将重点讨论由完全信息和完备市场体系假定所带来的问题，其他问题将在以后的章节中讨论，例如，由于缺乏内生性技术变迁假设给福利经济学第一定理带来的问题。

福利经济学第一定理断言，每一个竞争性经济都是帕累托有效的。这是亚当·斯密"看不见的手"猜想的现代表述：

> 人类总是需要同胞的帮助，但试图依赖他人的恩惠则一定是徒劳的。他最恰当的方式是，激发他人的利己心，同时使自己得到帮助，并告诉他人，提供帮助对他们自己是有利的。……我们期望得到的饮食，不是依靠屠夫、酿酒师和面包师的恩惠，而是出于他们自利的打算。我们要记住的是，不要希冀他人的仁慈，而是要激发他人的利己心，不要和他人谈自己的所需，而是谈对他们的好处。

斯密继续描述私利是如何导致对社会的好处的：

> 一个人所盘算的只是他自己的利益，像其他许多场合一样，这时，他被一只"看不见的手"引导，去实现一种并非出于他本意的结果。不会因为并非出于他的本意，就会对社会造成危害。个人追

逐自己的利益，往往比真正出于本意的情况更能有效地促进社会利益的实现。[1]

正是福利经济学第一定理为我们提供了对市场经济信念的理论基础。像其他定理一样，其结论取决于相关假定的有效性。但是，通过对相关假定的深入研究，我们发现该定理与现代工业化经济的现实只有很有限的贴切性。

# 关于竞争性市场效率的<br>格林沃德-斯蒂格利茨定理[2]

阅读理论文献时常有的一件趣事，就是关注作者所强调的假定条件，通常标注为"假定 A.1，…，A.10"，以及作者有意或无意隐藏的假定条件：或者是每个模型中不言而喻的假定，或者是被作者一笔带过的、似乎仅限于提醒某些传统用法的假定，或者是包含在基本定义中的假定。例如，市场均衡的特征是供求相等，这种表述包含的假定是作为标准竞争性模型中均衡定义的一部分，这很明显意味着，如果供求不等，就会产生变化的力量，从而这种状况就不是一种均衡。[3] 经济学中关于不完全信息的最新研究成果表明这种观点是不正确的。竞争性[4]

---

① 参见斯密《国民财富的性质和原因的研究》第 1 卷第 2 章。

② Greenwald and Stiglitz（1986，1988）提出一种用于分析不完全信息、限制性市场以及其他市场不完全导致福利后果的一般性方法，并将这种方法用于分析经济中的下述问题：逆向选择、信号甄别、不完全的风险市场、道德风险、交易成本、效率工资和工作搜寻等。还有一些未发表的文章，讨论了这种方法如何通过简单扩展用于分析激励相容（自选择）约束的模型［参见 Arnott、Greenwald and Stiglitz（1992）］。

③ 也许值得注意的是，Debreu（1959）在其竞争模型的经典论述中，不仅没有关注隐含的信息假设，而且没有意识到这是该理论的一个重要限制条件。例如，在对该理论进行总结性表述时，他列举了两个他认为最重要的（假设性）限制条件：没有将货币整合进价值理论和排除了商品的可分性。

一组完备的期货和风险市场假设具有重要的经济意义，但在论述中被忽略了。"对所有不确定性商品均存在市场的假设……是对所有确定性商品均存在市场这个假设的自然延伸"（Debreu，p.102）。

④ 一般情况下，"竞争性"术语被用来描述交易双方的数量都非常多的一种市场。当然，也有一些均衡分析的学者使用完全信息来定义竞争性市场。这种表述可以看作一种语义学的遁词，或者是对下列表述的承认：除非具有不完全信息的市场行为显示与完全信息的市场行为非常相似，否则，竞争性均衡理论不能贴切地描述实际经济。

市场均衡状态也可以是需求大于供给的情况，如 Stiglitz and Weiss (1981) 提出的信贷配给模型，或者是供给大于需求的情况，如 Shapiro and Stiglitz（1984）提出的效率工资失业模型[①]。类似地，标准竞争模型暗含的假定是一种线性价格体系（购买某种商品的所有数量的单价是固定的），然而，现在我们知道，不完全信息的竞争性市场可能是非线性价格体系，例如，存在不同数量的价格折扣。[②] 所以，竞争性均衡导致零利润的标准假定条件，对于不完全信息模型是无效的。[③]

---

[①]　在这些情况下，价格（利率、工资）将影响所交易物品的质量，如借款者的违约风险、劳动生产率。例如，银行类贷款企业即使面对市场的过度贷款需求也不会提高贷款利率（如果这样做完全能够放出所有贷款），因为提高利率将导致更高的违约概率，从而降低期望收益。企业在面对劳动市场供过于求时也不会降低工资，因为这样做会降低劳动生产率。第 4 章将更详细地讨论这些问题。

[②]　企业为了区分不同类型顾客，可能根据购买数量不同而差别定价。保险公司以购买的保险数量为参考，评估投保人的事故可能性大小。平均而言，那些发生事故较多的人会有高于平均水平的投保数量。参见 Rothschild and Stiglitz（1976），Wilson（1977）。在其他情况下，企业可能就是为了增加利润而这么做。在完全信息条件下采取完全的价格歧视。在不完全信息条件下，企业可能会搜集顾客购买量的信息，例如，相对于购买量较少的消费者而言，对购买量较多从而单位购买量的消费者剩余也较少的消费者，就可以采用非线性定价策略，即单位商品定价随购买量增加而递减，这样可以比传统的线性定价获取更多的垄断利润。这个问题也将在第 4 章详细讨论。也可参见 Stiglitz（1977b）以及更多的随后文献。同样的讨论也应用于某些不完全竞争的情况，例如，参见 Salop（1977）和 Salop and Stiglitz（1982）。

[③]　在标准的声誉模型中（将在下一章讨论），利润是引致企业生产高质量产品的必要条件（否则就缺少对生产假冒伪劣商品企业的惩罚机制），这在逆向选择分析中需要更细致的讨论。关于两种类型风险（高风险和低风险）下保险市场的均衡合同可以表述如下：从个人公平赔率而言，高风险个人倾向于完全保险。对于低风险合同必须是这样的保单，即在高风险个人相对偏好自己的保单（自选择约束）以及保单利润非负的约束下，使得低风险个人的期望效用最大。如果低风险个人比高风险个人更具有风险规避倾向，后一个约束可能不满足。提供给低风险个人的均衡保单可能有利润，但是，如果一家保险公司降低风险升水或提高利润，所有的高风险个人将会需求保单，从而使得高风险和低风险混合的所有投保人（记住，我们假定保险公司不能区分高风险个人和低风险个人）保单的期望利润急剧下降：风险升水的轻微降低或利润的微小提高均会导致保单的绝对减少。

上述推理可以同样应用于分析道德风险问题。假定个人具有两种不同活动选择：安全活动和风险活动。哪种活动会投保取决于保单的类型，对于全额保险，将会有更多的风险活动投保。均衡的保险合同可以描述如下：在接受安全活动投保和保险公司利润非负的约束下，使得投保人期望效用最大化。再次看到，这个最大化问题的求解，会使得后一个约束也可能无法满足。如果均衡合同有利润，利润的微小增加将可能导致投保从安全活动向风险活动转化，使得利润从正急剧转化为负。关于此类假设更充分、更正式和更完整的讨论，可以参见 Arnott and Stiglitz（1988a）。

# 信息假设的重要性

放弃完全信息的严格假定将使得许多标准结论不再有效。这使我们认识到，在竞争均衡分析中强调信息假定的重要性，但这一点直到最近还没有被充分认识到。考虑暗含的假定条件对我们这里的问题也具有同等重要性，这里的问题是对组织经济活动的不同方式进行评价。福利经济学第一定理就是基于完全信息假定，更准确地说，就是假定信息给定不变，并存在一套完整的风险市场。信息给定不变意味着信息不受任何个人行为的影响，不受价格的影响，也不受市场上不同个体的共同行为变化的影响。只要这些假定条件不满足，市场就不会实现限制性的帕累托效率，就意味着政府干预可以带来明显的福利改善。这类政府干预也面临着与私有经济相同的市场和信息（营销）费用方面的限制。确实，政府干预可能是值得的，即使只限于少数措施，例如简单的（线性）定价或单一的总量式[①]干预。如果超出这些范围，合意干预的性质（甚至范围）可能取决于可观察的市场参数，例如不同群体对工资和价格的变化如何反应。[②]

从某种意义上说，德布鲁和阿罗的巨大成就，就是发现了几乎是单一的一套假定条件[③]，它们保证了亚当·斯密"看不见的手"猜想的正

---

① 一次性转移支付对所有个人都相同，而不管观察到的个人特征方面的差异。

② 一般性分析归功于 Greenwald and Stiglitz（1986，1988）。第一篇说明市场出清条件下市场经济的限制性帕累托效率。第二篇说明效率工资模型、搜寻模型以及其他模型中市场不出清的结果。关于市场不出清条件下市场均衡的更广泛分析，参见 Stiglitz（1987b）。第三篇论文（Arnott、Greenwald and Stiglitz，1992）将这种分析扩展到具有自我选择和激励相容约束的模型。

更一般性的格林沃德-斯蒂格利茨定理结果，也在许多考虑特定情况的早期论文中有所体现，这些论文探讨了不同情况下的市场失灵性质。关于道德风险下的无效率分析，参见 Arnott and Stiglitz（1985，1986，1989，1991）；关于证券市场模型中的无效率分析，参见 Stiglitz（1972b，1982a）；关于没有证券市场的原始经济中的无效率分析，参见 Newbery and Stiglitz（1982，1984）；关于隐性合同模型中的无效率分析，参见 Newbery and Stiglitz（1987）；关于搜寻模型中的无效率分析，参见 Mortenson（1989）；关于效率工资模型中的无效率分析，参见 Shapiro and Stiglitz（1984a）。一个更全面的存在不对称和不完全信息条件下的福利经济学一般问题讨论，收录在我的林德尔讲座专辑《非对称信息下的福利经济学》(*Welfare Economics with Asymmetric Information*) 中（牛津大学出版社）。

③ 参见后面的详细讨论。在某种意义上，对阿罗-德布鲁模型观点的通俗解释可能正确，也可能不正确。

确性。当然，也存在几种其他情况，这时市场可能处于限制性帕累托效率。例如，如果每个人都是相同的且面临同样的冲击，即使存在风险市场，他们也不会进行相关交易，这时缺少风险市场不会对效率产生任何影响[1]；如果所有个人消费的商品数量都是可观察的，这时即便是存在道德风险的经济体系，也可以实现限制性帕累托效率。[2] 1980 年，普雷斯科特（Prescott）和汤森（Townsend）详细研究了存在道德风险条件下，一个经济体系的福利经济学问题。格林沃德和斯蒂格利茨的研究结果与普雷斯科特及汤森的研究结果之间的差异在于后者侧重于一种特殊情况。1985 年，阿诺特和斯蒂格利茨以及格林沃德和斯蒂格利茨均讨论了这种特殊情况下的有效性。

# 不完全信息和不完备市场情况下的外部效应

格林沃德和斯蒂格利茨的重要发现是，当市场不完备、信息不完全时，个人行为会产生一种本人不需考虑而对其他人有影响的类似于外部性的效应（这种外部性通常与大气环境的外部效应相似，其效应水平取决于所有个体行为的总和）。下面的例子有助于说明这个问题。

## 不完备的风险市场

假设在许多自然状态下，只有唯一的风险性资产：苹果树。苹果树的种植数量（随机地）决定下一年苹果的产量，它相应地决定了各种自然状态下拥有的苹果树的价格和收益率。当个人种植更多的苹果树时，种植苹果树的收益的概率分布就会发生变化。由于苹果树被定义为唯一的风险投资，这种情况可以被看作新资产替代一种已有资产（原有的概

---

① 因此，格林沃德和斯蒂格利茨解释了为什么不能使用代表性个人模型来评价市场经济效率。当然，代表性个人的市场模型将带来无效率的结果，这个结论也给我们提供了某些有用的东西。因为与此相对应的其他结果显示，一个特定的代表性个人模型是有效率的，不过这些结论即使有价值也是很有限的。

② 第三个例子是 Diamond（1967）提出的没有破产和只有单一商品假设下的证券市场经济。Stiglitz（1982a）指出，如果具有两种商品，则证券市场经济不可能达到限制性帕累托效率。格林沃德和斯蒂格利茨的研究显示，在何种情况下，Stiglitz（1982a）的结果可以被看作更一般的格林沃德-斯蒂格利茨定理的一种特殊情况。另外，具有不完备风险市场的经济中的效率属于相当不同的问题（例如，多重均衡的可能性，一种帕累托效率被另一种占优的可能性），对此，Stiglitz（1972b）、Drèze（1974）和 Hart（1975）进行了研究。

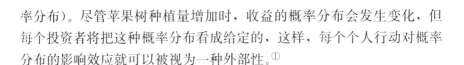

率分布）。尽管苹果树种植量增加时，收益的概率分布会发生变化，但每个投资者将把这种概率分布看成给定的，这样，每个个人行动对概率分布的影响效应就可以被视为一种外部性。[①]

## 可变的劳动质量（逆向选择）

下面考虑有关劳动者质量的不完全信息问题。一方面，厂商可以知道一个招聘会上所有应聘者的平均质量，甚至可以知道薪金支付会如何影响应聘者的平均质量。[②] 在每一工资水平上，厂商对劳动力的需求将依赖于应聘者的质量变化。另一方面，对每个应聘者而言，无论他们自身的劳动力质量是高还是低，都不会考虑自己的应聘决策会对劳动力的平均质量有何影响（以及相应地，对劳动力需求有何影响）。从效果上看，如果低质量应聘者决定提供较多的劳动，则在任何给定的工资水平上，都将会减少厂商的利润，这意味着他们的行为对厂商产生了一种外部性效应。据此可以断定，政府能轻易影响劳动力综合质量，例如，对低质量劳动的商品征税，而对高质量劳动的商品给予补贴。[③]

## 激励问题（道德风险）

人们购买保险是为了规避风险。但是，购买保险意味着投保人不必承担他们行为的全部后果，从而减弱了他们预防被保险事件发生的动机，因为个人已经支付了保险费。但是，如果所有投保人都对事故掉以轻心，那么被保险事件的发生将会更频繁，从而保险费的数额也将增加。

这个例子也显示了政府如何实现帕累托改进。通过对不同商品征税或补贴，政府可以鼓励人们更加重视某些事情。假设人们对火灾进行了投保，而造成火灾的主要原因之一是躺在床上抽烟，特别是一个人过量饮酒后躺在床上抽烟是极其危险的。原则上人们可能想到，一份保险合同会要求投保人不要酒后在床上抽烟，不过这个要求将难以强制执行。（当然，可以设想保险公司在每个投保人的卧室里装上电视监控器，但

---

[①] 这个例子有助于澄清戴蒙德结果的特殊性质，显示了只有单一商品的证券市场经济才存在限制性帕累托效率。在戴蒙德的这个模型中，每个投资者的行为对收益的概率分布不会产生影响，因为通过单一商品假设，不同商品的相对价格固定不变。

[②] 这就是标准逆向选择模型中的情况。参见 Akerlof（1970）。

[③] 在假定政府与雇主面对同样信息限制条件下，显示政府能够以某种方式影响变化，使得每个人的境况均得到改善，这在某种程度上更加微妙。但是，如果有足够数量的不同商品（不同能力的群体对这些商品具有不同偏好），可以发现政府确实能够实现一种帕累托改进。

有些人会认为这是侵犯个人隐私的行为。）但是，通过对香烟和酒精饮料征税，政府可以在一定程度上劝阻人们抽烟和饮酒，并且会带来一个副产品，就是使得酒后躺在床上抽烟的情况减少。至少通过小额征税，会减少道德风险从而增加福利，这种福利增加足以抵消由征税造成消费扭曲（无谓损失）而引起的福利损失。① 很明显，只要征税和补贴能够引导人们关注某些事情，征税和补贴可能就是值得的。例如，对那些与需要关注之事具有互补性的商品进行补贴，对那些与需要关注之事具有互替性的商品进行征税，并且，最优税率应确定在这样的边际水平上，即引致人们在关注之事上的行为所带来的收益等于代价。以上所述均可以找到与经验观察数量的相关性。例如，需求的补偿价格弹性（包括自价格弹性和交叉价格弹性），以及"关注"与各种价格之间的弹性。因此，尽管政府和私人保险公司缺乏必要信息来防止道德风险——它们不能直接控制个人行动——但政府却具有相应的工具来减轻道德风险影响，也具有使用相应工具的必需信息。②

# 政府的权力

上面的例子也说明了政府具备私人部门无法拥有的能力。无名氏定理③（如果是正确的，确实可称为无名氏定理）指出，政府能做的任何事，私人部门都可以做到并且做得更好，关于政府的所谓优势仅仅来自一种"不公正"的比较，例如，政府改善市场配置时可以通过无成本信息条件实现，而市场总是面对有成本的信息。正是为了避免这种批评，我的讨论聚焦于限制性帕累托效率。

但是，需要强调两个问题：如何区别政府与其他经济组织？为什么政府可以做的一些事其他组织做不到？这也是我在自己的著作《国家的

---

① Shavell（1979）断言，在存在道德风险时，只有在单一商品假定下，市场经济才有限制性帕累托效率。这里的讨论使我们清楚了为什么像夏夫利（Shavell）中的早期结论不具有一般性。如果只有单一商品，政府政策就无法对不同商品课征不同税率以诱导人们在不同商品上的行为。

② 要了解最优税率或补贴率的理论源流，参见 Arnott and Stiglitz（1986）。

③ 无名氏定理是一个众所周知的定理，现在无法追溯其来源。它是特定领域口述传统的一部分。近期最有名的无名氏定理是关于重复博弈的，是指在无限期重复博弈的囚徒困境中，"合作-合作"是超级博弈的一个子博弈精炼均衡。

经济作用》（*The Economic Role of the State*）中所强调的问题。在该书中，我指出政府的强制性权力（与其代表全民的性质有关）赋予其独特的优势（考虑到滥用权力产生的约束，这是独特的劣势）。因此，政府能够禁止香烟的生产，而没有私人或私人组织能够这么做。（的确，为了实施这类禁止性措施，政府必须能够观察香烟生产的情况。如果香烟生产没有规模经济，那么政府可能难以实施这种禁止性措施。但是，如果香烟生产具有明显的规模经济，政府即使不能实施禁止性措施，至少也可以显著地提高香烟的生产成本。）基于上一节分析火灾保险时的理由，政府可以对所有的香烟生产征税，即使政府无法观察到个人的香烟消费水平（政府也不可能监督二级交易），政府征税之后也有可能观察到香烟生产的变化，而任何私人保险公司或保险公司联合体都不能强制性地向香烟生产企业征税。当然，可以假设保险公司贿赂烟草生产企业，即通过给予一种额外支付使烟草生产企业提高定价。但是，在这种情况下，可能会出现一家新的烟草生产企业，它只要略微降低其产品定价，就可以抢走所有其他烟草生产企业的客户从而赚取利润。这恰恰说明一个事实：政府拥有私人部门没有的权力，这种权力的行使（如果正确行使）可能导致一种帕累托改进。其他例证可参见 Stiglitz（1989f，1991c）。

## 格林沃德-斯蒂格利茨定理的谨慎注解

关于格林沃德-斯蒂格利茨定理及其相关定理有三种解释：第一，正如已经看到的，在特定情况下，这些定理给出了良好定义的福利增进型政府干预形式。第二，这些定理指出，福利经济学基本定理显示的有效分权化"达到帕累托效率"可能是难以实现的。我将在后面的章节讨论这个主题。第三，也许是最重要的一点，这些定理修改了一个重要命题的众所周知的假设，这个命题就是市场对最有效配置资源是必要的，也就是说，没有任何一般性定理可以作为该命题的基础。当然，可能存在获得这个命题结论的其他基础，稍后我将讨论这一点。

上述观点并不意味着格林沃德-斯蒂格利茨定理首先应该作为提供政府干预处方的基础，原因之一是，如果这样，就需要一个更加详细和正式的政府模型。经济学核心定理断言，无论政府如何仁慈、如何理性，都不可能比市场做得更好，所以，我们并不需要一种政府理论，这样只能使事情变得更糟。在这种情况下，格林沃德-斯蒂格利茨定理却断言政府具有潜在作用，后面我将回头讨论政府是否应该干预经济以及如何干预的问题。可以推测的是，既然政府是政治机构，那么这个问题的答案将部分取决于这些机构"实际"的行为方式以及能够使用的方式。格林沃德-斯蒂格利茨定理告诉我们，如果政府决定干预，例如通过征税和补贴的方式干预，那么，税率和补贴比例将依赖于关键参数。

# 不完全信息市场经济不能实现帕累托效率的其他原因

格林沃德-斯蒂格利茨定理对福利经济学第一定理提出了最有力的反驳，同时，信息范式的其他几个结论也对福利经济学第一定理提出了相似的根本性批判。我要特别强调第一定理不能成立的三个原因，其中两个与信息理论分析的结论有关，这些结论指出标准竞争模型（作为福利经济学基本定理的基础）的其他假定不能被满足。下面所做的系列分析并非毫无遗漏，只是我试图强调在我看来关键的经济学假设。①

## 市场的不完备性

第 2 章曾强调标准竞争模型中相关假定的重要性和非现实性，即假定有一套完备的市场体系，包括完备的风险市场和期货市场。

### 交易费用

市场不完备性能够用交易费用加以解释，交易费用的一个重要成分就是信息费用。市场不能无成本运转。如果成千上万种普通商品、或然商品和未来商品均存在市场，那么，几乎所有社会资源将被纳入有组织的交易过程，而不会存在未经买卖的商品。

一旦认识到影响经济活动的无数事件，我们就会发现，即使就风险建立一个完备的市场体系也不可能（保险就是为了应对各种偶然事件）。

---

① 几年前，我在为博士生微观经济学课程考试布置任务时，问了一个非常愚蠢的问题，即可能被质疑的福利经济学基本定理的核心假设是什么，这些学生都接受过很好的数学训练，至少有三分之一学生的回答是关于非饱和假设作用的广泛讨论，他们完全忽略了我在这些讲座中关注的问题。

每个厂商不仅会受行业内事件的影响，而且会受其他异常事件的影响，例如董事长生病、一台机器出现故障、一位关键营销人员离职。厂商当然可以对其所面对的许多风险投保，例如购买车祸、火灾的保险，但是也有大量风险无法投保，试图对每种风险均建立一个市场是不切实际的。

## 完备市场假设与竞争性市场假设之间的不一致

正因为"自然状态"的高度多样性，才使得一套完备的证券体系难以存在。一旦我们根据产品特征对产品进行完全特定化定义，即不同质量、不同时间和不同地点的商品均被视为差异化商品，在这种情况下，产品空间的多样性也会使得完备的商品市场体系不可能存在。阿罗和德布鲁将不同时间和不同自然状态的商品视为差异化商品，这是一个很好的数学处理技巧，可以将标准模型扩展到一些新的、更广泛的问题。但是，进一步的深入考察会发现，这样也会使模型中一些基本精神受到损害：或者是不可能简单地存在完备市场体系（因为完全竞争市场意味着一家工厂向另一家工厂发送一台专用机器，必须在特定日期和特定时间送达）；或者是即使存在完备的市场体系，也很难设想所有这些市场均属于完全竞争市场（也就是说，市场上有大量买者和卖者作为交易者，每个交易者都认为自己的行为对价格毫无影响）。因此，市场竞争必然是不充分的，也是不完全的。[①] 例如，在劳动市场上，每个个人在各方面都是不同的，如果是完备市场体系，就意味着对每个劳动者要有一个相应的市场。例如：对于斯蒂格利茨的劳动市场，要不同于萨缪尔森的劳动市场；同样，对他们两人的劳动市场也要有别于管道工的劳动市场以及非熟练工人的劳动市场；等等。如果我们更细致地定义同类商品市场（如斯蒂格利茨在特定时间、特定状态和特定地点所提供的不同劳动），那么，在市场供求的某一方将只有一个交易者（如斯蒂格利茨）。如果把斯蒂格利茨和萨缪尔森的劳动市场扩展到包括所有理论经济学家，很明显，这时的劳动市场将更具有竞争性，但是，我们必须放弃关于同类商品和不完备市场的相关假定，对每一种同类商品将不存在一种分离的市场。

## 非对称信息与完备市场

由于个人通常只能在可观察的状态下进行交易，很明显，不完全信

---

① 如果像标准理论假设的那样没有非凸性，大致可以说，可能有许多企业在各种时间、区位和自然状态下进行生产。在这种情况下，该理论与不合理但"清晰的"假设条件是一致的，在存在与这种特定状态-地点-时间商品（或者这类商品集）相关的少量固定成本时，不仅没有许多企业生产各种商品，而且许多这类商品甚至不会被生产出来。

息意味着一套交易安全体系不可能是完备的。① 如果我承诺在某些特定状态下向你递送某种东西，我们双方必须都可以观察到发生的状态，从而可以使用法律手段实施该合同，并且该合同能够被我们之外的第三方证实。如果不能达到上述要求，将必然形成对交易安全体系的限制。

此外，信息不对称更加限制了交易机会。一句熟悉的格言概括得很恰当：有人竭力向我推销的东西，我不愿意买。确实，偏好差异和比较优势导致交易这一古老原则总是有效的，但是，也有其他的动机导致交易，这就是不光彩的"欺诈"动机。在传统交易中，交易双方是双赢的。但是，如果我能从你那里得到超过物品价值的付费——例如你购买我的二手车这样的柠檬商品——我所得即你所失。农民非常希望通过期货市场出售自己的谷物，但是在大多数情况下，他们不能获得期货市场机会的好处。原因很好解释，因为农产品期货市场被五家大贸易商控制，它们比农民更有激励去获取市场信息。这种信息拥有量上的差异意味着农民处于不利地位，从而贸易商可以利用农民信息较少的劣势获取利润。了解这种情况后，农民的选择就是宁愿承担风险而不愿利用期货市场获得稳定价格的好处。

信息不对称性导致了许多市场的不完全性，而不限于保险市场、期货市场和二手车市场。例如，考虑二手劳动市场的情况。在该市场中，工人已经有一份工作。在正常情况下，对于劳动者的能力，现有雇主比未来雇主拥有更多相关信息。未来雇主为了充实本企业的相关岗位，打算从另一家企业吸引一名雇员。他知道，如果这个工人是重要的，会位于其他企业的匹配岗位上，反之则不会。这样，未来雇主就处于一种掷币赌输赢的境地：他只有提供比现有雇主（有更多信息）对该工人的评价更高的工资，才能成功雇用到新员工。当然，也有可能出现这种情况，即这位雇员在新企业的生产率高于在原来企业的生产率。这可能是因为雇员与新工作更匹配，也可能是因为其他（非金钱的）原因，如工人想变换工作（工作地点接近或远离亲戚）。因此，总是存在某些二手劳动市场的交易，不过，除了那些想尝试在企业中获得更好匹配的年轻工人之外，这个市场是薄弱的。

与上述情况类似，股票提供了比信贷更有效的在企业家与资本供给者之间进行风险分摊的机制，股票的持有者分担风险。而信贷（银行贷

---

① 这一观点最早由 Radner（1968）提出。

款和债券)则是企业家或企业原始股东承担剩余风险。[1] 然而,众所周知,股票市场是不完全的,只有小部分新投资通过股票融资。[2] 导致股票市场不完全的原因之一就是信息不对称:股票的卖者比潜在的买者更了解相关情况,当股票市场对企业股票定价过高时,卖者就会更急于出售股票,买者也知道这种情况。因此,企业发行股票的意愿就向市场传递了一个信号,即卖者认为股票定价过高,相应地,市场做出反应,股票价格将回落。

确实,除了股票定价过高导致出售股票之外,还有其他原因,就是企业所有者试图规避风险,正如已经指出的,股票提供了比其他筹资形式更有效的分摊风险的方法。在某些部门,如保险,有相关规定要求企业通过股票筹资。但是,企业的外部(市场)不能告诉人们,企业出售股票到底是何种原因:是股票定价过高,是银行拒绝提供贷款,还是企业所有者认识到股票是一种分摊风险的更有效方式? 实际上,当企业发行股票时,通常都会导致股票价格下跌。平均而言,现有股票价值的下跌相当于筹资总额的30%[3],有时甚至下跌价值远超过集资总额。正是因为股票定价过高,市场给企业提供了发行股票的机会,而从企业前景考虑,这种发行股票的成本又相当高。正是这一点(至少部分地)解释了企业较少依赖股票作为募集新资本手段的原因。

## 道德风险

信息不对称带来两个问题,即通常所说的逆向选择问题[4]和激励或

---

[1] 这不是很准确。只要有违约可能性,贷款者就将承担一些剩余风险。

[2] 参见 Stiglitz (1992b)。

[3] 参见 Asquith and Mullins (1986)。

[4] 这有时也被称为"隐藏知识"问题,相对应的道德风险问题有时被称为"隐藏行动"问题。但我认为这种称谓有点误导。实际上,道德风险也是来自一种特定隐藏知识问题,即隐藏关于个人行为方面的知识。

我们使用"选择问题"或"甄别问题"这种术语的原因,可以很清楚地在保险市场和劳动市场分析中看出来。保险企业有积极性去选择(或甄别)有最低风险的投保人。雇主总是设法选择(或甄别)有最高生产率的工人。在产品市场上,二手车买者想买到最低价格的车,也就是最高价值的车。所有这些情况都具有一个共同的问题,就是交易一方(如买者)不能无成本地或直接观察到商品的特征。

逆向选择这一术语被用来表示这样的情况:当合约的特定条款变化时,对于那些在市场上提供的混合质量商品具有逆向淘汰的效应(即质量高的商品会被迫退出市场)。例如,提高保险金对那些想买保险的人具有逆向效应(即那些风险较低的投保人会退出保险市场)。提高贷款利率会对那些想申请贷款的人具有逆向效应,会增加信用较差的借款人的比例,他们具有更高的违约率。

道德风险问题[①]。这两个问题在保险市场中得到最清楚的展现，不过，也存在于其他各类市场中。前一个问题意味着企业难以为其利润购买到保险，因为很明显，企业对自己业务前景的信息比任何保险公司都要多，而保险公司推测，企业如果愿意支付保险费，将意味着这笔保险生意对企业而言非常值得，也就意味着保险公司极有可能为这笔交易支付代价。

后一个问题即道德风险也会导致有限的保险。保险的覆盖面越全面，个人和企业就越没有积极性采取行动来阻止投保事件的发生，这是由于为降低投保事件发生可能性所要求的行动，通常是不可观察的（或者这种行动无法被证实），因此，保险金的赔付不能依据个人或企业的行动而相机确定。健康类保险公司总是乐意为不吸烟的人或那些不存在被动吸烟场所的人提供保险，但是保险公司不能观察到这类行动，也不能要求投保者不吸烟。[②]

全额保险条款将极大地削弱人们的激励，所以在很多情况下，保险公司为实现收支平衡，就需要索取高额保险费，这样将导致其保险单失去吸引力。因此，一般来说，只要存在道德风险，就会导致非全额保险。[③] 相似的激励问题也出现在许多其他市场。大多数企业的薪金并不是根据业绩支付。投入（努力）难以监督，但监督产出是可能的。如果薪金完全基于产出确定，就会导致报酬的多变，因为除了努力之外，还有许多因素影响产出。实际上，使薪金只部分依赖于业绩，企业等于给员工提供一定的保险，尽管是不完全的保险。当然，如果工资完全不依赖于业绩，那么工人也就完全没有积极性提供任何努力了。[④] 因此，道德风险和逆向选择共同给出了市场**薄弱**的原因，在某些情况下，甚至市场可能实际上消失。结合其他交易费用，道德风险和逆向选择这两个问

---

① 道德风险问题有时被称为隐藏行动问题，因为合约一方不能观察到另一方会采取的行动，所以，不能根据行动相机订立和修改合约。合约只能根据可观察的结果或可观察的行动（与隐藏行动相关）相机而定。

② 有趣的是，有些保险公司试图区分吸烟者和非吸烟者，并且相信购买保险的人会诚实报告自己是吸烟还是不吸烟。

③ 关于这一观点的更严格的理论深化收录于 Arnott and Stiglitz（1988a，1990），这些文章阐述一般情况下不仅保险市场是不完全的，而且某些情况下可能干脆不存在保险市场。使用更技术性的语言，就是某些情况下不存在竞争均衡。当然，不存在竞争均衡的原因与 Rothschild and Stiglitz（1976）所给出的解释大相径庭。

④ 道德风险观点也被用来解释证券市场的薄弱：与债务相关的固定收益债券对管理者的努力工作提供一种激励。

题加强了我们前面提出的市场是不完备的这个结论。

## 完全信息假设与完备市场假设之间的不一致

更确切地说，在某种程度上，已有的市场数量会影响交易者的信息结构，也就是说，不同市场中的价格均在传递信息。如果小麦的期货价格很高，人们就能推测，市场中拥有相关信息的个人，或者认为未来的小麦需求高，或者认为未来的小麦供给少。这样，不拥有相关信息的交易者就可以通过关注价格，从拥有信息的交易者那里收集到某些信息。获得信息的多少取决于存在何种市场。在某些情况下，不拥有信息的交易者可以从拥有信息的交易者那里收集到全部相关信息。学院派经济学家的讨论有时似乎使人们回忆起中世纪的宗教争论，即多少个天使可以同时在一个针尖上跳舞。经济学家也长期争论下列问题：人们是否可以通过市场价格推测经济的自然状态？[①] 例如，如果只有一种单一的随机变量影响特定证券的收益，并且存在某些拥有相关信息的个人，他们知道该随机变量的值，那么证券价格就将完全揭示这一随机变量。如果这个例子对**每种**风险性证券都是真实的，那么，价格就可以完全揭示经济的自然状态。但是，"事件"空间比价格空间大得多——有成百上千的变量影响企业的盈利性——指望个人通过关注价格就能推测经济的自然状态似乎是荒谬的。

的确，应该明白的是，如果要使交易者有积极性去收集信息，就要求信息不是在市场上完全散布的。如果通过简单地关注市场价格，不拥有信息的人可以无成本地收集到所有信息，而拥有信息的交易者却需花钱获得这些信息，这就意味着那些拥有信息的交易者将没有任何信息优

---

[①] 这个问题的争论有一段奇特的历史过程。Grossman（1975）、Grossman and Stiglitz（1976）相继建立了简单模型，说明价格可以充分揭示相关的全部信息。后来将其看作"有限的情况"，从而有助于我们考虑如何构建更贴切的模型，以显示价格如何传递信息，我们很快这么做了。一组后续文献（例如，参见 Radner，1979）似乎关注那些我们认为错误的问题：价格能够传递所有相关信息所需要的条件。

从我们的分析中可以清楚看到，这里不仅涉及商品市场完备空间标准的维度的假设，也涉及效用函数的假设。例如，我们讨论这样一个模型，其中不同农户具有关于自己收成的信息。给定一个不变的绝对风险规避型效用函数，并且期货价格传递所有相关信息，这将影响农户对期货市场的需求，也就是对将来的供给提供一个完备的预测器。理由很简单：期货需求是每个农户产量规模的线性函数。所以，均衡期货价格可能仅仅是总产量规模的函数。考虑实践中其他任何类型的效用函数，期货需求将不是产量规模的线性函数，从而一个低的价格可以反映高水平的总供给，也可以或多或少反映产量规模的差异化分布。参见 Jordan（1983）和 Gale and Stiglitz（1985）。

势，或者说他们为获取信息的支出不能得到任何回报。**因此，如果存在一个完备的市场体系，信息将可以顺畅地传递，那么投资者也就没有积极性去收集信息。**确实，由于所有市场参与者均拥有零信息，因此交易的积极性也就极大地减少。换一种不同的说法就是，"完全信息"[①] 和"完备市场"这两个假设可能是相互排斥的。[②]

### 概念化完备市场体系的不可能性

完备市场假设面临的问题越来越严重，稍后我将强调创新的重要性（创新事件属于一种或有物品）。但是，如果或有物品还没有被人意识到，当然难以想象或有物品（状态）市场的存在。确实，如同原子能基础原理发现和随后商业化原子能发电这样的创新事件具有巨大的经济重要性，特别是对其他能源的所有者而言更是如此。但是，在其基础概念还不清楚的条件下，这类创新事件的风险市场——或者是与激光和晶体管相关的风险——如何能够存在？这是完备市场体系思想与创新概念之间的一个基本不一致性。[③]

我已经详细讨论了市场可能不完备的几个基本原因。对许多目标而言，理论上为什么市场不完备并不重要，事实上市场实际不完备才是重要的。

# 竞争的缺乏

对福利经济学基本定理的第二项批判是：它不恰当地假定市场上存在完全竞争和每家企业都是价格接受者。实际上，绝大多数市场都不是完全竞争型的。一个原因就是当信息不完全和信息有成本时，市场通常就不是完全竞争型的，不完全信息赋予企业一定程度的市场势力。尽管

---

① 也就是说，参与者拥有信息的市场不是成本为零的市场。

② 参见 Grossman and Stiglitz（1980a）。

③ 确实，原则上，阿罗-德布鲁模型涉及外生的自然状态，它不能显示我们是否应该将原子能发现看作"外生"还是"内生"。如果该发现在某种程度上取决于资源配置，它就是内生的。但是，结果不仅取决于资源配置，而且取决于揭示未知世界的基础未知"状态"，因此，在自然状态形成过程中，存在能包含这些风险的形式化表达（如果这种风险能够被清晰表达）。然而，研究将会改变相关各种自然状态的主观概率，概率的这种内生性变化使得它们会被排斥在理论之外，因此，这种形式化表达不能挽救传统范式的中心结论。

也有竞争，但不是经济学教科书中所描述的那种企业作为价格接受者的完全竞争，而是更类似于半个世纪之前张伯伦①提出的那种垄断竞争。我会在后面重新讨论这个观点，现在我只是想简单强调，竞争市场的福利结果在很大程度上依赖于企业是价格接受者，即存在完全竞争这个假定。由于信息不完全，所以，当一家企业提价时，不是所有顾客都能立即发现另一家提供同样产品但价格更低的企业，顾客确实可能合理推测，其他企业也提高了价格。同理，如果一家企业降价，它并不能立即将其他不降价企业的所有顾客都吸引过来。因为搜寻信息需要成本。所以，市场上的顾客不大可能了解他们感兴趣的每种商品的每个厂家的定价。

然而，不完全竞争不仅来自不完全信息，而且来自固定成本，大多是与信息相关的固定成本。有些固定成本直接发生于生产过程——如经营一家企业的间接成本（overhead costs）*，有些固定成本与获取如何生产的信息相关。这些固定成本的存在，意味着不大可能存在大量企业在任意时间、任意地点提供每一种质量的各种商品，更不可能在每一种未来状态下的任意时间、任意地点提供每一种质量的各种商品。正如我们所知道的，只要存在很小的固定成本，许多市场将只有相对较少的供给者。

由于上述和其他原因，企业面临着向右下方倾斜的需求曲线。市场可能具有较高的竞争程度，但不会是完全竞争。尽管与完全竞争的每一种偏离，其程度都很小，但是这些微小偏离的叠加，可能会导致某些非常大的结果，就是导致显著区别于标准范式的经济图景的出现，特别是，只有在相当严格的条件下，经济体系才能达到限制性帕累托效率。②

上述问题的原因很简单。向右下方倾斜的需求曲线意味着企业定价

---

① 由于凯恩斯经济学支配宏观经济学领域，完全竞争范式主导微观经济学领域，直到 Spence（1976）和 Dixit and Stiglitz（1977）的研究成果出现，对垄断竞争模型才有了较多的探讨。这类不完全竞争模型与由不完全信息导致的不完全竞争模型之间所具有的相似（和差异）性，在 Salop（1976）、Salop and Stiglitz（1977，1982，1987）、Stiglitz（1986a，1989b）、Wolinsky（1986）、Diamond（1971）的研究中均有讨论。这些研究的结论在 Arrow（1988）和 Scitovsky（1950）的研究中也有预见。其他有关参考文献参见 Stiglitz（1989b）。

* 间接成本不是生产过程的直接消耗，而是为生产过程提供服务的各项费用。在某一时期内，间接成本总额基本上是常数，故间接成本又被称为固定成本。由于其总额在一定产量范围内基本上不变，所以分摊到单位产品的间接成本随产量的增加而递减。——译者注

② 参见 Dixit and Stiglitz（1977）。

会超过边际成本，价格通常衡量消费者的边际收益或支付意愿。Lerner（1944）指出，如果所有企业面对的需求具有相同的需求弹性，均单纯使用劳动要素进行生产，并且劳动力的供给弹性为零，在这种情况下，即使经济中存在垄断，也可实现帕累托效率。但这属于特例，在一般情况下，劳动力供给不是无弹性的，所以，商品市场的垄断会影响实际工资，进而影响劳动力供给。同样，不同商品的垄断程度（取决于需求弹性）也是不同的。

　　勒纳（与其他早期研究者）把注意力集中在不同商品的相对数量方面，这些商品是在不完全竞争条件下生产的，在这种情况下，企业生产的那些商品可能并不是消费者最需要的商品。如果某种商品的收益大于成本，一家企业将会生产该商品。企业在制定决策的过程中，并不关心自己的利润获取在多大程度上是以其他企业利润减少为条件的。如果企业生产一种新产品，它就会将其他企业的需求曲线向左拉动（如图 3.1所示），甚至可能将某些企业的需求曲线向左大幅拉动，使得这些企业生产该商品无利可图。在这种情况下，会出现消费者剩余的损失（如图3.1 中的阴影面积 $ABC$），而且消费者剩余的损失量可能超过生产新商品所带来的消费者剩余增加量。

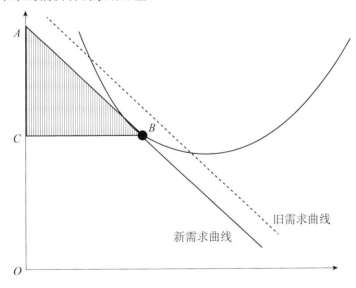

**图 3.1**

　　引进新商品并不一定增加社会福利。新商品的引进使得需求曲线向左移动，导致原有商品生产无利可图，消费者剩余的损失（阴影面积 $ABC$）可能大于新商品引入带来的消费者剩余的增加。

# 市场产生噪声

最后，对福利经济学基本定理的第三项批判是认为市场经济的主要优点之一，就是它能够有效解决信息问题。但是，当获取信息需要成本时，企业就会利用这一点采取行动，企业可能会制造噪声①，即企业有时故意给消费者制造出信息问题。

暂时性降价（促销）就是制造价格差异，尽管通常情况下我们不这么看。有代价的搜寻给企业索取差异化价格或暂时性降价提供了依据。在低价企业吸引了大量顾客的情形下高价企业之所以仍然能够生存，就是因为顾客搜寻信息过程的高成本，使得顾客没有好机会发现低价企业。高价企业通过单位商品的高利润（价格）来弥补销售规模小的不足。图 3.2 显示了必须实施差异化价格才能保证单一均衡存在的情况。

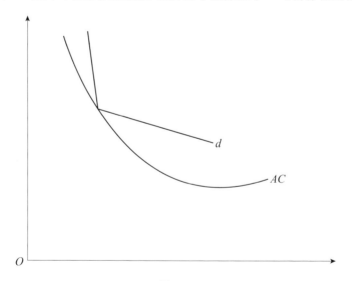

**图 3.2**

单一均衡的存在必须实施差异化价格。在有成本搜寻的情况下，降价导致的销售额增加，可能大于提价导致的销售额减少。假如所有企业均索要相同价格，在该价格上，需求曲线会出现折拗。处于需求曲线和平均成本曲线的切点时，将不存在单一价格和零利润均衡，因为这时企业的最优行为不是提价就是降价。

---

① 参见 Salop and Stiglitz（1977，1982）。

假定一开始时所有企业都索取相同价格，每家企业都盘算着，如果自己的产品降价（或提价）将会发生什么。假如自己提价，自己的一部分顾客就会转向其他企业，假如自己降价，则可以从其他企业那里"挖来"顾客，它所挖来的顾客都是那些最容易接近信息的人（低成本信息搜寻者）。虽然对任何企业而言，这种类型的顾客（关注微小的价格下降）可能较少，但许多企业还是设法从他们中间挖来顾客。一家企业通过降价 1% 所增加的销售量百分比，可能大于也可能小于提价 1% 所减少的销售量百分比，这取决于争夺顾客的其他企业数量，以及从其他企业可以挖来的顾客数量（这又取决于有多少低成本信息搜寻者）。图3.2 描绘了这种情况，降价所增加的销售量百分比，远远大于提价所减少的销售量百分比：因为需求曲线上有一个折拗点（需求曲线右下部分的价格弹性大于左上部分）。但是，由该图可清楚看出，如果情况果真如此，那么单一价格且利润为零的均衡就不存在。画一条平均成本曲线通过需求曲线折拗处的单一价格点，该点清楚地显示，企业既可以提价，也可以降价，在两种情况下，企业都可以获得利润。

因此，价格差异引起了搜寻行为和其他减少市场噪声的行为，搜寻过程限制了市场上价格差异的程度，重要的事实是不完全信息的存在——有成本的搜寻过程——是导致价格差异的首要因素。价格差异本身并不是对经济环境外生变化的反应，或者说，经济环境差异是对不同企业而言的。但是，价格差异是内生地作为市场均衡的一部分，在这种市场均衡条件下，每家企业都意识到搜寻过程需要成本这个事实的后果。Grossman and Stiglitz（1976）、Lucas（1972）都强调了有成本信息在限制套利范围、降低外部冲击影响方面的作用，它实际上就是市场制造噪声的情况。

## 新的和旧的市场失灵

上述结论连同格林沃德-斯蒂格利茨定理，弱化了我们对市场有效性假设的信心。新的市场失灵是由于不完全信息、有成本信息和不完备市场，旧的市场失灵则与诸如公共物品、污染外部性等因素相联系。在大多数情况下，旧的市场失灵在范围上容易确定和控制，它需要明确定义的政府干预。

因为事实上所有市场均是不完备的，信息总是不完全的，道德风险

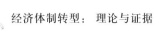

和逆向选择问题对所有市场都是存在的，因此，经济中的市场失灵是普遍存在的。格林沃德和斯蒂格利茨对这些市场失灵问题的分析，不仅明确了市场失灵的存在，而且提出了实现帕累托改进的政府干预类型。并且，他们的分析还超出这个问题，试图确定相关的行为参数（如供给弹性和需求弹性），这类参数决定了纠正市场失灵的最优税率。然而，一种全面的纠正性政策需要对所有商品征税或补贴，这又必须基于对所有商品的供给弹性和需求弹性（包括所有商品的交叉弹性）的估算。实施纠正性征税所需的**经验**（practical）信息超出了目前的能力，实施纠正性征税涉及的管理成本（这一点在格林沃德和斯蒂格利茨的分析中被忽略了）极有可能超过政府干预所得到的收益，特别是在市场扭曲较小的情况下更是如此。因此，似乎比较合理的对策是，政府将其注意力集中于较大、较严重的市场失灵情况，例如，主要保险市场（健康保险，也许还有汽车保险）的失灵，与工作安全相关的风险，资本市场不完全。在后面的章节中我还将讨论这些实际问题。现在我想简单强调的是，新市场失灵不同于旧市场失灵的根本之处是不完全信息和不完备市场问题的普遍性。

# 信息、价格与市场经济的效率

声称不完全信息使得市场经济无效率，对某些读者而言似乎是难以理解的，对持有奥地利学派传统知识的人而言甚至是奇谈怪论。关于价格体系的普遍观点之一就是，价格体系本身具有信息有效性（价格的重要功能之一就是传递市场信息）。正如我们在初级经济学课程中告诉学生的那样，任何企业都无须知道如何生产一支铅笔，无须了解生产铅笔的各种投入的稀缺性，也不需要掌握消费者的偏好，它需要知道的只是产品价格和投入品价格。福利经济学第一定理（也是斯密"看不见的手"猜想的洞见）指出，即使在非常有限的信息条件下，市场也能产生帕累托效率的结果。

当然，价格体系还存在更高的信息效率。在阿罗-德布鲁模型的理想化条件下，价格有效地将信息从生产者传递给消费者，或者相反。但是，这是一个极具限制性的信息问题。当市场负荷较大的信息量时，其运转似乎不尽如人意，甚至使用限制性帕累托效率的有限福利标准来衡量时也是如此。下列两种情况是市场负荷较大信息量的例子：市场必须对不同工人的能力进行识别；或者对不同质量的证券进行区分。这时由于对工人无法完善监督，必须向工人提供非市场激励。这时也必须获取和处理有关环境变化的新信息。

# 市场社会主义与市场失灵

本章已经说明，只有考虑不完全信息和不完备市场才能有效解释以下问题：为什么市场经济不能实现限制性帕累托效率？为什么市场不能达到新古典模型预言的经济效率标准？社会主义和市场社会主义试图达到更高的经济效率，同时又避免伴随资本主义的社会成本。但是，市场社会主义指派政府承担运转"市场"（模拟市场）的责任。如果市场在私人部门不能有效发挥作用，市场社会主义也不能解决下列问题：在很大程度上，市场社会主义理论不是基于前述市场失灵以及政府为什么可能解决市场失灵的系统分析，而是基于一种简单比较，即实际的市场经济绩效与假设的市场社会主义经济绩效之间的比较。这种假设的市场社会主义具有理想型政府。但是，对于理想型政府，既没有考虑到实际的政治情况，也没有考虑到本章特别强调、也更重要的实际经济情况。

新的信息范式已经揭示了市场失灵在经济中的普遍性。实际上，市场失灵出现在私人经济部门的每一次交易中，尽管每一次失灵可能微不足道，但其累积性效果就举足轻重了。新的市场失灵并不像空气污染那样，能够简单界定，并且比较容易设计出有效的政府干预政策。这种市场失灵的普遍性，在减弱人们对市场有效性的信心的同时，也减弱了人们对政府能够纠正市场失灵的信心。在我们看来，最重要的方面在于，市场社会主义理论和实践均没有对这些问题给予足够的重视。①

---

①　除了市场社会主义所强调的市场在配置投资方面的失灵程度，部分原因还在于缺乏所需的期货市场和风险市场。

# 第4章　对福利经济学第二定理的批判

福利经济学第一定理的重要性在于，它阐明了下述观点：运用市场可以保证经济高效率运行。格林沃德-斯蒂格利茨定理（以及引用的其他更早阐述）已经指出，福利经济学第一定理相关假设的理论基础并不具有现实性，而正是这些假设才能保证其观点的正确。同样，福利经济学第二定理断言，任何帕累托效率的配置都能够通过市场机制实现，对政府的"所有"需要仅仅是进行某种一次性总量的初始禀赋再分配。

福利经济学第二定理也被广泛地转换成下述命题：我们能够将效率与分配问题分开讨论。尽管市场导致的收入分配结果可能不尽如人意，但这不能作为反对市场的理由。如果社会不满意目前的收入分配结果，政府再分配部门［使用马斯格雷夫（Musgrave）的术语］只需通过一次性总量再分配方式改变初始的资源禀赋即可。

## 新的新福利经济学：缺乏总量税的后果

但是，因为下述正当理由，政府并未着手一次性总量再分配，即政府缺乏以适当方式征税所需要的信息。政府部门很清楚，不同个人应该缴纳不同的税收，征税基础必须是收入或财富这类可观察的变量，但这类变量是可变的，所以，税收会导致扭曲。

一旦我们认识到再分配会导致不可避免的扭曲，就意味着改变禀赋的再分配一定会对经济的总体效率产生影响。这种情况显示在图 4.1 中，图中画出了一个简单两人经济的效用可能性边界，给定另一方的效用水平，就可以得到一个（或一组）个人能够获得的最大效用水平。实线是效用可能性边界，假定政府拥有关于每个人所属组别的完全信息，从而可以影响一次总量的转移支付。虚线显示信息约束导致的效用可能性边界向内推移。[①] 如图所示，假定我们能够通过一条社会无差异曲线来表达社会对于平等的态度，可以发现，按照图中给定的社会无差异曲线，征收扭曲性税收能达到最优。可见，效率与公平问题是不能被分开的。假定经济有一种不同的初始禀赋状态，再分配性税收的数量可能要求小一些，这样，社会（两组人）福利就可能会提高。

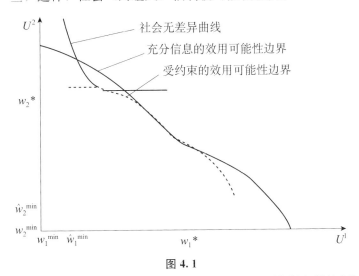

**图 4.1**

在具有信息约束时，效用可能性边界位于允许征收一次性总量税的效用可能性边界之内。

正是再分配性税收通常具有扭曲效应这个事实，导致"新的新福利经济学"的产生。[②] "旧的新福利经济学"强调，人际的效用比较是不可能的，经济学家所能做的只是给出资源帕累托有效配置的一组特征。但是，"旧的新福利经济学"假定一次性总量再分配是可能的。新的新福利经济学认识到政府在信息方面受到的局限，所以，它突出"帕累托效率税收"的概念[③]——使我们能够定义下述的最大效用水平：给定其他人的效用水平、给定政府（通过征税）进行再分配过程中的信息限制

---

①　这类观点在 Brito、Hamilton、Slutsky and Stiglitz（1990）的文章中得到更严格的证明。

②　参见 Stiglitz（1987a）。

③　最初由 Stiglitz（1982b）提出。之后，Stiglitz（1987a）对其进行了更充分的阐述。有关帕累托效率税收的文献是早期有关最优税收文献的自然扩展，最优税收最初由 Mirrlees（1971）提出。

时，一个人所能得到的最大效用。因此，新的新福利经济学认为，政府面对的机会集不是图 4.1 中的实线，而是位于其下方的虚线，至于在特定的点，它比实线低多少，则取决于财富的初次分配。

# 经济效率和分配

前面解释了分配与效率不能分离的一个原因：政府必须在多大程度上通过扭曲性再分配税收来获得任何合乎意愿的最终财富分配，取决于初始禀赋的不平等程度。但是，不平等程度和信息问题性质均会影响到不平等和经济效率之间的确切关系。在某些情况下，较高的不平等程度可能降低经济效率（从以下讨论中我们可以清楚地体会到这种自然的感觉），而在另一些情况下，某种程度的不平等可能促进经济效率。现在我们更详细地考察效率与分配之间的关系。

## 激励问题

激励问题是经济学的核心，有些经济学家甚至走得更远，认为激励问题专属于经济问题。激励问题与分配问题密切相关，分成制就是这种关系的一个方面。在许多农业经济中，土地所有权和劳动的分离导致财富不平等十分严重。不发达国家流行的合同安排赋予地主与土地承租人（农民）分享收入的权利。至少从马歇尔开始，这种分成制安排就受到广泛批评，认为它弱化了对农民的激励，如果地主得到一半的收成，就相当于 50% 税率对农民努力的抑制效果。最近的文献已经对分成制合同进行了更多的实证分析，认为这种合同安排是市场上激励与风险分担之间的权衡取舍，如图 4.2 所示。[1] 一个纯粹的租赁合同（指承租人以固定支付额承租土地）将对农民提供较强[2]的激励，因为农民获得支付租金后他（或她）全部额外努力的产量，当然，农民将承担所有的风险。一个纯粹的工资合同将使风险转移给地主——例如，农民的收入将不依赖于气候的变化——而地主通常更有能力承担风险（因为他有更多

---

① 参见 Stiglitz（1974，1987h）。

② 只要在期初时工人没有资本去支付全部租金，并且对违约惩罚是有限的，就属于不完全激励。如果是期末支付，这种情况可以看成是一种贷款合同与租赁合同的组合。正如 Stiglitz and Weiss（1981）所强调的，有限责任的贷款合同会导致严重的激励问题。

的财富），不过这时农民就缺乏努力的激励，从而需要直接（有成本）的监督。所以，分成制代表了一种折中。许多读者被我于 1974 年关于分成制经济的均衡方程所误导（这种均衡是在给定承租人的期望效用和信息约束条件下，地主的福利最大化问题的解），从而认为这种经济是帕累托效率的，并且与马歇尔的观点相反，分成制下没有产量损失。这是一种错误的理解。我仅仅是将这种均衡特征化为具有合同效率，是局部效率的一种形式。一般均衡效率则要求更多条件，依据如前所述的格林沃德-斯蒂格利茨定理，它的一个直接含义就是，多于一种商品的分成制经济通常不是限制性帕累托效率。

但是，与我们的目的更相关的是，这里可以发现，甚至在分成制合同的限制性帕累托效率情况下，其产量可能仍然显著地低于不存在分成制的场合，这意味着土地的再分配可能对国民产出有很大影响，其效应将等同于工资税从 50％降到 0。所以，大多数观察家指出，这种土地再分配的变化将具有很大的潜在效应。[①]

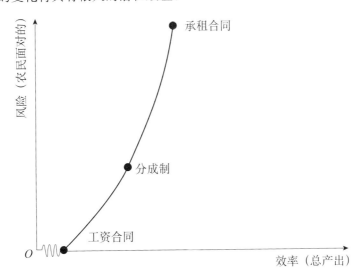

**图 4.2**

在风险和激励的权衡取舍中，一个纯粹承租合同提供最强的激励（所以，产量最大），但农民必须承担所有风险。一个纯粹的工资合同提供的激励最弱，但农民不承担风险。分成制合同代表前两者的折中。

---

① Cheung（1963）基于交易费用的效率对分成制合同给出了另一种解释。他认为劳动供给是有效的。我们两人的模型之间的差异在于，他假设工人供给的劳动量可以（无成本地）观察到，所以，合同可以规定特定的劳动数量，从而没有激励问题。

## 为什么过度不平等可能是一个问题？

为什么分配问题和效率问题不能分离，就直觉而言，其原因很容易理解。如果经济中的监督是有成本的，在"资本"和"劳动"分离的条件下，资本所有者必须向劳动者提供激励，这种激励必然是不完全且有代价的。[①] 如果每个农民自己拥有土地，或者每个工人拥有资本品，这时就不存在激励问题。

更一般地说，初始禀赋的分配总是会影响到社会所面临的激励问题的性质和程度。[②] 例如，改善激励问题的一种方式就是要求工人提供一种担保，这种担保不仅使雇主得到工作绩效方面的保证，而且得到劳动力换岗方面的保证。有了适当的保证，雇主就会有较强的激励来为工人提供培训，这将提高经济效率。但是，工人提供这种担保的潜力，取决于他们的初始财富。不能用举债来替代初始财富。正如在分成制讨论中所提出的，期初举债支付租金不同于期末支付租金，在两种情况下，激励问题（道德风险）都是来自违约的可能性，借款人可能缺乏充分的激励来避免破产，并且尽可能使自己在破产发生的环境中最大化自己的收益（而这种收益应该归于贷款者）。

### 财富不适当集中导致的问题

当然，并不是财富更平均就一定会改善激励问题。高效率生产可能要求大企业以及相应的大量资本。因为"过小"程度的不平等性，必然会出现所有权与控制权分离的问题，这在前面已经提到并且在后面还要讨论：确实有证据显示，所有权更集中的企业（即使所有权利益更大的"大股东"不直接管理），其行为也更为"理性化"。在下一部分，我将讨论这种情况的两个例子，即企业接管和征税。但是，正如我下面要提到的，东欧国家正在探索的解决这些问题的方法，将不是表现为不平等性的扩大和所有权集中程度的提高，而是其他控制过程方面的尝试。

因为最近关于东欧国家改革的讨论重视效率问题而较少考虑分配方面的后果，所以，我特别强调分配问题和效率问题相联系的结果。我认为目前对分配问题缺乏考虑，以后可能给这些经济带来其他问题，不仅

---

① 这是委托-代理文献的主要观点之一。概览性的了解可参见 Stiglitz (1989a)。

② 例如，Shapiro and Stiglitz (1984) 的分析显示，在监督工人有成本的经济模型中，经济是否属于限制性帕累托效率，依赖于财富是否均等分配。

是某种形式的社会动荡，而且是长期内经济效率本身的损失。在任何条件下，将效率和分配问题分离都缺乏说得通的理由。

# 基本的非分权化定理

福利经济学第二定理的一个结论是可以建立一种分权模式：在外部有限政府的干预下，任何帕累托有效的资源配置，都能够通过一种分权化的价格机制实现，特别是，政府不需要干预资源配置的基本过程。在很大程度上，分权化是关于不同经济体制选择争论的前沿问题。分权化概念具有多种不同的含义，我在本书中对这个术语的使用反映了当前经济学中的多种用法，相应地，也具有类似的模糊性。

实际上，分权化概念的所有用法均涉及经济体系中大量不同单位的决策制定。分权化定义所涉及的问题来自高层行政当局能够采取的多种干预形式。分权化概念的模糊性可以用非线性税收的情况来说明。设计非线性税收的目的，是使企业或个人只能采取符合中央计划者要求的选择，虽然在某种意义上个人或企业确实进行了选择，但中央当局对不希望的选择规定无吸引力的条款，从而限制了个人或企业的选择，实际上是没有选择。大多数干预都在某种程度上限制了选择。研究者无法通过量化政府给各个决策单位留下的"真实"自由裁量权，来对干预进行简单"衡量"。①

信息经济学的几个近期研究成果，对分权化结论的有效性提出了质疑：在一定程度上，通过价格机制实现经济的分权化会受到很强的限制。下面我从五个方面讨论这个问题。

## 格林沃德-斯蒂格利茨定理和分权化

格林沃德-斯蒂格利茨定理指出，如果没有某些形式的政府干预，限制性帕累托有效配置一般不能实现，虽然在某些情况下，政府干预可能仅限于征收线性的产品税（即对生产、购买、消费的单位商品征收固定税率）。因为通常情况下分权化不是获得帕累托有效配置结果的可行方式，所以，有时我将格林沃德-斯蒂格利茨定理称为"基本的非分权

---

① Sah and Stiglitz（1991）提供了一种基于决策分散化程度，局部性地对组织或经济体系进行排序的方法。

化定理"。

如果政府唯一可行的干预形式就是线性税收，或者说，如果政府总是能够通过使用线性征税实现任何限制性帕累托有效配置，传统的分权化结论的"要义"将仍然得到满足。正如我在本章第一部分所提出的，在这种情况下，政府干预将只限于财富再分配，尽管这种再分配通常会产生扭曲效应。确实有一些必需的政府干预超出了上述范围，但是干预仍然是有限制的："所有"必须由政府做的事情，就是对不同的商品进行征税或补贴。

但是，分权化帕累托有效资源配置面临的问题，实际上远比格林沃德-斯蒂格利茨定理所提出的要严重得多。这有四个原因：交叉补贴、非凸性的普遍存在、外部性以及非线性性质。

## 交叉补贴

阿罗-德布鲁模型的主要结论（尽管人们较少评论）之一是，在没有任何交叉补贴的情况下，该模型中的帕累托效率可以实现。也许使用一种美国式的说法就是，每家企业都能坚守各自的底线。但是，在不完全信息条件下这是不现实的——甚至在没有任何递增报酬发生的场合也是如此。[1] Arnott and Stiglitz（1989）已经详细分析了道德风险经济学所提出的问题，例如，在保险市场中，相应的保险条款会影响到投保人采取行动来降低偶然事故发生可能性的激励。我们的研究也显示，在竞争均衡条件下，保险公司以"坚守自己底线"的原则承担所有风险不是（限制性）帕累托有效的，也就是说，通过对某些产业（可能是保险产业）征税，而对一个或更多（其他）保险产业提供补贴，可能会改善福利。（我们将这种没有交叉补贴时存在的无效率，称为交叉补贴型市场失灵。）这个结论背后的直觉是，对道德风险问题不严重的相关产业进行小幅度征税具有二阶效应（即税收净损失随税率的平方递增）。另外，来自道德风险或激励问题的福利损失是一阶的，或者更准确地说，通过补贴来补偿个人的努力，会导致个人更努力工作，这可能是第一位的，补贴对财富具有一阶效应。

### 非凸性的普遍存在

当经济中存在非凸性时，分权化会出现另一个问题。这就是前面讨

---

[1] 众所周知，在这种情况下，交叉补贴可能是必要的。

论福利经济学第二定理时清楚提出来的。在那里我指出，针对自然垄断
需要某种形式的政府干预。但是，在这里我不打算涉及相对容易理解的
分权化问题，而是讨论与不完全信息有关的普遍存在的非凸性问题。

第一，固定信息费用导致的非凸。从直觉上看，存在与信息相联系
的非凸性是一个明显的事实：因为信息可以看成一种固定成本（参见第
2 章），它是无论什么情况下都会产生的费用，而固定成本的存在就会
导致非凸性。与此相似的是，一家企业发明的一种制造新产品的更好方
法，其价值依赖于新产品的产量，因为研发支出的总收益和边际收益随
新产品生产规模的扩大而增加。

Radner and Stiglitz（1984）发现，在统计决策理论中，信息价值
从来不是全局凹的（见图 4.3）。极小数量信息的收益总是等于零。如
果信息有一个正的成本，意味着净收益是负数。"如果无知（缺少信息）
不是极乐，至少也是一种局部最优。"①

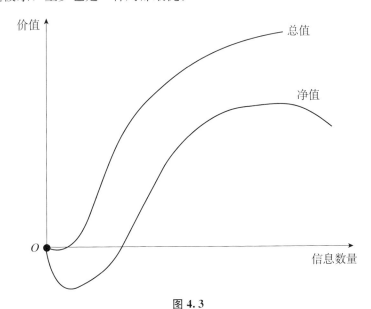

**图 4.3**

非凹性是信息价值的一个特征。"如果无知不是极乐，至少也是一种局部最优。"

---

① 不能简单根据直觉来理解拉德纳-斯蒂格利茨定理。在缺乏信息的条件下，对于任何
信号，个人都将采取同样行动进行最优化，少量信息就会导致个人面对可观察的不同信息时
轻微改变行为。但是，既然给定信息，个人已经最优化自己的行为，根据标准的包络定理，
期望效用的变化（在观察到特定信号的条件下）为零。并且，在观察到不同信号的条件下，
个人的期望效用是相同的，所以，来自概率修正的期望效用不变，这里的概率是与不同结果
或信号相联系的（来自改进的信息）。

第二，偏好非凸。但是，非凸性甚至比讨论过的结果更加普遍，这进一步说明，无论何时，只要存在道德风险问题、激励问题或者选择问题（涉及激励相容约束和自选择约束），（在相应范围内）就存在非凸性，而不管这些问题如何较好处理。[①] 这个问题的一个直觉性解释是，激励约束可以被看作个人或企业最大化问题的一阶条件，这样，包括体现激励约束的全局最大化凹性，涉及效用函数或利润函数的三阶导数，并且对这些导数没有自然的经济约束。Arnott and Stiglitz（1988a）的研究显示，在一个最简单的道德风险模型中，收益和成本之间的无差异曲线一般不会出现拟凹性，由收益和保费率描述的、产生非负利润的政策集合从来不会是凸的，这被描述在图 4.4 中。假定在这种情况下，个人可以在两种行动中选择：抽烟和不抽烟。个人抽烟时间的比例上升，火灾的概率会提高。在没有保险的情况下，个人选择不抽烟；在有完全且免费保险的情况下，人们将不会承担抽烟的任何后果，从而个人选择抽烟。对任意给定的保费率，存在一个个人抽烟和不抽烟无差异的特定收益水平。如果高于该收益水平，个人选择抽烟；如果低于该收益水平，个人选择不抽烟。当保费率提高时，与个人抽烟和不抽烟无差异相对应的收益水平将会下降。保证个人抽烟和不抽烟无差异的〈收益，保费率〉组合点轨迹向下方倾斜，并被称为"转换线"，它将坐标象限分成两个区域：在转换线下方的区域，个人选择不抽烟；在转换线上方的区域，个人选择抽烟。在每个区域，人们具有不同的无差异曲线，一条代表个人抽烟时收益与保费率之间的权衡取舍，另一条代表个人不抽烟时收益与保费率之间的权衡取舍。很明显，在每个区域，无差异曲线均有正斜率：当收益增加时，个人愿意支付的保费率也提高，无差异曲线随收益增加而逐渐平坦，因为个人对于给定单位的收益增加，其愿意支付的额外保费递减。但是，如图所示，在转换线上，无差异曲线会突然变陡。在抽烟区域（转换线上方），一单位收益增加的价值更大，相应地，发生火灾的可能性更高。这样，如图所示，既代表行动变化也代表收益增加时边际价值变化的真实无差异曲线是扇形的：无差异曲线具有基本的非凸性。

第三，约束条件非凸。在可行集上也存在相应的非凸性，该可行集表示至少收支平衡的〈收益，保费率〉政策组合集。表示个人不抽烟的

---

① 早期的讨论参见 Stiglitz（1982c）。关于道德风险方面的内容，参见 Arnott and Stiglitz（1988a，1988b）。

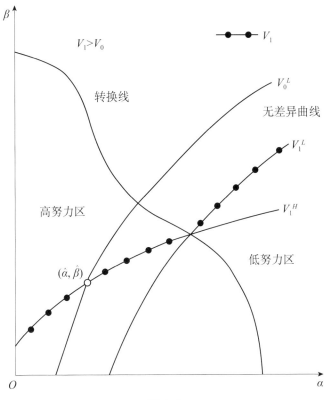

**图 4.4**

在存在道德风险时，即使是最简单的模型也会产生非凸的无差异曲线。在这里，个人有两种活动：抽烟和不抽烟。转换（线）轨迹是保证个人抽烟和不抽烟无差异的（收益，保费率）组合点（轨迹），如图所示，（收益、保费率）的无差异曲线是扇形的。标示 $\alpha$ 的横轴表示收益，标示 $\beta$ 的纵轴表示保费率（仅仅对没有发生事故的事件支付）。上标 $L$ 表示"低努力-高意外发生概率"的活动，上标 $H$ 表示"高努力-低意外发生概率"的活动，因此，$V^L$ 是低努力活动的个人无差异曲线。经过图中任意一点均有两条无差异曲线，一条表示低意外活动，另一条表示高意外活动。既然在转换线上两种活动对个人是无差异的，那么，很显然，在 $(\hat{\alpha}, \hat{\beta})$ 点，在两类活动中，人们宁愿选择高努力（低意外）活动。在更低保费率和更高收益的条件下，效用会增加。

转换线下方区域，具有较低的火灾概率。如图 4.5 所示，为了正好保证收支平衡，保费必须随收益而线性增加。同样，如果个人选择抽烟，为补偿更高的火灾概率，保费必须随收益而增加，而且要求保费增加更多。可行集必须同时考虑被转换线分割的两个区域，即个人选择不抽烟的下方区域和个人选择抽烟的上方区域，如图 4.5 中的阴影区域所示，它清楚地显示了非凸性。这个例子表现了在最简单的假定以及具有良好行为效用函数的情况下，非凸性如何在道德风险或激励问题的场合自然产生。在更现实的情况下，个人具有更宽的行动选择范围，这时可行集和无差异曲线可能显示出更不规则的情形。

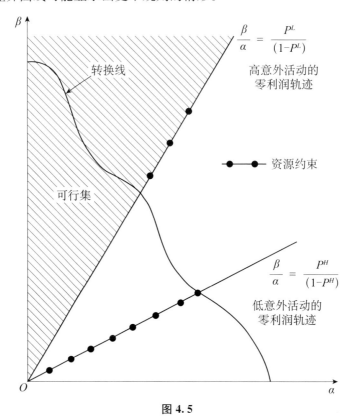

图 4.5

至少收支相抵的政策组合集也不是凸的。$P^L$ 是个人采取低努力活动（高意外活动）时事故的概率。这样，如果个人采取低水平努力且 $\alpha p^L = \beta(1-p^L)$，利润等于零；同理可得到个人采取高水平努力时的结果。在个人采取高水平努力区域，在零利润轨迹 $\alpha p^H = \beta(1-p^H)$ 上方，利润为正；同样，在个人采取低水平努力区域以及零利润轨迹 $\alpha p^L = \beta(1-p^L)$ 上方，利润为正。因此，总的可行集是图中阴影部分。

人们较早就认识到了这些非凸性的某些潜在后果（例如，随机策略的可能合意性）。[1] 对于我们的目的而言，重要的是限制性帕累托有效资源配置的非分权性问题，不仅需要政府干预，而且单纯的线性干预是不充分的。[2] 为什么非凸性会导致相应的问题，直觉上的理由可以通过

---

[1] 参见 Stiglitz（1982c）和 Arnott and Stiglitz（1988b）。

[2] 参见 Arnott and Stiglitz（1990）。

图 4.6 显示。在图中我们画出了一条非凸的生产可能性边界，代表性个人的无差异曲线与生产可能性边界的切点是内点 $E$，表示最优配置。如果企业目标是利润最大化，给定 $E$ 点的相对价格（边际替代率），企业将会选择如 $A$ 点这样的角点。同理，在包含道德风险和非凸无差异曲线的保险模型中，最优点可能是图 4.7 中的 $E$ 点。在给定的相对价格下，个人将选择购买比 $E$ 点更多的保险（即移动到 $E'$ 点）。然而，他们这样做时，谨慎水平会下降，结果使得 $E'$ 点是不可行的。

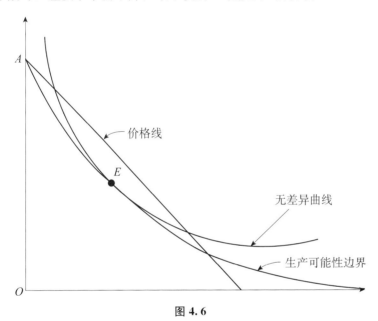

**图 4.6**

生产集非凸时，帕累托有效均衡可能无法通过一个价格体系维持。

　　我强调上述结果有几个理由。经济学的基础数学结构从萨缪尔森的《经济分析基础》到德布鲁的《价值理论》（*Theory of Value*），均强调凸性对于均衡存在性、竞争市场福利结果（特别是福利经济学第二定理）以及比较静态导数的重要性。此外，人们透彻理解了充分的非凸性市场将不是竞争性的。似是而非的观点认为，在正常情况下，在有大量消费者和生产者的场合，这些凸性假设能够满足，例外情况是有限的，并且要求政府干预，也就是说，在正常情况下，我们可以预期边际报酬递减规律和边际替代率递减规律总是成立。

　　但是，一旦考虑信息不完全性和信息成本，凸性假设就不再合理了。非凸性很普遍。当存在普遍的非凸性时，实现帕累托有效配置所要求的政府干预，就不能像福利经济学第二定理所建议的那样，只是有限

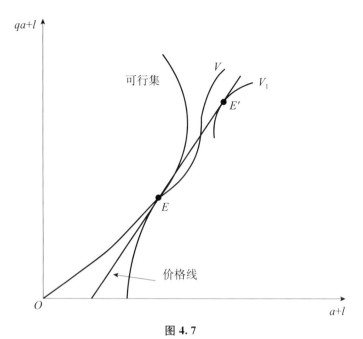

**图 4.7**

给定存在道德风险情况下非凸的无差异曲线，可能无法通过价格体系维持有效均衡。

性干预。不仅单纯的总量型干预不够，甚至加上线性干预也是不够的。

## 外部性

格林沃德-斯蒂格利茨分析的主要洞见是，只要存在市场不完备和信息不完全，个人或企业的行为就会产生外部性之类的效应。例如，低生产率工人决定增加工作时间，就会降低劳动市场上的劳动平均质量，从而对其他劳动者产生负的外部性。烟民决定增加抽烟量会提高火灾的平均发生概率，必然导致相应的保费率提高，这对所有购买火灾险的投保人是一种负外部性。在特定情况下，这些外部性能设计适当的产品税加以抵消，从而仍然保持分权化的"要义"。

但是，可能有许多类型的外部性不能轻易抵消。考虑佃农-地主关系，这里的激励和风险分摊问题会导致一种最优的分成合同，从而佃农采取的任何会影响农场产出的行动，都会对地主产生外部性之类的效应。如果佃农使用化肥，不仅直接通过增加产量使地主获益，而且因为佃农的边际产量增加导致佃农提高努力程度，从而间接使地主获益。在这种情况下，地主具有补贴化肥使用的积极性。这也使得投入品市场（化肥）、土地市场和劳动市场形成相互联系。政府干预（例如，一般性地补贴化肥）可能无法充分，因为供给反应程度（例如，劳动者对增加化肥使用的积极反应，可能依赖于劳动边际生产率提高的程度，而劳动边际生产率提高又来自化肥供给的增加）在所有农场之间可能是不一致的。在提供适合不同农场情况的"正确"补贴水平方面，相对于政府，地主可能处于有利的地位（因为他们拥有关于土地和佃农的详细信息）。因此，支持分权化的观点——正确信息一定限于局部当事人——也有助于解释为什么完全分权化是行不通的。完全分权化是指土地市场、劳动市场和化肥市场完全独立运转，仅有有限的中央政府干预。同时，由于不同市场之间互相联系，在没有政府干预的条件下，部分分权化对于保证经济效率也不是充分的，特别是在例如化肥二手交易市场无法阻止的情况下更是如此。

以上例子说明，包含不同参与者复杂关系的互联市场所具有的优势，适用于更普遍的情况。例如，在生产者与那些产品销售商构成的产品市场和企业经常给供应商和客户提供信贷的信贷市场上可以观察到的关系网，是很容易联想的其他例子。

### 非线性性质

与简单分权化类型相联系的最后一个问题，与非线性特征相关，这既是市场社会主义面对的问题，也是反映在标准竞争范式中的问题。如前所述，格林沃德-斯蒂格利茨定理指出，分权化市场经济通常不能产生限制性帕累托效率的结果，它显示出通过简单的征税或补贴可以改善每个人的境况，但这只是一种简单形式的干预。正如我已经强调的，如果政府仅采用这种干预方式，分权化的要义将得以保持。市场社会主义经济能够按兰格和勒纳曾经设想的那样运转，主要的差异在于"计划者"将必须向生产者和消费者喊出不同的价格。这也是 Stiglitz and Dasgupta（1971）设想的框架。

但是，最近关于最优激励和最优税收的研究成果表明，只有在某种严格的数学条件下，为了将经济恢复到（限制性）帕累托效率状态，这种简单的政府干预才是充分的。例如，关于帕累托效率税收结构的已有相关文献认为，一般而言，政府征税需要以相当复杂的方式依赖于每一种商品的消费水平。例如，对商品 A 消费的征税数量，可能依赖于商品 B 的消费水平。

确切地说，同样的问题也会出现在市场中的企业、工人和贷款者场合。例如，大学允许其员工每周有一天在外面从事咨询工作，这也可以看作是一种简单的非线性税收（支付计划）：前八小时不征税，八小时以外则征收禁止性的高税收。一家啤酒公司可以告诉其分销商，分销商可以销售其他公司一定量的啤酒，但是，如果超过这个数量太多，就将失去特许资格。

因此，政府对市场的最优干预方式，以及市场中合作伙伴之间的最优契约安排，都具有高度复杂性，这反映了信息引致的外部性、非线性特征以及数量限制，并涉及跨市场的约束和信息。这些结果对于经济理论和标准新古典（阿罗-德布鲁）模型中设想的分权化可行性均具有深远的意义。

效率所要求的并非古典范式建议的完全分权化，而是我们日常所见的局部分权化，即由于现实经济中包含许多大企业，从而只能是有限的分权化。企业间的互动和信息引致的商业关系（如集聚）可能会妨碍竞争有效性——至少对标准模型设想的简单竞争形式是如此。在某些情况下，所有影响只涉及进行竞争的"单位"。例如，如果地主提供肥料，竞争的相关单位只涉及地主和相关的肥料销售商。在另一些情况下，相互联系的网络（外部性）如此复杂，以致相互关系行为中的外部性没有得到有效关注。例如，参见 Arnott and Stiglitz（1985）。在存在重要的跨时联系和事前竞争（个人或企业签订合同的竞争）情况下，一旦合同签订，竞争将十分有限，由于不完全预期和不完全保险市场，事前竞争根本不能充分替代事后竞争。[1] 在其他情况下，许多企业和个人在连续性关系网络中被联系在一起，这使得竞争性进入和市场的全面性竞争均受到严重阻碍。[2]

政府干预所需要的信息，可能远远超过简单进行线性征税或补贴时所需要的信息，所以，兰格和勒纳以及其他市场社会主义者设想的那种分权化实际上无法实现。这种分权化正是基于简单（线性）价格体系理论的信念，而基于信息的现代理论所质疑的正是这种信念。

但是，我们似乎再一次面对一个悖论：这些现代理论对市场社会主义可行性提出质疑的同时，也弱化了我们对竞争经济以及描述该经济模型的信念（至少从我们的简单性观点看是如此）。一方面，这些理论正确推测了我们日常所见的许多商业关系的复杂形式；另一方面，这些理

---

[1] 参见 Stiglitz and Weiss（1983）。

[2] 例如，参见 Stiglitz（1987g）。在这篇文章中，我说明即使存在非常多的消费者和生产者，"自由"消费者的数量也是非常少的，以致市场不具备竞争性。

论又建议我们更经常地观察更多的复杂关系。例如，仅仅在高度限制的条件下，计件工资合同和分成合同才应该是线性的，实践中观察到的这类合同安排的简单形式，并不符合信息理论模型预期的大多数形式，除非假设这些形式在其他情况下不成立。①

如果对这种"过分简单"（从理论观点看）合同的盛行加以"解释"，是很容易理解的。雇员认为，即使对于合同内容，雇主能够充分理解而雇员仅能够模糊把握的情况下，雇主也不会通过合同安排来"算计"他们。② 这里的关键是，标准模型没有对这种经济关系的基本方面给出解释，从而使得人们对该模型的一般性及其核心结论存在疑问，这个核心结论就是通过价格体系实现分权化。相应地，市场社会主义关于模仿市场经济的建议，至少是值得怀疑的，实际上，模仿的并非市场经济而是市场经济模型，即使用价格体系实现所有相关信息沟通的分权化模型。

# 总　结

本章和前一章回顾了福利经济学的某些最近研究进展。前一章侧重关于竞争市场效率性的福利经济学第一定理。这些最近研究进展削弱了我们对市场有效假说的信心，同时强化了关于政府干预潜在作用的认识，并且间接支持了市场社会主义的观点。

本章集中讨论福利经济学第二定理，从三个方面进行了讨论，每一方面都有相应的问题。首先，本章讨论了政府的有限作用：为实现帕累托有效的资源配置，需要政府做的仅仅是进行一次性的总量再分配，其余全部交给市场。与此相反，我认为，在不完全信息情况下，传统模型设想的一次性总量再分配根本行不通。通过政府干预纠正市场上不适当的财富分配，其成本也比传统理论设想的要大得多。

其次，福利经济学第二定理意味着经济效率问题与分配问题可以明

---

① 例如，如果个人具有不变的绝对风险规避效用函数，这时，线性合同将是最优的（Milgrom and Roberts，1988）。但是，不变的绝对风险规避效用函数隐含着随财富增加个人持有安全资产的边际倾向是 1，也就是说，当个人变得更富有时，他们不愿意持有额外的风险资产。

② 参见 Stiglitz（1992a）关于非对称信息含义和改变标准合同形式的法律结构所进行的更广泛讨论。

确分离。这种分离对于关注"经济效率"概念的经济学家是很有帮助的，因为可以暂时撇开分配问题。但是，正如我在本章中所指出的，在信息不完全情况下，效率问题与分配问题不能轻易地被分开。例如，无论经济是否处于帕累托效率状况，经济体系可能都依赖于分配状况。

最后，福利经济学第二定理通常被作为经济分权化的理论基础。相反，我已经指出，来自信息经济学的五种基本情况，在一定程度上对经济体系通过价格机制实现分权形成了很强的限制：

（1）格林沃德-斯蒂格利茨定理可以作为经济非分权化的基础，因为它显示，在市场不完备或信息不完全条件下，市场的自发作用不可能导致限制性帕累托最优。

（2）市场不完备或信息不完全的经济体系会产生如外部性之类的效应，并且非常普遍。

（3）阿诺特-斯蒂格利茨定理指出，在通常情况下，交叉补贴是值得的（甚至在不存在直接外部性效应时也是如此）。

（4）利用价格体系的分权化能力要求不存在非凸性条件，但在现实中，非凸性却很普遍。

（5）在不完全信息条件下，最优激励结构几乎总是表现为非线性支付方案的形式。

我已经指出，基于福利经济学第二定理的分权化观点基本上是错误的，但不应该理解为我反对以下结论：市场可能或应该以分权化方式运转。在第9章，我将再次讨论分权化问题，并提出一些其他的观点。

市场社会主义暗含地将福利经济学第二定理作为经济体系的组织基础，使它能够避免以下质疑：对于社会主义计划机构而言，信息要求是一项沉重的负担，以致它根本无法解决。依据福利经济学第二定理，社会主义能够像市场经济一样利用信息的分权化，也能够像市场经济一样，通过价格有效地传输信息，例如，相关的技术信息能够持续地存在于单家企业中。

我的前述观点显示了福利经济学第二定理的局限性，也指出了相关分析的不足。但是，它不仅仅是价格不能有效传递所有相关信息的问题，这种信息传递是一个分权经济有效率运转所必需的。正如我将在后面章节所讨论的，经济体系必须面对的一系列信息问题，比市场经济标准模型或市场社会主义模型所设想的要复杂得多。如果说市场经济可能无法完美解决这些问题，那么市场社会主义甚至没有提出这些问题。

市场与市场社会主义之间的关键差别之一是资本所有权和资本的配

置。为保证市场经济中资本得到有效配置，所需要的政府干预程度远大
于传统理论的设想，社会对财富分配的可接受（或期望）程度，不可避
免地导致所有权和控制权的分离，由此导致的激励问题，在市场经济和
非市场经济中是相同的。在以下章节中，我将对这些问题进行更详细的
探讨。

# 第5章 对兰格-勒纳-泰勒定理的批判：激励

在前面两章中，我们讨论了以下问题：在何种程度上，福利经济学基本定理有助于我们对经济体制选择的理解，特别是在市场与政府之间的选择方面。答案是否定性的：我们没有确保市场经济效率（甚至实现限制性效率）的一般理论，我们所拥有的只是以下定理：原则上存在提高福利的政府干预。

我们也注意到，在很大程度上，这些定理没有强调相关的一个核心问题，例如，处理信息的市场效率性，或者选择合适员工、管理者和投资项目的市场效率性。我们在更深入地探讨这些问题时，发现市场并不能做得更好。通过分析市场如何履行相关功能，我们识别了导致这种情况的几个关键方面。不过，我应该强调的是，这些讨论遗漏了市场经济核心属性方面的很多内容，最重要的就是创新或不确定条件下的决策没有得到适当的强调。市场经济的进化机制也没有涉及。竞争观点（即价格接受行为）甚至没有把握竞争过程的最重要特征。在后面我们将回头讨论这些问题。现在我只想告诫读者，不要先入为主并基于负面结果预先判定市场作用的问题，这也是我最终要涉及的问题。

现在，我将回来讨论传统的经济体制选择的第二块理论基石——兰格-勒纳-泰勒定理，即竞争性市场经济等同于市场社会主义。如前所述，该定理是明显有误的：它基于一种不完备和不精确的市场社会主义模型，以及一种不完备和不精确的市场经济模型。我们将看到，这两种错误是相互交织的。

在本书的大部分内容中，我试图从政治经济体系中抽象出相关问题，这无疑难以行得通：当试图决定公共部门和私人部门之间的平衡时，政治经济问题将变得至关重要。但是，我们也有足够的理由讨论一些更狭义的经济学问题。

在本书中，我认为市场社会主义模型（和作为其基础的关于竞争经济的阿罗-德布鲁模型）犯了五个关键错误，即市场社会主义

（1）低估了激励问题的重要性；

（2）低估了使一个"完备价格"体系运转的难度，进而低估了经济中非价格配置机制的作用；

（3）低估了配置资本的难度；

（4）误判了分权化和竞争的作用与功能；

（5）过于简单地忽视了创新在经济中的作用。

正如我已经强调的，上述错误并非只是市场社会主义模型所独有，公正地说，上述的每一个错误也是其孪生兄弟——标准新古典模型所具有的。本章将集中讨论第一个错误，以后的章节将依次讨论其他错误。

# 激励问题

市场社会主义最重要的失误也许是低估了激励的重要性。在市场社会主义条件下，管理者（更像经济中的其他工人）只做被要求做的事情。确实，在公式化的经济模型中，管理者的工作是相当平凡的，更像低级工程人员（没有看不起的意思），均是在某些约束下求解相应的最大化问题，不涉及管理者值得骄傲的某些判断性或创造性问题的解决方案。

正如前面所提到的，对市场社会主义的批判恰恰来自自身，在很大程度上也是对新古典范式的批判，也就是说，在新古典模型中，激励的作用被忽视了（除了下面有限意义上的一种解释）。一个工人按合同规定完成工作就获得相应的报酬，否则不能获得报酬，而不需要检查工人是否已经完成工作，即这里不存在监督问题。相应地，雇主也不关心如何激励工人的积极性：工人的工作有一个价格，它能解决所有事项。经常提到的价格和利润确实会激励企业的生产，但是一系列广泛的激励问题均没有涉及，包括企业努力去维护自己的声誉，尽可能生产高质量的产品和有效地满足顾客的要求。每一种质量的产品均有一个相应的价格，这种价格向企业显示了市场对不同质量的价值评估，买方不会主动

去检查产品质量，因为企业是按照其承诺的质量生产商品的。

显然，上述范式遗漏了许多极其重要且有趣的经济问题。企业必须激励工人，贷款者要了解借款人的偿还能力，所有者要注意经营者的行动是否恰当。企业、贷款者、所有者不仅要关注工人、借款者、经营者的努力水平，也要考虑恰当的风险分摊。所有者要考虑经营者是承担了过多还是过少的风险，贷款者要考虑借款者是否承担了过多的风险，从而降低了他们还款的可能性。后一个风险分摊问题的重要性值得特别强调：因为在许多情况下，不同决策之间的选择并不困难，主要问题不是"努力"而是"风险"，掌握风险是否得到恰当分摊，其难度远大于对努力程度的掌握。

标准范式在三个问题上存在明显偏差。第一，它假定个人兴趣的变化可以完全且无成本地观察到。雇主可以无成本地掌握雇员的努力水平，并且将报酬支付与雇员履行合同的努力水平直接挂钩。

第二，决策行为在标准范式中不起作用。雇员只是根据指令工作：在情形 A 下做这件事，在情形 B 下做那件事。雇主可以监控情形 A 是否发生以及雇员是否按合同要求工作。现实恰恰相反，雇员拥有雇主不具备的信息，而这种信息对于决定何种行动会被执行至关重要，在通常情况下，雇主也难以知道雇员是否按要求"正确地"工作。

第三，履行合同通常是有成本的。借钱的人可能不还。一家企业可能基于另一家企业购买其产品的承诺进行投资，但这种承诺最后可能不兑现。

上述每个"问题"均导致了激励难题。工作中的努力水平，不同情形下的行为是否按照协议严格执行，个人均具有相当大的自由处置权。经济激励问题就是如何设计一套监督和报酬结构以"匹配"相应的激励措施。这个问题在阿罗-德布鲁框架中从来不会被强调，但是在新信息经济学中却是重点考虑的问题。不容易直接监督、很难在可观察变量基础上设计报酬补偿计划、难以在合理成本基础上设计一种自我实施或通过法律体系实施的合同，诸如此类的问题已经成为这类文献的中心议题。

不能提供相应的激励机制通常被看作是苏联体制失败的主要原因，也被认为是市场社会主义观点的一项基本缺陷。基于此，许多评论家给出的建议就是恢复市场体制、建立私有产权，这样就会立即形成激励机制，使经济走上健康发展之路。我认为这种推论具有根本性缺陷：它高估了财务激励的作用，低估了包括公共和私人大企业的控制问题。

　　当然，国有企业的激励问题，既存在于组织层次（以软预算约束的形式存在），也存在于个人层次（以可行报酬计划和工作保障为内容的公平性考虑这种约束形式存在），它们与私有企业面对的问题不同。并且，**在管理者层次上**——绝大多数决策是在这个层次做出的且对于组织绩效具有决定性作用——大企业面对的激励问题以及相应的解决方法（例如，激励性报酬支付），私有企业和公有企业之间几乎没有差异。

　　本章下面分为五个部分：第一部分认为股东对于管理者的控制是有限的，所以，管理者具有相当大的自主权。第二部分指出财务激励的作用十分有限，这与传统理论的认识大相径庭。第三部分认为公司行为的许多方面最好被理解为股东有限控制的后果，这些股东管理的企业假定是他们"拥有"的。第四部分指出银行在企业治理中的作用比传统理论认为的更重要。第五部分试图给出关于东欧国家改革的一些含义。

# 管理的自由处置权和控制

　　在第 2 章中，我曾指出现代公司所有权和控制权分离所导致的后果的重要性。以 Knight（1921）和 Berle and Means（1932）［也可参见 Marris（1964），Baumol（1959），March and Simon（1958）］等早期著作为代表的有关管理型资本主义的文献，被认为缺乏理论基础而被忽视：如果企业不是追求股票市场的价值最大化，它们将被那些追求股市价值最大化的企业所接管。正如前面所提到的，在 20 世纪 70 年代早期，人们认识到信息有成本、信息成本给管理者带来相应的自由处置权，这些使得早期缺乏理论基础的观点获得新生。现在，我们更好地理解了为什么每一种所谓的控制机制均不能有效运作[①]：

　　（1）管理作为一种公共物品。任何企业的管理似乎都是一种公共物品。如果一类证券的收益率提高，该证券的所有持有人都将获益。因此，小股东没有激励去监督企业经理。甚至是典型企业中那些拥有股份但在企业总股本中占比较小的大股东，也缺乏充分的激励去监督企业经理，"最优"激励水平与实际激励水平之间差异不大。

　　（2）投票作为一种公共物品。同理，投票机制也面临通常的"搭便车"问题（即"投票悖论"）：如果投票有成本，小股东不仅收集信息没

---

　　① 参见 Stiglitz（1982d，1985b）。

有任何回报，参与投票（需要委托投票的事项）也没有任何回报。为了解决国家选举的投票悖论，我们尝试通过教育孩子们对投票的"道德责任"，动员他们参与投票。但是，至少到目前为止，人们还没有意识到董事会成员选举中的"道德责任"教育。

（3）接管机制的不完善。最受关注的也许就是接管机制不完善的后果。一方面，投资者仅有有限的积极性去收集那些管理不善企业的信息并试图接管企业：实践中，那些接管其他企业的企业并没有从中获益，例如，参见 Jarrell、Brickley and Netter（1988），并且，在竞争性接管市场上，我们也不期望看到它们获利。[①] 如果有多个投标者，价格将会被抬高到"充分的"市场价值。搜寻价值被低估的企业可能需要大额成本，不过，一旦发现这样的企业，确定价值被低估的程度可能无须花费。如果一次投标显示出某个投标者了解价值被低估企业的情况，那么花钱搜寻被低估企业的其他人，其投资将没有回报。这是一种极端情况，但是它说明了这样的一般原理：投资于这方面信息的私人回报率可能远远低于社会回报率。[②]

另一方面，价值被低估企业（也许是由于管理不善）的少数股东也可能不愿意将股份出售给那些他们相信可以提高企业价值的收购者：因为持有股份就可以参与企业增加价值的分配。只有他们相信接管将使得企业市场价值降低时（也许被接管企业效率提高时，他们将企业财富攫为己有），才会出售股份。这正好是我在前面提出的"搭便车"问题的另一种情况，参见 Grossman and Hart（1980，1988）。[③]

---

[①] 参见 Stiglitz（1972a，1975a）。

[②] 特别是，上述分析假设了激烈的伯特兰竞争。模型中包含具有相同信息和风险中性的投标者。在更一般条件下，只包含有限数量的投标者，投标者的出价小于充分价值。我们看到的竞标中出高价的情况，可能反映了投标者在拍卖过程中（包括接管专家的狂妄自大）的非理性，这种非理性使得出价超出了投标机制获得充分租金的能力。

例如，关于收集信息的私人收益与社会收益不一致的一般性问题，Hirshleifer（1971）和 Stiglitz（1975c，1985c）已有讨论。

[③] 关于接管机制的其他问题，参见 Stiglitz（1972a）。现在有大量文献分析了在何时和何种条件下，接管会对经理形成部分约束。这类文献非常广泛，无法在这里全面回顾。有充分的理由指出，即使接管机制形成了某些约束，这种约束也是有限的。

封闭式共同基金提供了价值被低估但并没有被接管的最具戏剧性的企业例子。有些时候，特别是在 20 世纪 70 年代，这些企业以显著低于股票基本价值的价格出售股份，这时有一个相应的提升其市场价值的简单政策，就是买下该企业并分配其股份。但是，这种情况并没有发生。

# 传统机理的微弱作用

如果所有者不能或没有有效监督管理者，一种自然的选择就是提供与管理者利益相一致的报酬。最近的一些理论文献描述了向雇员提供"高能"激励的方式，即管理者获得大额固定酬金的同时，雇员获得企业产出的全部价值。[1] 在效果上相当于管理者成为所有者从而获得所有的剩余收入。这种分析是基于一种严格假设，即每个人均是风险中性的[2]，并且有足够的资本来支付这笔固定酬金。[3] 对于风险规避型个人而言，依据不同风险程度，最优合同可能只需要低能量激励，例如，参见 Stiglitz（1975b）。

大多数工人的工资并不高度依赖于其业绩。只有小部分工人主要通过计件工资获得其收入，这有多种原因：测量努力和产出有成本；难以明确产出和努力的质量；随机因素对努力和产出之间对应关系的干扰（即使产出可以准确测量，也不能提供测量努力程度的完善指标）；难以根据技术变化调整计件工资。其他原因包括目标和产出的多样性（工人训练和监督其他工人），以及以下事实：计件工资将人们的注意力集中于有偿活动而忽视其他活动，这意味着计件工资可能不足以保证工人行为与最大化企业利润目标相一致。[4]

但是，在管理者的决策和工人决策之间，我更关注前者。在大企业中，管理者的实际财务激励很弱：在典型情况下，管理者获得的报酬小于他为企业增加的利润的 0.3%，参见 Jenson and Murphy（1990）。可能令人吃惊的是，股票期权的重要作用似乎只是作为对管理者报酬补偿的一部分。股票期权被证明是一种强力的激励机制：如果企业经营业绩优异，管理者也将有丰厚报酬。但是，如果将股票期权作为奖励管理者给企业带来好业绩的措施，当企业经营业绩不佳时，其他形式的报酬补偿将会增加，从而使得报酬补偿总额对企业经营业绩的变化不再敏感。

还有其他理由质疑期权对管理者提供激励的观点。股票期权只是对

---

[1]　这类计划具有这样的特征：每个个人得到他或她的贡献的全部边际价值。

[2]　正如在所有租赁合同中那样，"承租人"承担所有的剩余风险。

[3]　借款也没有解决代理人问题，最多是将问题转移给贷款者。例如，参见 Stiglitz and Weiss（1981）。

[4]　例如，参见 Stiglitz（1975b）。

管理者报酬奖励的一种手段：有其他在税收和风险方面有好处的替代性方法。几年前，在几家大公司人事经理参加的一个大型会议上，与会者专门讨论了管理者报酬补偿计划的设计。我询问他们使用股票期权的原因是什么，并提供两个答案供他们选择：（1）因为他们没有意识到税收方面的不利，这是对他们能力的一种非难；（2）因为他们试图蒙骗股东，股东认为发行股票很像印制钞票（对公司而言没有任何成本），股东没有意识到股票稀释的后果。答案（2）在一定程度上具有隐瞒不诚实的特征。从好的方面解释就是，管理者明白自己的责任是最大化股票价值，如果市场反映了典型股东的无知①，则管理者意识到自己探索市场无知的责任。我得到的回答是（除一项例外）：（1）他们确实没有意识到税收后果；（2）但是，即使他们现在意识到税收的不利后果，也不会改变报酬补偿计划，因为他们相信这作为利用无信息股东的一种方法仍然是合意的。②

### 传统激励微弱作用的解释

前面提到的传统激励计划失灵的诸多解释中，我想强调其中的一个原因，就是确定个人投入和产出的困难，这对管理者或涉及决策制定的其他人尤其适用。重要决策通常由集体做出，理由很明显：每个个人只有有限的信息，如果由多人做出重要决策，组织的决策失误就可能减少（参见第9章）。当决策由集体做出时，要想在失误时分清责任，在成功时论功行赏，即使有可能，也是很困难的。确实，如果不是大多数，也有许多个人在遭遇大的失误时，难以承担相应的责难。可以肯定他充分考虑了其他人的建议，对书面的东西也有仔细的领会。口头沟通效果更容易受到多次解释的影响——如果一项建议的最终结果被证明是错误的，可能是建议正确但执行错误，或者建议没有被完整执行。所以，如果个人给出书面建议，有记录可查，它就会像德尔斐神谕一样被仔细阅读。

### 阿罗-德布鲁模型中的激励和激励的一般理论

在阿罗-德布鲁模型中，个人都是按照计件工资的形式，依据所生产的每单位产品获得一笔固定数量的报酬。激励理论认为，只有在极其

---

① 下面将要讨论的其他税收悖论提供了进一步的证据。
② 参见 Stiglitz（1987e）。

严格的条件下，这才是最优的激励形式。报酬补偿计划通常更加复杂，例如，包含非线性奖金。标准范式对此没有提供解释，而新信息范式则提供了解释。

除了报酬与业绩之间的关系之外，雇佣合同还经常涉及其他相当复杂的条款，例如，经常出现限制雇员在外面兼职的条款。如果个人提供每单位产量获得的报酬等于产出的（边际）价值，企业将不会在意任何个人生产产量的多少，从而企业也不会附加这类限制性条款。同样，企业也不需要关注个人的努力程度，相应地也就不在意激励雇员。

以上讨论有两点含义：（1）在边际上，个人似乎没有得到与其贡献的边际价值相一致的边际报酬补偿。（2）经济中的控制体系比单纯的价格体系更加复杂，也一定比线性价格体系更加复杂[1]，它们涉及数量限制。当直接控制机制或直接激励机制成本过高或者难以实施时[2]，数量限制被作为间接控制机制加以使用。还有其他可以被看作数量限制的例子：考虑这种情况，因为存在范围经济，个人需要执行多项任务。但是与绩效测量相关的噪声在不同任务上是有区别的。一般的激励理论认为，对于风险规避型工人而言，更强的激励措施应该赋予那些需要更精确测量绩效的任务，但这样会使得工人将其努力转移到这些任务上。所以，比较理想的做法是限制分派给每个工人的任务——这样又放弃了来自范围经济的好处。[3]

## 激励和竞争

从某种意义上说，阿罗-德布鲁模型和兰格-勒纳-泰勒定理不仅忽

---

[1]　除了报酬补偿计划的非线性之外，我在第 3 章的讨论中已经提出这个问题的一个方面。在那里我指出，可以通过津贴补助或税收补贴方式强化努力。企业可以使用相似的措施。地主可以通过以下方式强化成分佃农的努力（将增加地主的期望收益）：提供肥料（这可能提高努力的边际产量）；提供低于市场利率的信贷（这可能使佃农购买更多的投入品，从而导致努力强化）。这意味着激励可能通过市场产生连锁效应。尽管这种观点是在分析不发达国家时提出的（Beaverman and Stiglitz, 1982, 1986），但它为工业化经济中特定的纵向约束提供了部分推理依据。

[2]　这是我与阿诺特将要出版的一本书的主题。

[3]　经过最优选择的计件工资以特殊的方式受到关注，是因为它不一定与企业利益相称，这种一般性观点在早期关于计件工资的讨论中已经提出，既包括理论方面（例如，Stiglitz, 1975b），也包括实践中的实施方面。除非产品质量能够被准确衡量，并且计件工资能够反映质量差别，使得人们轻视低质量产品的生产，否则工人没有动力去培训新工人。进一步的最新讨论，参见 Holmstrom and Milgrom（1991）。关于教育体系设计方面的有趣应用，参见 Hannaway（1992）。

视了经济体系面对的激励这一中心问题，而且对竞争（至少是以"完全竞争"为标题的竞争的特定形式）和激励的关系，也给出了一种错误的表述。这一点将在第7章详细讨论。竞争作为一种竞赛的形式——其奖赏依赖于相对绩效——应该也能够在激励措施中起到重要作用，但是这种竞争观点与传统范式的竞争观点具有相当大的差异。

# 管理自主权的证据与后果

接管和其他诸如股东投票这类"控制机制"只能对管理者形成有限的控制，这个事实提出了一个问题，正如我们已经清楚的，因为管理者和股东利益是不同的，例如，管理者可能将自己的能力和企业资源用于巩固自己的地位、促进自己的职业发展和谋求自己的利益[①]（例如，参见 Hannaway，1989；Milgrom and Roberts，1988；Shleifer and Vishny，1989；Edlin and Stiglitz，1992）。正如我所指出的，管理者的这种行为偏离不可能也不容易通过报酬补偿计划纠正，而且实际上也没有有效做到过。

管理者的行为偏离具有多种后果。如果相对于自己努力的结果，管理者只能获得很小部分作为自己的收益，他们就没有努力的激励。[②] 但是，正如前面所提到的，也许特别重要的后果是导致决策制定过程的扭曲。在某些情况下，管理者可能有动力去从事有过高风险的业务，或承担某些全新的业务。但是，他们终究是用别人的钱进行赌博。如果成功了，他们会赢得信誉，加上特定的知识，这将使他们有机会去讨价还价，从而要求更高的报酬支付。如果失败了，至少大部分财务成本是别人的。在另一些情况下（按一般观点，这是更常见的情况），管理者希望承担尽可能小的风险。股东可能尽量使自己资产多样化，从而显示出

---

① 确实，当存在一组不完备风险市场时，股东就企业目标应该是什么将不存在共识（例如，参见 Grossman and Stiglitz，1980b）。当存在一组完备的期货市场和风险市场时，不仅股东就企业目标应该是什么——最大化企业市场价值——存在共识，而且对目标的具体内容也清楚明了（参见 Stiglitz，1970，1972a，1972b）。当这些条件不满足时，管理者要判断，为了最大化"长期市场价值"需要采取什么行动，这就形成了管理方面自由处置权的巨大范围，从而对所采取的行动是来自私人目标还是组织目标，就很难做出明确界定。

② 这是一个最早期委托-代理文献的观点。例如。Stiglitz（1974）指出，管理者类似于承租土地的农户：管理者仅获得其努力所带来的产量的一部分。

风险中性，但管理者则是将自己的大部分资产投入企业。即使有"官方的"报酬补偿计划对卓越业绩给予大额奖金——一笔足以补偿所承担风险的非线性报酬——管理者还是担心，如果项目失败，他们在该企业的职业生涯将遭受极大危害，在该企业之外的吸引力将会减弱。这种担忧大于如果项目成功将获得高额报酬的许诺。

在许多情况下，可能难以明确管理者工作的优劣。旁观者习惯观察**相对业绩**（正如前面所提到的）。如果一家企业经营不善，但同一行业的所有其他企业也是如此，管理者将免受责问。这种情况导致企业具有很强的动力在业务上采取跟风行为：做其他企业做的事，保证自己不会比别人更差。[①] 一个具体的例子就是 20 世纪 70 年代和 80 年代银行业的情况。70 年代期间，许多银行违背通常的审慎原则（基于多样化理论和主权债务违约的历史经验），向拉美国家发放巨额贷款。80 年代早期，后果出现了——许多重债国发现自己无力按期偿还贷款——然而，即使有也是极少的银行管理者受到"惩罚"。不止某家银行独自做出这种劣质的资产配置决策这一事实，使得它变成一个"合理的"失误，从而无须受到惩罚。

上述这些扭曲也许比较明显，但还有大量更微妙的扭曲。[②] 管理者报酬部分取决于面对所有者时的讨价还价地位：他们是否能够被轻易替换（例如，通过董事会）[③]，这又取决于管理者的专业知识对于企业经营的重要性，以及作为在位者，与外部潜在竞争者相比，在掌握公司情况方面可能存在的差异程度。专业知识越重要，信息不对称程度就越大，管理者的地位就越稳固，讨价还价的能力也越强。但是，在管理控制下，这些因素都是极其易变的。例如，它们会提供企业从事某种项目（投资）的动机，外人难以判断这种项目的价值，相应地，由于项目性质非常专业，所以，很难估算这类投资决策的扭曲程度。

理论性观点认为，所有权分散广泛的企业应该难以管理——或者至少是股东利益的管理，这种观点有一些经验证据的支持。尽管前面章节讨论了某些扭曲情况，但要获得详细的证据特别困难。有两类行为似乎可以作为经验证据，但它们之间存在矛盾。

---

① 参见 Nalebuff and Stiglitz（1983b）。
② 参见 Edlin and Stiglitz（1992）。
③ 相似的观点也适用于管理者阻止接管的激励。

## 接　管

我曾经提到过 20 世纪 80 年代出现的接管风潮，它是与管理失误相联系的。雷诺兹-纳贝斯克公司的罗斯·约翰逊也许提供了一个经典案例，这里的证据不是简单的逸闻趣事：接管活动本身似乎有点令人迷惑，因为相互之间的竞争使得拍卖过程中收购价格被推高到"充分价值"，从而企业接管似乎收益甚微。默克、施莱弗和维什尼（Morck，Shleifer and Vishny，1989）的研究显示，接管的可能性越大，管理者在公司年度报告中描绘的经营蓝图就越壮观，这一点支持管理者傲慢理论：不是经营判断而是管理者的自负驱动大多数接管活动。很明显，随着管理者和大股东拥有的企业股份的增加，价值减少型接管的可能性相应减少。

### 税收悖论

近年来，税收经济学家已经提供了进一步的证据，显示了所有权和控制权分离的后果，以及与管理者自主权相联系的非效率。他们发现了大量的税收悖论，例如，企业实际缴纳的税收大于应缴纳的数量。关于税收悖论问题，其重要性在于，税收是谨慎的经济学家能够评估市场经济效率的少有场合之一。没有人具备相应的技术能力去判断通用汽车公司（GM）生产汽车是否确实有效率，当然，与丰田或日产比较，我们能知道它的绩效相对较低。不过，GM 的总经理可能会列举日美企业之间在劳动力和资本方面的差异，认为如果 GM 的经营环境与日本企业相同，完全能做到与它们一样有效率。但可以合理地认为，我们每个人对税收结构都比较容易理解：它无非到百册的法律、规则和管制措施的"技术汇编"，其原则更容易把握，甚至我们能够跟本科生解释清楚，为什么直到 1986 年，美国还没有企业以红利（股息）的形式向股东派发现金，而经常是通过公司回购股票或者通过其他方式使股东以资本收益的形式从公司得到货币。企业持续支付红利的情况会导致红利悖论（Stiglitz，1973b），已有大量文章试图对税收悖论做出解释，但均不尽如人意。确实，在这里我想强调的一点是，至少在与私人公司高级职员的讨论中，我发现，他们显然认识到红利分配的劣势，因而他们几乎不依赖红利获得收入。公众公司更关注常规性红利支付的稳定感，而不是像最小化税负这样更基础性的问题。总体市场不会犯傻：正如 Shoven and Bagwell（1989）所指出的，市场会逐渐学习，在红利悖论被提出之后的 15 年间，以税收优惠方式从公司部门向家庭部门分配的现金比例已经显著增大。

其他的税收异常现象也支持这种观点：上市公司重形式（利润表现）而轻实质。会计核算中使用先进先出法（FIFO）而非后进先出法（LIFO）可以增加目前税负的贴现值，增加企业短期报告中的现金收入，所以，许多上市公司持续使用这种会计处理方法，即使是通货膨胀率提高使得该处理方法的成本大幅度提高时也不改变。

同理，假定许多上市公司没有使用加速折旧政策，这将减少目前税负的贴现值，甚至减少企业短期报告中的现金收入。值得注意的是，这类异常是企业"诚实"的表现，它们能够向股东汇报不同会计处理方法下的"真实"利润，并解释实践中使用特定会计处理方法是为了尽可能降低税负。

为奖励经理而使用的股票期权为我们提供了另外的例子。正如已经提到的，企业声称使用股票期权是为了提供适当的激励：如果经理能够持续地增加企业价值，他也将从中得益。然而，这种计划并不是理想的设计。企业之所以奖励经理，是因为他们比市场做得更好。但是，在某种程度上，收益增加可能只是反映了股市的繁荣，经理并不应该得到奖励。同理，这类计划也把风险强加在经理身上：在股市下跌时，经理会受到损失，尽管这种下跌不是经理所能控制的。经理应该基于相对业绩获得奖励。[1]

通常的讨论中经常引用股票期权的税收优势。因为在更倾向于资本收益的条件下，经理收益会更多地被征税。但是，这种分析没有考虑公司的税负。

通过基于相对绩效的支付，能够在没有明确使用股票期权的条件下达到股票期权的激励效果（或更好地，股票价值方面的相对收益激励效果），同时还能减少个人和公司加总的税收支付。[2] 而在上市公司中，

---

[1] 这种特定形式的悖论的矛盾程度比看起来要小（只是略微小）：在一个完善的资本市场上，风险规避型经理能够通过卖出标普 500 指数基金来化解他们在股市上的风险。在实际市场上，经理能够部分地化解某些风险。但令人疑惑的是，为什么既能降低交易费用又能减少税负的方法没有被使用？

[2] 如果一家企业支付给管理者一笔 100 美元的报酬，就可以从公司所得税中扣除。在 1986 年之前，联邦政府以此方式大约支付了管理者报酬的 50%。支付给雇员 100 美元报酬所征收的公司税和个人税（个人税率是 50%）加总将为零（减少公司所得税 50 美元，正好抵消增加的个人所得税 50 美元）。相比较而言，股票期权的应纳税净额大约为 25 美元，资本收益税率是普通税率的 50%，资本收益税和普通收入税混合的税率大约是 28%。如果州的所得税税率是 6%，公司所得税税率是 36%，绩效薪酬的净税收支付是 2 美元。如果股票期权没有从公司所得税中扣除，净税收支付大约是 34 美元。尽管通过延迟缴纳，有效税收可以减少，但除了特殊情况，仍然具有税收劣势。

这一点并没有被广泛认识到，这反映了所有权和控制权的分离。显然，上市公司的管理者能够蒙骗股东，使他们认为股票期权是一种"廉价"的措施：发行股票就像政府印刷货币一样是无成本的。只是逐渐地，股东理解了公司股票稀释所带来的巨额成本。

显然，在所有权和控制权分离的条件下，无论何种形式的税收无效率都更容易发生。

# 其他可供选择的控制机制

前面三部分已经讨论了如下问题：管理者具有相当大的自主权，报酬补偿计划只是提供相应激励的局部有效的工具，结果使得企业似乎经常偏离股东的利益。实际上，除了传统文献中所强调的手段之外，还有其他的"治理"结构可以限制管理者的自主权范围，使得管理者行为更合理和有效，也有其他机制引导工人的行为与企业利益相一致。

## 银行与公司治理

尽管传统机制在确保管理者不能纯粹为自己谋利方面有效性不高，但银行作为一种可供选择的机制可能更有效，这种观点似乎令人难以置信，毕竟银行没有"正式"的控制形式。在美国，银行不能在企业董事会中安排代表董事，如果银行在企业中作用过大，在企业破产时，它将失去某些优先权。但是，银行具有一种股东不具备的权力：它们有权收回自己的钱（贷款到期时），如果企业不能如期还款，银行有（限制性）权力接管企业。

银行的有限风险使得它较少实施贷款多样化——一家企业可能有上百万名股东，但仅有数量有限的贷款人。这些数量有限的重要贷款人可以相互合作，可以"轮流"作为主导银行并负责监督贷款。任何一家企业只有少数重要贷款人，意味着可以减轻"搭便车"问题。同样，有限数量的贷款人在贷款合作中重复互动，意味着合作安排（有人可能说是合谋行为）可能得到持续，进一步减轻监督中的"搭便车"问题（Stiglitz，1985b）。

具有广泛且多样化所有权的几家大银行向同一家企业贷款，初看起来似乎令人困惑。这种银行合作似乎并没有带来什么收益，反而有所损失——削弱了监督的激励，因为任何一家主导银行的监督都会增加其他贷款银行的利益。但是，如果采取合作行为，这种损失会受到限制，共同监督理论对此提供了一种可能的解释（Arnott and Stiglitz，1991；Stiglitz，1990c）。监督理论的一个标准问题是谁来监督监督者，一个明显的解决方法是对等监督，例如，监工、工人或贷款者互相监督。共同监督者通常掌握较多的信息，这是其他活动的副产品。就像学习效应可以看作生产过程中一种相对无成本的联合产品，监督也是如此。但是，为了使共同监督有效，共同监督者必须有动力进行监督。当几家银行的某种贷款风险具有共同的"敞口"时，即使一家银行作为主导银行，其他银行也有充分的利益动机去"监督监督者"。

银行作为一种控制机制具有重要性这一观点，最初是由 Berle（1926）提出来的，在 Stiglitz（1985b）的信息理论中重现生机。并且鉴于银行在日本经济中成功地发挥了特殊的有形作用，这一观点受到经济学家越来越多的重视。

### 超越财务激励

对大多数经理而言，直接经济激励的作用似乎十分有限，由此，Simon（1991）和 Akerlof（1991）认为，必须超越经济激励才能理解管理者的行为，企业的成功要求员工"认同"企业的目标，员工要将企业的成功作为自己的目标。

这些非经济动机具有何种程度的重要性，仍然是有争论的问题。在苏联式革命早期，这种非经济激励可能发挥重要作用。在某些情况下，这种非经济激励可能十分强大，以致可能从根本上替代经济激励。同样，在战争期间，非经济动机对号召人们做出额外的奉献具有重要作用。但是，在长期的正常情况下，非经济激励本身似乎难以满足，然而，不能由此得出它对激励工人不能发挥重要作用的结论。实际上，非经济激励与经济激励之间是互补的而不是替代性的。

# 东欧经济的启示

这些"控制"问题的重要性已经成为讨论东欧经济如何组织其金融体系的中心议题：它们应该追随日本、德国或美国的模式吗？应该如何进行私有化？财富集中的不足，意味着不管这些国家的私有化过程如何进行，"管理作为一种公共物品的问题使得控制机制不能有效运作"可能总是困扰着它们。但是，某些建议（后面的一章中讨论）涉及股权分散化，在这种形式下，控制问题可能在一定程度上更加严重。虽然能够假定人们采用随机抽彩的方式将每家大企业归于个人来"解决"这个问题，但这个"解"在政治上几乎行不通。给定所有权和控制权分离的必然性，必须强调的是，如何解决"控制"问题，在这方面，金融体制的设计可能很重要（见第12章）。

在过去的12年中，中国特别是南方省份取得的成功，至少在短期内显示了，所有权（私人产权）并不很重要，且存在其他的有效治理机制。作为增长基础的企业，有的属于乡镇所有，有的是政府企业，有的属于各类国家机关所有，不一而足。这里存在一种共享治理机制。管理者被赋予广泛的自主权，监督则来自各类利益相关者，不仅包括名义上的"所有者"（它们本身更接近公共组织），也包括产业主管部门和地方金融机构，它们均依赖这些企业的成功而获得收益。

# 公有企业与私有企业的区别

在本章我们正好完成一个完整的逻辑论证：首先讨论市场社会主义未能取得满意绩效的关键原因是低估了激励的重要性；然后指出这也是阿罗-德布鲁模型存在的问题；接下来我们继续论证，作为市场社会主义颇受诟病的激励问题，也许并非像通常讨论的那么重要。有两个理由：第一，在资本主义经济中，管理者层面上的激励结构也是较弱的；第二，公有企业也能对其管理者提供相应的激励，它类似于资本主义经济中上市公司对其管理者提供的激励。

两种经济体系可能面临相同的问题。但是，激励是否能透视两种体制的**关键**差异呢？对这个问题的争论还没有令人满意的答案。讨论主要集中在两个问题上：

第一个问题是市场社会主义模仿市场经济的能力。有人强调股票市场在提供激励方面的作用，正如我已经解释的，这不是由于管理者享有的股票期权，而是股票市场恰好提供了适用于评价管理者业绩的信息。市场是前瞻性的，它提供了对预期的目前企业贴现值的最好评价。我认为这种观点完全没有说服力，理由有三：首先，股票市场通常存在太多的噪声，股票市场价格受到大量因素的影响，只有某些因素与管理者行为直接有关。为什么我们应该相信那些无知投资者（例如，伊利诺伊州皮奥里亚的牙医，或者佛罗里达州退休的卡车推销员）的判断就是关于企业未来前景的最可靠判断呢？[①] 早期引用的关于资本主义企业对股票市场价值较低实际依赖性的证据，以及不能通过设计报酬补偿计划获取更多关于管理者贡献的"信息"（观察相对业绩），都意味着在市场经济中，这些信息不是报酬补偿计划设计中真正的中心问题。其次，大多数公司并未在股票市场上市，没有证据显示它们（在设计管理者激励计划方面）遇到了特别大的困难。最后，股票市场信息最多与大公司高层管理者的报酬支付具有相关性，大多数经理在公司内的下属部门主持业务，他们的工作价值并不是通过股票市场反映出来，而是通过其他更可靠的方式评价其贡献。

第二个问题是如何激励那些在企业中执行激励结构的人。这里有时存在下述观点，那些公有企业的经营者通常没有关注经济效率的激励，从而也就没有设计和执行适当激励结构的动力。我再次发现这种观点属于无稽之谈。菲纳石油公司（Petrofina）、壳牌石油公司和德士古石油公司的总裁实施有效激励结构的动力或意愿并无显著区别。部分原因是这些企业处于竞争环境中，企业效率能够比较容易评估，所以，与其说所有权是关键，不如说竞争的存在更重要。

可以肯定，所有权和竞争这两者是有联系的。许多国有企业所在的行业竞争程度有限，如电信这样的自然垄断行业。有证据显示，竞争会促进效率。普遍认为，美国电话行业部分业务开放竞争之后，对提高行业效率具有显著效果。这进一步证实，竞争可能比所有权更重要。

国有企业**可能**面对不同于私有企业的经济环境，后面我将讨论"软预算约束"的后果。国有企业可能有实现诸如增加地区就业之类的非经济目标的压力，也可能受制于就业政策方面的公民服务约束。所有这些对国有企业的效率均有不利影响。政府可能很难允诺国有企业像私有企业那样经营，也就是很难允诺国有企业充分竞争和硬化预算约束，同样不可能允诺国有企业不问政治、不问公众服务要求。这些承诺问题——

---

[①]　对这种观点有两种批评。第一种批评是，这些无知者只是所有投资者中的很小部分，他们对股市价格没有影响。但是，在大多数股票市场中，显示出来的相对无知的交易者的数量和重要性似乎相当大。第二种批评是，股市价格由拥有信息的投机者的行为决定，而不是由无知者决定。认为少数掌握信息的人就可以确保市场行为，就像所有个人都掌握信息时一样，这种观点通常是错误的（参见 Salop and Stiglitz，1977）。实际上，如果信息是有成本的，即使人们有动力去获取信息，价格也不能充分反映信息拥有者掌握的信息，参见 Grossman and Stiglitz（1976，1980a）。

可以看作"政治经济问题"或"公共部门激励问题"——显然更接近市场和市场社会主义之间区别的核心，而不是管理激励差异。

这种近期讨论在某种程度上具有讽刺意味。兰格-勒纳-泰勒定理的中心观点是所有权不重要：人们可以利用价格体系的优势而摒弃私人所有权的弊端。市场社会主义的批评家在指出市场社会主义未能认识到激励的重要性的同时，他们自己也丢掉了以下基本见识：激励是重要的，设计激励结构很难。问题仍然存在，所有权对设计激励结构重要吗？

# 第6章 市场经济中的市场配给和非价格配置

市场社会主义模型低估激励重要性的同时，却高估了价格的作用，也低估了实现价格体系运转的难度。这确实不足为奇，因为兰格、勒纳和泰勒也强调价格在资源配置中的作用。他们的分析是基于传统范式，即价格在资源配置中具有首要作用，通过价格实现供求相等。他们的观点与传统模型的唯一区别是关于价格确定过程的观点，不是通过市场力量或虚构的瓦尔拉斯拍卖人实现供求相等，而是通过政府这只"看得见的手"实现供求相等。但是，价格在两种理论中发挥完全相同的作用。

本章分为五个部分。第一部分解释为什么价格不仅没有、也**不能**以标准模型假定的方式发挥功能。在接下来的第二部分我将讨论实际中的价格作用比传统范式中所赋予的要多（和少），也就是说，标准模型高估了价格在提供经济稀缺性信号方面的作用，同时低估了价格在不完全信息存在时执行某些重要功能的作用。这引导出第三部分关于非价格机制在资源配置中的作用的扩展讨论。第四部分将讨论与资本配置相关的问题，提供了一个理解价格机制作用有限性和其他资源配置机制的极好机会。所以，在本章的后半部分我将详细探讨资本市场。最后，在第五部分我将回到中心议题并得出结论：这些分析对市场社会主义所具有的含义。

## 为什么价格不能按标准模型假设的方式发挥功能？

价格模型的基础性问题来自商品空间的复杂性以及区分商品间各种差异的成本。

### 商品空间的复杂性

在课堂上向学生举例，我们会提到苹果、橙子、小麦。但是，任何一个农民都会说，根本没有一个苹果的价格这回事，价格依赖于苹果的类型、新鲜度（和多种其他质量特征）、产地和季节等。工业制成品则更加复杂，具有更多的相关属性。[①]

美国国防部的最近一项采购，提供了商品空间复杂性的例证。它招标采购一种标准的白色 T 恤衫，属于花几美元在任何服装商店都能买到的普通 T 恤衫，但专业性要求的条款却是小号字体的 30 页纸，甚至我猜想这还是不完全的。确实，大多数消费者在购买 T 恤衫时不会如此完全地表述要求，但这告诉我们，实际市场的运作与市场社会主义模型设想的情况具有根本性差别。

#### 计划部门建立完整价格体系的不可能性

商品空间的复杂性具有两个重要含义。第一，中央计划机构根本不可能恰当定价，或者说，不可能以反映商品多样化属性及符合商品生产时的特征的方式来进行定价。例如，对每种质量水平（一个连续统）分别定价，相应地，每种质量水平都必须被精确识别。既然每一种商品均有许多属性维度，即使是每一种属性的有限数量的特征识别，对商品所有维度的所有特征进行识别，其数量也是惊人的。假定商品有诸如颜色、耐久性、长度、宽度等 10 种属性，每种属性维度有 10 种价值，那么这种单一商品的价格空间的数量将是 100 个。*

#### 对商品难以进行充分特征化识别的后果

当商品不能达到完全的特征化识别时，市场社会主义经济（或者市场经济中的政府采购机构）实际上会遇到各种困难。如果只是对"钉子"定价，企业可能使用廉价材料生产短钉子；如果对长度做出要求但忽略粗细程度，可能买到的是过细的钉子；如果对长度和粗细均做出要求，企业可能仍然使用廉价材料生产硬度很低的钉子。对于许多复杂商品而言，无论如何对其多种属性加以特征化识别，总是存在自由处置的范围，特别是成本削减对要求的商品功能具有反向影响时。

---

① 这部分的讨论与前面章节的分析在某种程度上具有相似性，在那里我们认为存在完备市场的假设是不可信的。当时我们提出的理由之一就是，存在太多的可能商品，从而不可能每种商品都有一个市场。

* 原文是 100 亿，疑有误。——译者注

### 对商品进行充分特征化识别的成本

但是，问题并不仅仅如上面描述的 T 恤衫故事所显示的，对每种复杂商品进行完全特征化识别成本极高。如果所有投入（材料等）可以充分识别——例如，生产钉子的材料——就排除了那些可以选择能够更好满足使用者需要且更廉价的其他材料的机会。如果仅仅对钉子进行了特征化识别，问题可能转化为判断这些"特征"是否完全。甚至这里有一个权衡问题：某些材料对一些特征的标准可能过高，对另一些特征的标准则可能过低。对于这种产品，生产者应该接受什么样的价格？市场社会主义没有提供答案，但却要求计划者提供完整的价格体系（一个不可能的任务）。

> 市场社会主义模型——和新古典模型——都没有认识到生产者和产品使用者之间相互关系的重要性。这些模型的核心观点是将生产者与消费者之间的交流仅限于价格信号，这基本上是错误的。

生产过程经常是比"价格接受"更复杂的一种"谈判"过程。企业需要与客户协商交货时间、产品性质和价格，在这个协商过程中也会传递相关信息（关于用户需要、卖者的技术能力）。在这个互动过程中，价格确实发挥重要作用。"很难制造出你们所要求的那种钉子"这样的质量条款，可能变成"我能做到，但钉子的成本将达到每一颗 1.23 美元"这样的数量陈述。

### 不完全竞争

前面提到的商品空间复杂多样性会导致另一个重要后果，就是市场不时（也许应该说是通常）处于不完全竞争状态。一家企业生产的产品，与其他企业生产的同类产品，通常在某一特性或多种特性上存在微小差别。当然也存在竞争：顾客可能与其他产品进行比较，看所购买的商品是否以更低的价格更好地满足了自己的要求。但这不是完全竞争，即不是阿罗-德布鲁模型及其扩展形式所描述的那种竞争。[1]

---

[1]　正如我早些时候所指出的，竞争受限的情况不仅由于商品空间的高度多样性，而且由于生产中的固定成本（没有这种固定成本，任何一家企业均可以生产所有产品）和交易中的搜寻或谈判成本的存在（这意味着顾客寻找那些生产自己感兴趣的商品特性的企业要花费时间，所以，即使有许多这样的企业，发现合适的一家可能也有困难）。

已经有标准阿罗-德布鲁模型的几种扩展形式讨论商品连续统。这些数学形式的扩展可能认为模型能够处理相当复杂的商品空间，但是，它们也显示了标准模型的经济和数学"限制"的重要区别。阿罗-德布鲁模型的问题**不**是它假定有限数量的商品，我这里强调的是**经济**问题，即定义商品的经济问题，以及在商品存在差异时，即使是很小的固定成本也将导致不完全竞争的出现。

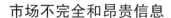 

### 市场不完全和昂贵信息

商品空间复杂性本身能够充分解释为什么价格模型是不恰当的，但它不是唯一原因。相关的第二种解释①是区分商品差异的成本，也就是说，即使我们能够无成本地对所有特性进行**特征化识别**，但确定某个特定方面是否具有那些特征也是需要成本的。在这种情况下，价格可能影响一个人在一次市场交易中获得的商品的平均质量。在其他场合，我详细解释了质量依赖于价格的原因和后果（Stiglitz，1987b）。

### 供求定律的失效

也许区分商品差异的成本最重要的后果是"供求定律的失效"。当劳动质量依赖于支付的工资率时，或"一笔贷款的质量"（归还贷款的可能性）依赖于收取的利率时，或一种产品的质量依赖于索要的价格时，竞争市场均衡可能具有配给性质——需求不等于供给。这可能对劳动市场广泛存在的失业现象以及资本市场的信贷配给给出部分解释。即使劳动市场存在过度供给，企业也不愿削减工资，因为这样做可能降低劳动力质量，从而导致利润减少。同理，即使贷款需求旺盛，贷款方也不愿提高贷款利率，因为这样做会提高违约概率，这时就可能出现信贷配给。

# 价格的作用

在前面部分我解释了为什么价格不能像标准模型所假设的那样发挥功能，为什么事实上不能有阿罗-德布鲁模型描绘的完整价格体系。在分析中，我显示了价格的作用既比传统范式赋予的要多，也比传统范式赋予的要少。这里有四个方面值得强调：

第一，价格具有一系列重要的经济功能，包括筛选和提供激励。这些在传统范式中几乎全被忽略了。

第二，当市场不能出清时，或更一般地说，当存在选择、激励和其他不完全信息问题时，非价格机制通常会有助于配置资源。

第三，当市场不能出清时，价格就不一定能传递各类稀缺性信号，

---

① 也有其他解释，其中一种解释在后面会更充分讨论。正如我在前面章节所说明的，在不完全信息场合，有效经济关系不能被（线性）定价关系所"支持"。

而这类信号正是阿罗-德布鲁模型中的主要洞见（市场社会主义模型也是基于同样的概念）。当工资是依据效率工资考虑确定的（例如，确定工人不会偷懒）时，工资很可能高于劳动机会成本。这时，稀缺性信息可能通过其他方式而不是通过价格得以传递，例如，企业会对"订单"或"存货变化"这类信号做出反应。

第四，当价格（工资、利率）不再（至少是不完全地）发挥其传递稀缺性信息的功能时，它会履行其他经济功能：它会影响市场交易中的产品质量。

应该强调的是，一般而言，一个社会计划者的最优定价，不应该是单纯实现供求相等，而是应考虑价格对质量的影响，以及价格对选择和激励的影响。这确实意味着对中央计划机构的信息要求，远远大于标准市场社会主义模型中提出的要求。在标准模型中，计划者、企业、消费者之间的信息沟通是十分有限的：企业只是发布在计划者喊出的每个价格上自己愿意生产的产量，消费者只是给出在每个价格上自己愿意购买的数量。现在，计划者需要收集不同价格上生产或销售的所有产品的质量信息，以及消费者对这些质量的评价信息。一般而言，计划者既不会按市场经济中确定的水平定价，也不会将价格定在市场出清的水平。

# 资源配置中的非价格机制

非价格机制在资源配置中的重要性能够以两种不同的方式进行讨论。

第一，生产活动的大部分发生在企业内部，在这种环境中，对价格的依赖很有限。通用汽车公司的规模甚至比许多小国还要大，充分讨论什么因素决定企业边界以及哪些活动发生在企业内部，将超出本书的范围。我强调的重要观点是，除了间接情况，大量经济活动不是由价格关系协调治理的。

第二，资本配置提供了另一个重要例子。资本配置不是通过一个拍卖市场实现的，即不是出价最高者得到资本。理由很明显：竞标只是对未来偿还一个确定数量的承诺，但是承诺也可能食言。在配置资本过程中，重要的是，不仅要知道使用者"承诺"什么，而且要了解实际上使用者可能如何偿还，一套广泛安排的金融制度就是为了解决这些问题。银行配置资本时不是简单依赖价格机制，考虑到承诺食言的可能性，那些愿意支付最高利率的人，事实上可能不是给银行带来最高期望收益的人。

## 合同和声誉

价格体系作用有限这个事实，使得经济关系经常通过合同和声誉进行治理，而只关注价格机制的阿罗-德布鲁模型和市场社会主义模型，却完全忽略了这些方面。几乎在我们面对的每个市场上都能看到合同和声誉的重要性。例如，消费者在选择产品时非常依赖声誉，在前面消费者购买T恤衫的例子中，我们注意到，典型的消费者不能完整清晰地表述他要买的T恤衫的所有特性，一旦产品不被喜欢——如果其耐用性不像卖者声称的那样——产品将不会有人再买，这里买者（和生产者）依赖的就是声誉。同理，贷款者也非常看重借款者的声誉。

合同总是涉及非价格条款。例如，借贷合同经常有抵押品条款，也经常有限制借款者从其他渠道借钱的条款。一般来说，贷款者不仅限制借款者对资金的使用用途，而且可能限制他们从事的其他活动。最早期的委托-代理文献（我对分成制的讨论）强调非价格条款的重要性，诸如地主向佃农提供的土地数量，以及其他附加投入品等条款。保险和就业合同经常包含"排他性"条款，投保人需要报告向其他保险公司就同一险种的投保情况，工人必须同意不会同时为其他雇主工作。保险合同也经常包含其他"数量条款"：如投保人需要安装灭火装置。

之所以需要合同，是因为现实中没有针对所有可能商品（我们在不同区位、日期、自然状态、质量等水平上区分商品）的"市场"。之所以需要声誉，是因为我们无法写出所有商品的全部特征，即使可以写出，也不可能（或无成本地）通过法律体系对可能产生的争议做出裁决。[①]

阿罗-德布鲁模型和市场社会主义模型都没有考虑经济互动中的合同和声誉。

## 租金和声誉机制

阿罗-德布鲁模型和市场社会主义模型没有描述经济中声誉机制起

---

① 正如我早期提到的，我们经常区分一个变量对于合同各方的可观察性（声誉机制发挥作用所需要的）和一个变量的可证实性，它是争议能够通过第三方（法院）解决所需要的。例如，参见 Newbery and Stiglitz（1987）或者 Hart and Holmstrom（1987）。

重要作用的那部分活动——这是两种模型的常规情况。不仅这是真实的，而且存在这种情形，即声誉机制本身要求修改我们对价格体系运作的认识。

要特别指出的是，如果维持声誉会产生一种激励，那么丧失声誉必定是一种损失，这意味着在边际上，对卖者而言，出售还是不出售一种商品就不可能是无差异的（对工人而言，工作还是不工作也不是无差异的）。因此，经济关系中**必须**蕴含租金，即为了诱导个人参与某种交易而给予的超过最低要求的一笔支付，所以，传统意义上的利润不会为零，价格不能等于边际成本。从这种意义上说，作为价值理论基础的基本定价关系是错误的，相应地，基于标准价值理论的市场社会主义模型一定也是不正确的。[①]

# 资本配置难度的低估

按市场社会主义的传统观点，市场习惯上只是用于配置商品——给定资本存货，而资本不是通过市场体系配置的，市场不能有效地配置资本，包括不能协调投资决策，这提供了转向市场社会主义的部分理由。

市场社会主义者对这里的一种市场失灵的识别是正确的。不过，正如我在前面所指出的，他们没有充分把握缺乏完备价格体系导致的问题，他们认为自己理解明显缺乏一套完备期货市场和风险市场的后果，他们也认为自己的下述观点得到证明：政府必须承担配置资本的责任。

我们认为，阿罗-德布鲁模型错误并不仅仅是由于它假设存在一套完备的期货市场和风险市场，而是一种更深层的问题，即它没有认识到与配置资本相联系的固有的信息问题。

但是，根据定义，基于阿罗-德布鲁模型只是简单忽视期货市场和风险市场缺乏所带来的问题，市场社会主义者天真地相信，政府能够很

---

① 这个基本洞见是由 Becker and Stigler（1974）、Klein and Leffler（1981）、Shapiro（1983）、Eaton and Gersovitz（1981）在不同环境下独立提出和模型化的。关于劳动市场含义的一种模型化分析，参见 Shapiro and Stiglitz（1984）。关于宏观经济学含义的一种讨论，参见 Stiglitz（1992a）。关于更正式博弈论分析的讨论，参见 Kreps（1990）。

关于产品市场声誉的早期分析是不完善的，因为它省略了进入条件（长期均衡条件）的适当讨论。利润在短期内可能为正，而在长期中可能为零。关于长期利润和短期利润之间关系的分析，参见 Stiglitz（1989b）。

容易弥补这种市场失灵，他们没有深入探讨深层的根源。更一般地说，真正原因——在很大程度上是信息——导致市场在配置资源上存在问题（我将在下面讨论），并由此提出一个严肃的问题：需要考虑其他可供选择的配置机制。

## 缺乏期货市场的后果

例如，当考虑期货市场的缺乏时，就意味着企业必须估计未来的价格，既包括未来出售的产品的价格，也包括未来购买的投入品的价格。而政府也必须估计商品和服务的影子价格。这里存在两个问题：进行正确预测的能力和进行正确预测的激励。

### 解决协调问题的能力

市场社会主义的传统讨论集中于协调机制的缺乏（在缺乏期货市场的条件下）。有了期货市场，每个生产者都将会了解价格趋势，例如，从现在起 10 年内的钢铁价格走势，这样，企业就可以相应地调整生产。为了实现均衡，要求企业在从现在起的 10 年价格走势下使得计划产量等于需求。这肯定是一种幻想。一些产业某些时候会存在过剩生产能力，而在其他时候可能出现短缺。有些市场批评者引用这一证据，认为均衡不是一个恰当的"如果……，那么……"式的故事。在缺乏完备市场体系的条件下，可能存在大量的协调失灵。这种协调失灵的基础是信息问题：每个钢铁生产者不仅没有激励来与其他生产者分享自己生产计划的信息，而且力图隐瞒信息，甚至会提供误导性信息。一家企业可能从其他企业的失误中获益。

既然在市场社会主义下政府拥有所有企业，就不存在这种激励问题。的确，既然政府决定所有的投资决策，就要求政府掌握所有的信息，以确保这些协调失灵不会发生。

但是，市场社会主义的批评者认为，市场失灵并不严重，市场社会主义实际上也没有采取补救措施。在大多数情况下，即使可能有协调失灵，社会损失也是微不足道的。如果有许多家比萨店开业，形成过度供给，使得许多店家退出，对社会而言，损失仅仅是不能重复使用的沉没成本，它通常只是总成本的很小部分，而且调整会相当快。只是在诸如钢铁和化工这类重工业中，协调失灵问题才具有重要影响。

市场社会主义的批评者认为，政府既没有能力也没有激励去解决好协调问题。回顾一下市场社会主义的基本观点：它是基于没有一个中央计划机构能够收集、处理和传递有效控制经济的信息这个前提。市场社会主义强调，中央计划机构只需要有限信息，即包含在价格中的信息，这种情况允许的分权化使市场社会主义得以运转。但是，市场社会主义倡导者似乎又坚称，一个包含投资市场的中央市场体系（暗含所有商品和服务在所有未来日期的市场）能够发挥作用，并且政府确实能够收集、处理和传递所有的相关信息。市场社会主义的批评者认为，信息问题导致的投资配置无效率不是偶然，而是任何一个组织在解决如此大量信息问题时能力不足的必然结果，无论其主观意愿如何。

可以肯定的是，市场经济模型——基于一种完备市场体系——没有提供任何理论依据，使我们确信市场可以有效运转。相反，我们经常看到的证据显示市场没有出色地发挥其功能：不仅包括前面引用的微观证据，而且包括经常由于协调失灵①导致的周期性大量过剩生产能力这样的宏观证据。格林沃德-斯蒂格利茨定理告诉我们，在一般情况下，市场配置结果不是限制性帕累托效率。

此外，如通用汽车公司、埃克森石油公司这样的大型企业所管理的年度投资流量甚至超过许多小的国家。如果私人公司都有能力做到这些，为什么至少是较小经济中的政府不能做到呢？实际上，在德国和英国这类较大经济体中，也仅有三四家大银行，它们直接或间接控制国内全部投资流量的绝大部分。

但是，市场社会主义的倡导者犯了一个关键错误，那就是他们没有充分认识到资本主义经济中机构（如银行）的重要性，这些机构的形成正是为了解决市场缺位所导致的问题。它们当然不是完全替代市场，但可能使得投资配置比其他情况更好，也比市场社会主义下更好。正如我在第 12 章中将要指出的，市场社会主义下的银行不能像在资本主义经济中那样发挥信息中心的作用。

也许，市场（包括为应对期货市场缺乏而发展起来的相关机构）能够在配置投资方面做得更好，但必须有相应的激励。

### 解决协调问题的激励

什么样的激励使得政府准确估算影子价格并全面考虑所有的相关因素？在市场上，犯错的人（理论上）将受到惩罚，他们将承担这种错误的绝大部分成本。但这种情况对公有企业，特别是有软预算约束的企

---

① 市场信仰者经常发现很难因为证据而放弃信仰。在这些所谓协调失灵的场合，他们可能指出，事后的过剩生产能力本身不是资源错配的证据，因为决策毕竟是在不确定条件下做出的，在存在不确定性时，出现过剩生产能力的投资水平也属于一种自然状况。

业，则不会发生。

### 股票市场和价格发现功能[①]

尽管在任何资本主义经济中均没有完备的期货或风险市场，但市场社会主义的批评者认为，资本主义下的市场还是**多于**市场社会主义，特别是资本主义下有股票市场。根据定义，如果企业完全由政府拥有，就不存在能估计企业价值的市场。

至少有两个理由说明股票市场估价在传递信息方面具有重要意义：一是它提供的信息将成为激励性合同的基础；二是它提供的信息与投资配置有关。有争议的是，股票市场是否能提供企业未来收益流贴现值的最准确估计。相应地，有一种观点认为，如果企业的投资决策失误，人们会获得该企业市场价值变化的信号，但这不适用于公有企业，所以，对公有企业而言，很难对错误的投资决策进行"惩罚"。

我认为，首先，尽管股票市场提供了**一些**信息，但这些信息无论是作为投资配置的基础，还是对于一种激励结构的设计，其价值都是相当有限的。其次，用于搜集股票市场有关信息的大部分支出并没有社会收益。再次，与市场范式的观点相当不同，依赖股票市场实际上可能导致资源配置的扭曲。最后，即使股票市场显示的信息具有重要价值，这些价值对国有企业的私有化也是不必要的，这一点对于正处于改革过程的东欧国家来说十分重要。

#### 股票市场信息的有限价值

对于激励结构的设计或者投资的配置而言，股票市场显示的信息只有有限的价值，这有几个理由：

第一，对于投资配置而言，这种信息过于"粗糙"。"市场"认为钢铁行业在未来前景看好，但这种信息对一家钢铁企业作用不大。钢铁企业需要了解的是生产哪一类钢材，使用什么工艺流程。股票市场不可能提供这类信息。钢铁企业进行投资决策时必须进行详细的工程价值评价，这时，包含在股票价格中的信息基本无用。[②]

第二，企业管理者的基本任务之一，是获取与这项投资决策有关的专业信息，管理者指望预测股市的人给出更多的相关信息简直是痴

---

① 这部分的观点在 Stiglitz（1989c）中得到稍微深入的讨论。

② 如果认为提供这类信息特别重要，就意味着大企业的各个单位都应该有各自的信息清单，但几乎没有证据显示这一点。

人说梦。实际上，一家企业内部的部门决策——既涉及激励，也涉及投资——均是在没有股票市场信息的帮助下做出的。

**信息的社会收益与私人收益之间的不一致**

股票市场上收集的信息大多与企业长期业绩无关，只是企图预测股票价格的短期走势。凯恩斯对股票市场与选美比赛的类比十分贴切：在选美比赛中，关键不是猜测谁是选美冠军，而是猜测裁判将判断谁是选美冠军。所以，配置资源以获得信息并不是看中基本内容方面，而是看中人们的感觉。

更一般地说，收集股市信息的大部分支出，其社会价值即使有也是微不足道的。对于交易的股票，只是一种零和博弈，即一部分人之所获必是另一部分人之所失。重要的是能否稍微早于他人发现影响市场价格的信息。如果我稍微早于别人知道了一些事件——如俄罗斯农业歉收——它将会影响小麦价格，这时我就能通过买进小麦期货（或者某种股价随小麦价格上升而上升的股票）而获得资本收益。比其他人早几分钟、几小时或几天获知信息，即使有也只有微不足道的配置效应，但它并不能提高经济体系的效率，其主要后果是给予那些较早获得信息的人以私人租金。与股票市场相关的信息获取行为属于寻租行为。[①]

下列类比〔基于拉瑞·萨默斯（Larry Summers）的建议〕可能使上述讨论更清楚。[②] 假设人们正在房间里听讲座，突然就像天降甘露，许多百元钞票落到地板上，每个人脚边均有一张。这时可能出现两种情况：一种是每个人都俯身去捡钞票，人为打断了正在进行的重要讲座。相反，另一种是每个人继续听讲座直到结束，然后俯身捡钞票。很显然，后一种方式更具有社会效率：重要活动没有被人为打断而得以继续进行，只是稍微推迟半个小时去捡钞票，对结果几乎没有影响。尽管后一种方式具有社会效率，但它不是一种纳什均衡：当人们发现其他人没有捡钞票时，就有激励尽可能多地捡起地板上的钞票。唯一的纳什均衡是，每个人都会主动以尽可能快的速度去争抢尽可能多的钞票。在所有人行为一致的情况下，都选择等待，每个人都将得到一张钞票。在有些人动手较快的情况下，手快的人多捡到的钞票正好是手慢的人没捡到

---

① 这一观点首次由 Hirshleifer（1971）进行了有力论证。信息获取的私人收益与社会收益之间的关系由 Stiglitz（1975c）进行了讨论。

② 一种更正式的讨论，参见 Stiglitz and Weiss（1990）。

的：这里有私人租金，却没有社会收益。

股票市场上的大多数行为实际上不能依据任何理性行为加以解释。[①]这就是我在其他场合将股票市场称为"富人赛马场"或中产阶级赌场的原因。既然股票市场的交易实质上是一种零和博弈，那么平均而言，它只是增加风险而没有增加收益。理性个人简单地按照股市总体情况持有股票将会做得更好，并且会越来越发现这是最恰当的做法。

即使某些人掌握的信息比另一些人多（实际上，并没有人花钱去获得信息），这种情况也是属实的。如果他们是理性的，信息较少的人就会意识到自己的信息较少，他们也会意识到，知情人只会购买那些他们认为价值上升超过市场平均水平（经过风险调整）的股票，同样，只会卖掉那些他们认为价值上升小于市场平均水平（经过风险调整）的股票，否则，他们将不愿意交易。

如果交易只是由环境变化所导致，那么，唯有对不同人群有不同影响的环境才能使他们愿意交易。这样，如果个人选择了自己的股市投资组合对自己的人力资本风险进行保险（例如，矿工出售矿业的短期股份，以此对影响自己就业的风险事件进行保险），那么，对人力资本的冲击将会导致重新配置股市投资组合的要求。但是，没有证据显示，大多数人通过选择股市投资组合对人力资本风险进行保险。同理，如果老年人和年轻人的风险规避态度差异很大，老年人卖出投资组合，而年轻人买入，这将会出现基于生命周期动机的股市投资组合调整，但再一次显示，这种情况并没有在股票市场上出现。

### 股票市场的扭曲性作用

收集股市信息通常不会带来最大的社会收益，这意味着企业会不同程度地考虑自己股份的价格，从而可能导致其行为的扭曲。如果企业管理者的报酬是基于股价的短期状况，企业可能会采取那些在短期内提高其股价的行动。这类短视行为的例子有很多，尽管这些例子大多数是逸事性的，但仔细考察人们对税收的行为反应时，会得到有力的证据：企业会采取增加税后收入的行动，即使这些行动会同时增加目前的应纳税额贴现值也在所不惜。使用后进先出会计核算方法会减少报表收益，从而会减少目前的应纳税额贴现值，因而多年以来企业一直采用先进先出

---

[①] 这一段落的观点在 Stiglitz（1982e）中得到详细探讨。相关结果的正式证明包含在 Milgrom and Stokey（1982）、Tirole（1982）中。

法。出于同样的理由，许多企业不使用加速折旧优惠政策。[1] 通常会出现一系列扭曲行为：管理者会试图掩盖负面结果，希望等到自己的股票期权兑现后，才将这些负面结果的信息公布于众。在这种情况下，管理者可能会故意制造"噪声"，使得市场难以反映实际状况。[2] 例如，他们可能动用一笔巨额现金流购买一家企业，以便掩盖其他业务上的损失。可以肯定的是，不论报酬补偿结构如何设计，在某种程度上这种行为都可能发生。但是，较少依赖股票市场可能导致董事会更多依赖直接观察去比较同行业中其他企业做得怎么样（例如，将通用汽车公司的经营状况与丰田汽车公司进行比较。）

**私有化不是必需的**

最后，需要指出的是，即使没有全面私有化，任何可以通过股票市场获得的信息也能获得。政府可以公开出售公有制企业的**一些**股份，困难在于，市场估值可能反映出对未来政府补贴的判断，而不是对现有资产价值的判断。这种情况也适用于那些利润依赖于政府行为的企业的市场估值，包括受规制的企业，以及受到关税或配额部分保护的企业。后面我将解释，为什么可以提出以下有力论点：政府保留大量所有权股份比通过代金券计划分配所有股份要好得多。

## 资本市场上的非价格配置和价格配置

早些时候我曾指出，资本市场不能被看成拍卖市场那种情况，资本不能被简单地给予出价最高的人。在实践中，有一类机制可以被看成是直接分配机制，如银行对贷款申请者的筛选，原则上，它就像中央计划者筛选项目申请者。

早些时候我也指出了信息不完全对资本市场的其他含义：贷款者在贷款合同中使用各种非价格条款，这样既是为了更好地区分借款者，也是为了提供更好的激励。贷款合同不是简单地只写明利率，而是一个全面的条款体系，包括抵押品、违约相关条款，它们对合同双方均具有重要后果。

---

①　存在一系列包含在个人和企业所得税相互作用结构中的更为广泛的税收悖论：例如企业向个人支付红利而不是回购股份（红利悖论）（Stiglitz，1973b）。这些悖论有时可被解释为管理者作为非理性投资者，试图最大化股票市场价值的行为。无论哪一种情况，股票市场能否导致有效率行为（在任何有意义的水平下）都是值得怀疑的。

②　参见 Edlin and Stiglitz（1992）关于管理者如何进行决策以掌握市场上的有用信息，从而增加管理租金的讨论。

## 市场和市场社会主义之间的差异

市场和市场社会主义都使用直接配置机制，但这一事实并不意味着它们是完全相同的。银行和计划机构在激励方面可能有区别。批评者强调了市场社会主义在保证投资有效配置激励方面的失灵，特别是在存在软预算约束时。但是，正如最近美国储贷协会崩溃所显示的，市场经济中的私人激励与社会利益之间也存在显著的不一致，储贷协会浪费了美国一年总储蓄的相当大部分。① 可以肯定的是，这类政府项目该受到谴责。但是，更一般的观察可以发现，通过市场实现的投资配置（见第 2 章），其潜在的无效率仍然存在。

### 风险评估

资本配置要求的评估，不仅包括各种投资相关的预期回报，而且包括风险。资本资产模型有说服力地强调，风险的适当估计就是关注和分析"与市场的相关性"。但是，目前尚不清楚，在缺乏完备风险市场体系的条件下，资本主义经济中的企业关注的是什么。

有几方面的证据支持这种结论。当一家企业要求管理者评估一项投资的合意性时，他们通常包括风险评估，不过，这种风险评估并不意味着项目（例如新设计的飞机）的回报与股票市场的相关性，相反，它只是说明了自身收益率的可变性。②

企业确实不能对其经营的不利结果进行投保，即使是异常情况也不行。标准的资本资产定价模型假设股东能够通过充分的多样化来对付异常风险。因此，即使企业不能购买保险，对于特殊风险而言，股东的广泛多元化持股行为也具有中性风险。相应的结论是，着眼于股东利益的企业应该采取一种风险中性的行为。但是这些模型有几个致命的缺陷：

第一，它们忽视了委托-代理问题。企业并不是由股东直接经营，而是由管理者经营，所以，必须向管理者提供相应的激励才能使其努力工作，对管理者的激励必须基于企业的实际业绩。一般而言，为了使这些激励具有显著效果，激励的报酬必须占管理者收入（或财富）总额的较大比例。但是，管理者很可能会以风险规避的方式行事：例如，如果

---

① 有人的确可能认为问题不在于激励方面，而是在于缺乏能力，这等于是一个谴责式的批评：从某种意义上说，市场在选择评估者方面做得不好。

② 同理，资本资产定价模型的一些计量检验似乎显示，自身差异对价格有影响，这与模型的预测有矛盾。然而，对于这些发现仍存在相当大的争议。

企业破产，管理者可能会失去工作，并且企业破产作为一种不利信号，可能会对他以后寻找工作有不利影响。[①]

　　第二，它们忽视了经常存在的不完全多样化的股东：作为企业创始人的主要股东，通常情况下，其财富的相当大比例投入了企业。这样做的一个重要原因是，原始股东持有较多数量的股份相当于提供一个信号，显示对企业未来前景的乐观看法。如果他们认为企业不可能提升经营业绩，即他们认为市场高估了自己持有的股份，他们就会更迫切地抛出股票。原始股东保留较大比例的企业股份这种承诺，可能会提升市场对企业股份的估价。当存在这种不完全多样化的投资组合时，这些控股股东（即使他们的实质性持股比例低于50%，也可能实现有效控股）可能希望企业以风险规避的方式行事，从而他们在评估风险时，并不会考虑与股票市场的相关性，而是考虑自身差异。

　　也有多种其他理论解释，为什么股票市场尽管具有风险分摊的优势，但企业似乎还是很少使用股票。格林沃德和我将这种情况称为股票配给。正如我将简短解释的，尽管企业能发行股票，但因为这样做的成本太高，以致它们发现发行股票缺乏吸引力。目前有可靠证据显示，在几乎所有国家，股票市场在企业新资本筹集中只占相对较小的比例（见表6.1）。最近的经验证据提出了以下问题：为什么企业发行新股时，股价总会显著下跌？平均来说，对于经营时间较长的企业而言，流通股的跌价总额约为所筹集资金的三分之一（Asquith and Mullins，1986），对于信誉欠佳的小企业而言，股价下降通常更大。基于激励和选择效应的信息理论研究对这种可预期的价格下跌提供了一种解释。[②] 例如，前面我们解释了以下行为的原因：如果原始股东认为市场高估了自己的股份，他们就更有可能抛出自己的股份。市场知道这些，因为抛售股票的行动会传递信息——那些企业实际控制人总是在企业拥有大量股份，所以，如果他们卖出估值过高的股票，就会获益颇丰。他们愿意卖出股份的事实，就会使市场得出这样的结论：股票确实可能被高估。于是，股价果然下跌。

---

　　[①]　原则上，使得激励性报酬增长快于收入增长，企业能够诱导管理者以风险中性的方式行事。但企业似乎不这么做。

　　[②]　参见 Greenwald、Stiglitz and Weiss（1984），Myers and Majluf（1984），Jensen and Meckling（1976），以及其他文献。

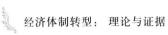
表 6.1  资金净来源，1970—1989 年（加权平均值，未贬值，重估值）

|  | 法国 | 德国 | 日本 | 英国 | 美国 |
|---|---|---|---|---|---|
| 内部 | 66.3 | 80.6 | 71.7 | 98.0 | 91.3 |
| 银行融资 | 51.5 | 11.0 | 28.0 | 19.8 | 16.6 |
| 债券 | 0.7 | −0.6 | 4.0 | 2.0 | 17.1 |
| 股票 | −0.4 | 0.9 | 2.7 | −8.0 | −8.8 |
| 贸易信贷 | −0.7 | −1.9 | −7.8 | −1.6 | −3.7 |
| 资本转移 | 2.6 | 8.5 |  | 2.1 |  |
| 其他 | −14.9 | 1.5 | 1.3 | −4.1 | −3.8 |
| 统计调整 | −5.1 | 0 | 0.1 | −8.2 | −8.7 |
| 时期 | 1970—1985 年 | 1970—1989 年 | 1970—1987 年 | 1970—1989 年 | 1970—1989 年 |

资料来源：未公布的资金流量数字来自欧洲经济政策研究中心（CEPR）产业金融国际研究。数据也得到詹金森（T. Jenkinson）和迈耶（C. Mayer）的支持。

确实，在某些情况下，我上面所描述的效应可能如此强大，以至整个市场被关闭。我向学生描述这个原理时，用我皮夹里的钱进行了一场拍卖。我知道皮夹中有多少钱，我拍卖其中 1% 的份额，我保留竞买权，也就是说，可以不出售我的份额。"均衡价格"会是多少呢？最终，学生们理解了这个游戏：他们算出，只有付给我高于 1% 份额的价值，我才会出售 1% 的份额。假定皮夹中有 100 美元，如果他们的出价低于 1 美元，我不会出售；如果他们的出价高于 1 美元，我就会出售。就像掷硬币赌局那样：反面他们输，正面我赢，无论怎样学生都不会获利。唯一的均衡价格是零。①

这种游戏的类比意味着不会有股票市场，但是这里一开始就忽视了一个发生交易的基本原因：如果我是风险规避型的，并且我不知道皮夹里有多少钱（或者更恰当地，我不知道位于我家院子里的油井中有多少石油），我可能从包含风险的游戏中退出。课堂的拍卖市场不能揭示出，我愿意出售份额的原因，是因为我属于风险规避型的人（一个好理由），还是因为市场高估了我的份额。**在平均水平上**，那些最想抛出股票的人通常是知道自己股票被高估的人，市场也会这么考虑。但是，股票市场仍然存在，因为总是存在**某些人**，即使他们持有的股票被低估（相对于期望价值），也愿意抛出，目的就是为了规避风险。

---

① 这个观点基本上是 Akerlof（1970）关于柠檬市场（二手车）的分析在资本市场中的一个应用。

另一种理论强调资本结构（债务-股票比率）对管理激励的效应，这可以从两个方面考察。一方面，如果企业资金主要来自负债，原始股东，包括管理者，很可能拥有大部分股票，相应地，他们会获得自己努力的大部分收益。[①] 另一方面强调来自固定负债责任的惩罚机制，我的同事罗伯特·霍尔（Robert Hall）称其为"公司金融的底线理论"。当面对足够高的债务时，管理者必须努力工作以履行自己的债务责任并避免企业破产。相反，如果管理者掌握过多的现金（如 20 世纪 70 年代石油价格暴涨后的石油公司），它们很可能挥霍浪费，至少不会谨慎地花钱：石油公司的经验正好与这种观察相符。[②]

股票市场的局限性之所以重要，不仅因为这意味着风险分散的程度有限，而且因为这意味着企业必须通过借款筹集资金。在借款条件下，企业有可能不履行债务责任并实施破产。早些时候的讨论忽视了破产成本，这是相关文献的又一个严重错误，它使用市场总体的协方差来测度风险，这与破产成本具有重要性是矛盾的。从某种程度上说，中心问题是破产成本对管理者有不利影响。既然管理者是进行决策的人，他们就会采取行动避免破产，从而以规避风险的方式行事。

那些认为破产不重要的人指出，破产不会导致资源消失，只是资产控制权的简单重新分派。虽然大众媒体确实忽视了这一点，但事实上，可能存在与破产相关的重大实际成本，包括企业重组导致的组织资本损失，并且在通常情况下，破产打乱了合同安排。在企业实施破产过程中，企业会发现供应商在寻找其他客户，客户在寻找新的供应商，其他企业也不愿意与自己签订新的合同，招募新员工更是不可能，作为展示企业未来前景的声誉机制可能遭到破坏，企业前途更是极度不确定。声

---

① 有一种更清楚的类比：一个农户租种自己的土地（并得到自己努力的全部边际产量）和与地主签订一个分成合同。参见 Stiglitz（1974）。

② 参见 Jensen（1986）。这里关于企业为什么较少使用股票的解释并不是详尽和充分的。另一种理论更流行，我估计很大程度是因为其分析简单，该理论被称为有成本的状态可证实理论。该理论重拾这样一种旧观点，即执行一份股票合同所需要的信息大于执行一份债务合同所需要的信息。在股票合同的场合，企业利润必须是可观察的，而在债务合同的场合则不需要。只有在企业处于破产时，债务人才必须确定企业的利润状况如何。如果证实情况（企业利润）的成本很高，债务合同具有明显优势。

该理论忽视了这样的事实，即需要证实企业利润有许多其他理由，例如企业必须缴税，或者企业有流通股。这样，与发行新股相关的边际证实成本可能很小，或等于零。这个理论符合强调完善审计标准和反欺诈法律的情况（Greenwald and Stiglitz，1992），也符合未在股票市场上市的农场和其他小微企业的情况。

誉机制对合同实施不能有效发挥作用时（例如质量保证），就必须使用其他更昂贵的激励机制。[①]

我在这部分分析中认为，风险的市场评估似乎不同于风险的社会评估，因为市场可能更加关注自身差异。**理想的**社会计划机构在制定投资决策时将关注社会风险。但经验告诉我们，事情并非这么简单。一方面，那些计划决策制定者一般不承担自己决策错误的成本，却可能因自己指导的任何宏伟工程而得到荣誉，这可能导致过度冒险的倾向。所以，政府更有可能上马那些诸如超音速运输机（supersonic transport，SST）的面子工程。政府和私营部门意愿行动的差别，不在于市场没有意识到溢出效应或者过度看重自身差异，而是与这种事实相关，即制定决策的那些人不是花自己的钱。

为了抵制这种情况，原则上要能够提供那些涉及投资决策制定的激励结构，它与资本主义公司提供给管理者的激励结构具有类似性，即管理者犯错将受到惩罚。在一些政府机构中，管理者的行动似乎过于谨小慎微，因为很难评价在给定当时可用信息条件下所制定的决策是否为一个"好的"决策，所以只能高度依赖程序化，这就导致了官僚机构的繁文缛节，而这些繁文缛节往往是公共部门的特征。

尽管这里我不打算提出一般性理论以探明公共部门管理者何时不重视风险，何时过于重视风险（对于自身差异），重要的是要认识到，市场社会主义是否提供了一种对资本主义经济中风险评估失灵的简单易行的修补方法，这一点是不明显的。

**来自非协调投资决策的风险**

但是市场经济中可能存在另外的风险因素：在缺乏期货市场时，没有价格体系来协调投资决策。这可能导致一个时期某些部门的过度投资（甚至总量性过度投资），而其他时期另外部门的投资不足。又一次**从原则上讲**，市场社会主义下的协调更容易。确实，如果有一套**完备的**期货市场和风险市场，它们将执行这些协调任务。但是，那些市场并不存在（而且"期望"仅仅是一个不完全替代）。

法国曾尝试采用指导性计划来解决投资协调问题。但是企业没有任何激励显示自己的真实计划，相反，它们却有积极性去试图误导竞争对手，例如，故意表明自己将进行大规模投资，以便阻止其他企业扩展生

---

[①] 换一种说法，声誉机制能够发挥作用，但是利润边际（价格）必须提高才能使这些机制有效。

产能力。在市场社会主义下，政府拥有企业，即使投资以分权化方式进行，隐瞒正确投资计划的情况也可能得到遏制。

正如前面所指出的，这些协调问题的重要性到底如何仍没有定论。如果企业规模较小，如果企业建厂的酝酿期不长，协调的重要性可能较小。如果每年仅有几家新工厂开工建设，过度生产能力就容易被发现，错误也容易得到纠正。可能仅有少数行业（例如，大规模化工行业）投资协调问题显得重要。同时还存在国际协调的问题，这不能由市场社会主义在一国范围内解决。

# 市场、市场社会主义和市场经济模型

本章已经探究了标准阿罗-德布鲁（新古典）模型关于经济体系的某些重要观点。阿罗-德布鲁模型的一个严格假设就是存在完备市场体系①，并突出价格在资源配置中的作用。市场社会主义借鉴了这个观点，但认识到缺乏瓦尔拉斯拍卖者来保证市场处于出清水平，也缺乏期货或风险市场来协调投资决策。相应地，市场社会主义在**给定**资本市场的条件下，使用价格作为配置资源的关键机制，而对于投资则使用直接机制。

我已经强调，上述关于价格作用的两个观点都是错误的，因为价格（和市场）在资源配置中只起有限作用，非价格机制发挥更重要的作用。市场社会主义认识到标准范式（和实际市场）在配置投资方面存在问题，这一点是正确的，但是它没有认识到这个问题的性质和原因。因此，它对于变革所有权——针对公共所有权——是否可以纠正现实中的低效率未能给予适当的强调，对于市场不能恰当处理的——也是市场社会主义面对的——信息问题，同样没有给出恰当的补救措施。

例如，我已经指出，新古典模型对配置资本的问题重视不够：拍卖模型只是提供了关于资本配置实际（或应有）过程的不恰当的描述。包括风险评估在内的资本配置问题，对于公共部门的难度并不亚于私人部门。同样，无论是传统市场模型，还是市场社会主义模型，实际上都不恰当地忽视了激励问题：我已经显示，价格体系仅能处理现实经济面对的有限的激励问题。管理者激励通常是讨论激励的**中心**问题，它在市场

---

① 应该强调的是，这不是使分析简化的假设，正如我在第 2 章所指出的，这个假设对于市场配置资源有效率这一结论是至关重要的。

社会主义中的严重性丝毫不亚于资本主义，标准新古典模型甚至从来没有试图涉及这一点。标准市场模型解决"企业管理者最大化企业市场价值"的方法是在市场之外自动实现的，这与市场社会主义方案中企业管理者被要求最大化企业市场价值非常相似。我不仅讨论了所有权和控制权分离的事实，也讨论了用来引导管理者按照股东利益行动的所有控制机制和激励安排。管理者激励问题仍然是资本主义经济的一个难题，也将是东欧国家向市场经济转型过程中必须面对的难题。

竞争市场范式对我们思考经济体系的功能具有广泛而深远的影响。某些洞见对我们理解经济行为至关重要，如竞争的重要性、价格的作用、市场的相互依赖、分权化的潜力。但是，正如我在本书中已经指出和将要进一步讨论的，这些观点的大部分并不完善；尽管竞争很重要，但并非仅仅是阿罗-德布鲁模型中的价格竞争，价格只是市场资源配置机制的一种形式，相互依赖的市场运行不仅依赖价格，也依赖信贷市场，并且，市场中的分权化也是有限度的。

## 主要发现的回顾

本章是我从五个方面挑战兰格-勒纳-泰勒定理的第二点，该定理是市场社会主义的理论基础。这里扼要概括一下已经研究的和将要探讨的内容，有助于前后衔接。我的主要论点读者应该熟悉了：标准新古典（阿罗-德布鲁）模型没有对市场经济如何运行给出恰当的描述，而市场社会主义就是基于对这个市场经济**模型**的简单模仿，只是改变了企业归谁"所有"，所以，很难期望这种经济模型进展顺利。公正地说，我对市场社会主义模型的批评更为全面：某些**声称**的批评很多是针对市场经济，在一定程度上是对的，因为市场社会主义经济的运营可能并不比市场经济差。

例如，关于管理者激励问题就是这种情况，这是对市场社会主义批评的中心所在。在前一章中我同意这个共识：激励很重要。但是，市场社会主义经济中的激励问题并不比资本主义经济中的许多大公司更严重。

在本章中我们深入探讨了市场社会主义模型的核心：它模仿市场经济，将价格机制作为控制和协调投资之外的所有经济活动的主要方式。我的观点是，实际的价格体系异常复杂，市场经济中的实际"控制或信息"系统也比阿罗-德布鲁模型要丰富得多。由于市场社会主义仅仅集中于经济关系的一个方面，即阿罗-德布鲁或瓦尔拉斯模型所描述的价格机制，从而使自身严重地误入歧途。

阿罗和德布鲁的关键见解是认识到，如果竞争性经济按照古典经济学家设想的方式运行，则必须有扩展到无限未来并且覆盖所有风险的完备市场体系。他们没有探讨这种假设的合理性，以及假设不具备的后果。这个任务留给了我们。我已经提出多种理由来解释为什么市场经济和市场社会主义经济均不可能有完备的市场体系，具体结论如下：

（1）所交易商品的质量均会受到价格信号的影响。

（2）在信息由非价格机制传递的场合，生产者和消费者之间的直接相互作用就变得重要，存货和订单就发挥重要的信息作用。

（3）合同和声誉会成为经济关系的重要部分，合同中的非价格条款经常与价格条款具有同等重要的作用。

（4）直接甄别发挥重要作用：资金配置不是简单的出价高者得，资本市场不是按拍卖市场的规则运转。

关于市场如何运转的这些**描述**，有助于说明市场社会主义模型失灵的原因，该模型没有包括经济关系中这些丰富的非价格机制。与新古典模型标准结论相关的诸多含义中（在第 3 章和第 4 章中所强调的福利经济学基本定理不再赘述），更重要的直接含义有以下三个：

（1）竞争均衡可能不再是供求相等，市场可能无法出清。可能存在失业（对世界上数百万的失业者是一个坏消息），也可能存在信贷配给。

（2）既然竞争是不完全的，张伯伦的不完全竞争模型可能比完全竞争模型更好地描述了现实经济。

（3）价格不会下降到等于边际成本，如果声誉机制发挥作用，那么必然存在租金。

市场社会主义确实认识到市场价格机制在配置资本方面的局限性，但它没有认识到产生这种局限性的原因，也没有认识到市场中实际发挥作用的其他机制，以及这些机制的优势（也可能是劣势）。不过，正如我对激励问题的讨论，这里必须强调，价格和非价格两种方法均有共同的难题。

市场崇拜者倾向于忽略阿罗-德布鲁关于完备市场体系必要性的基本观点，认为只需要一个良好的股票市场，即我们拥有的那种股市。[1]

---

[1]　Diamond（1967）甚至试图为这种结论提供理论辩护。在极其严格的假定条件下（当企业增加投资时，每种自然状态下的产量会按比例增加，企业不能改变其产出模式，没有破产），他构建了一个生产单一产品的经济的模型。但是，人们很快会发现，只要他的任一假设条件不满足，例如，假定经济有两种产品，这时企业最大化其股市价值，一般情况下，经济体系就不具备限制性帕累托效率。参见 Stiglitz（1972b，1982a）。

在本章中我已经试图揭穿这种神话，尽管股票市场确实提供某些信息，但它不能提供理性投资决策所需要的那些信息，并且股票市场的某些信息可能只有私人价值，大多数信息没有什么社会价值。对于引导市场经济中的投资，股票市场的作用很有限，并且可能是扭曲作用大于建设性作用。即使股票市场在信息方面具有较大的积极作用，市场社会主义经济也可以自己获得这些信息而不需要依赖股票市场，因为它保持对公司大部分股份的控制权。

在驳斥了股票市场中心作用的观点之后，我仍然面对一个更大的难题，就是比较市场体系和市场社会主义体系如何配置投资。这里我要再一次对两种体系崇拜者的天真观点提出质疑。最令人疑惑的问题涉及风险：管理者在一种体系下会比在另一种体系下更在意非系统性（有时是企业特定性的）风险吗？原则上，在市场体系和政府所有制下，均有有效办法使得这类风险分散到整个经济体系，所以，决策者都将按照风险中性方式行事。我存疑的是，既然决策由管理者做出，而管理者对结果并非风险中性，那么，在任一种体系下，实际的决策怎么能以风险中性的方式做出呢？从原则上说，政府在协调大规模投资中可以发挥更有效的作用，以避免市场经济中不时出现的生产能力过剩问题，尽管我对现代国际化环境中这一点是否重要有所怀疑。

关键差异显然不在于管理决策制定的水平，而在于组织的责任性：当诸如超音速运输机那样的项目失败时，谁承担相应的成本？后面我将重新讨论，如果这种差异影响到管理者激励会导致何种问题。

## 竞争范式的稳健性

至此我完成了反驳兰格-勒纳-泰勒等价定理的第一部分。我认为，作为市场和市场社会主义观点基础的模型，既没有准确描述市场如何运转，也没有准确描述市场社会主义经济可能如何运转。（在接下来的三章，我将继续讨论标准市场范式的基础要素，包括竞争的作用和分权化。）

正如我已经指出的，福利经济学基本定理的贴切性，以及兰格-勒纳-泰勒等价定理的贴切性，至少部分依赖于隐含的市场经济模型是否大致正确。这些定理确实只是简单的演绎逻辑的结果：其结论或者服从于前提假定，或者不取决于前提假定。但是，我更关注的问题是要判断一套特定的假设条件是否可以提供"准确"描述经济体系的基础。在很大程度上，这是一个经验问题——尽管我将指出，对于标准模型贴切性的判断根本不需要很高的精确性。

然而，定理或分析性命题能够以不同方式被使用。第一，我们可以问：模型稳健吗？假定的微小改变——特别是我们对其可信性比较怀疑的假定——会导致结论的显著改变吗？我相信，过去 15 年信息经济学中的解释提供了相当确定的回答：竞争范式并不稳健。不仅福利经济学基本定理对不完全信息的假定极度敏感[①]，而且定理的存在性和特征性也是如此。一个轻微的信息不完全，就可能导致均衡不存在，价格可能不在竞争水平上，使得竞争市场在均衡条件下可能存在正利润，并使得市场可能无法出清。

第二，我们可以问，是否需要修改（可能是重大的修改）模型以使模型更合理？是否需要修改模型以纳入明显具有较大重要性的经济特征，从而需要对模型的结构或其结论进行重大更改？

在第一个问题中，我仅关注被"接受的"模型中的微小变动。例如，如果有一个微小的搜寻成本的增加会发生什么情况？或者，如果有一种雇主难以观察到的工人之间的轻微差异会导致什么后果？对于第二个问题则关注更基础性的微小变动，诸如创新的可能性（它完全被标准模型排除在外），它将是第 8 章讨论的问题。

---

[①]　我需要提醒读者注意：格林沃德和斯蒂格利茨没有显示随着信息不完全"程度"的不同，福利具有非连续性。这种非连续性来自存在性问题（Rothschild and Stiglitz，1975，1976；Wilson，1977）以及均衡特征的某些方面（Diamond，1971；Salop and Stiglitz，1982）。

# 第7章 竞 争[①]

最起码从亚当·斯密时代起，竞争就开始在经济学中扮演着核心的角色。这是因为追逐私利的个人和企业的竞争，使他们好像被一只"看不见的手"引导，去做对公众有益的事情。不过，尽管几乎所有经济学家均异口同声地赞美竞争，但对于竞争含义的认识却多种多样。经济学家对竞争的热情也没有被公众分享，商界人士谈到竞争总是与破坏性相关。很自然，当一名竞争者在竞争中遭受损失，他会断言竞争不公正。类似的情况是，国内产业如果在与外国企业竞争中遭遇失败，总是声称竞争对手具有某些有利条件从而竞争是不公平的，就会寻求政府保护。

当我们对学生强调竞争的重要性时，通常会给出一些相关的概念加以支持：市场、激励、分权化等。市场能够有效运转的部分原因是竞争，部分原因是来自分权化的优势。而竞争之所以重要，是因为它提供激励。当这些概念紧密地联系起来时，它们并不是密不可分的：一个垄断者能够以分权的方式组织生产；即使只有较少的企业也可能有竞争；并且存在提供激励的多种方式。

我们需要更清楚地了解每个概念的独特作用，本章和随后的章节将探讨这些问题。我既关注竞争和分权化在经济中的作用，也关注用来研究竞争和分权化的模型，它有助于我们思考问题和提出政策建议。这里我涉及的是标准新古典模型——反映在完全竞争范式中的竞争模型，它没有恰当地反映竞争的性质和竞争在经济中所起的作用。我试图在更广泛的意义上提出三个命题：

---

① 本章内容基于 Stiglitz（1992d）。

（1）竞争具有多重含义，其常识性含义与新古典理论中完全竞争模型的含义有相当大的区别。

（2）竞争发挥至关重要的作用，但它与标准阿罗-德布鲁模型中的作用相当不同。

（3）当信息不完全时，或者在创新很重要的经济部门中，市场基本上属于不完全竞争（我们在下一章讨论创新、创新对市场或市场社会主义的含义以及相关的争论）。

在本章最后，我将讨论市场社会主义争论和竞争政策分析的含义，特别是它们对东欧转型经济的含义。我认为，一方面，对不完全竞争导致的问题而言，市场社会主义不是唯一或最好的补救方式；另一方面，东欧转型经济必须努力制定恰当的竞争政策。

# 竞争的概念和作用

为了理解亚当·斯密"看不见的手"的猜想在何种条件下是正确的，经济学家发展了一种精确的竞争概念——完全竞争，其基本特征（针对我们的目的而言）是所有企业面对一条水平的需求曲线。也就是说，行业中存在数目众多的企业，每家企业都相信，只要自己稍微提高价格，就将失去全部客户。

具有讽刺意味的是，在过去的半个多世纪中，经济学家为研究这个竞争的极限情况投入了大量精力，而这种情况——并不像通常人们使用的术语所显示的——恰恰缺少竞争的大部分特征。在阿罗-德布鲁模型（将完全竞争形式化的模型）中[1]，既不存在使用更廉价方式从事生产的竞争，也不存在通过生产更好产品进行的竞争，更不存在使用企业策略战胜竞争对手的竞争。可以确定的是，如果企业使得成本最小化，利润就能最大化。但是，为了争取客户——正如许多企业尽可能希望的那样——所有企业需要做的就是使自己的定价稍微低于市场价格。

没有哪个市场是完全竞争的。几乎在所有市场中，企业都会感觉到自己面对向右下方倾斜的需求曲线，当然，通常始终存在某些竞争。相

---

[1]　正如我们在第 1 章和第 3 章所看到的，阿罗-德布鲁范式之所以重要，是由于它为大多数人对市场体系的信念提供了严格的理论基础：在完全竞争市场中（假定许多其他条件得到满足），市场是帕累托有效的。

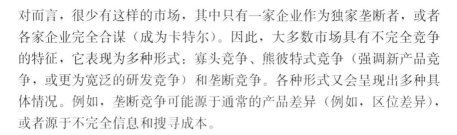

对而言，很少有这样的市场，其中只有一家企业作为独家垄断者，或者各家企业完全合谋（成为卡特尔）。因此，大多数市场具有不完全竞争的特征，它表现为多种形式：寡头竞争、熊彼特式竞争（强调新产品竞争，或更为宽泛的研发竞争）和垄断竞争。各种形式又会呈现出多种具体情况。例如，垄断竞争可能源于通常的产品差异（例如，区位差异），或者源于不完全信息和搜寻成本。

## 竞赛理论

有一种竞争概念的使用非常接近日常生活中的含义，它反映在最近发展的竞赛理论中。竞赛理论强调，在许多经济环境中，报酬都是基于比较的相对业绩，而不是绝对业绩水平。[1] 竞赛的一个最明显例子就是专利竞赛，在这种竞赛中，发明新产品的第一家企业获得专利。当然，也有许多其他的例子：推销员的奖金取决于自己与其他同事相比业绩如何；一家企业的多位副手之间为了自己能够晋升正职经常发生隐性竞赛；总裁若业绩持续低于平均水平往往会被解雇。事实上，在产品可以完全替代的伯特兰（Bertrand）竞争中，企业的单位利润取决于最高效率生产者与次高效率生产者之间的边际成本之差。

### 竞赛和激励

这种竞赛形式的竞争在经济中发挥重要作用。它是提供激励的一种有效方法：努力的边际报酬可能非常高，但承受的风险可能有限。[2] 更一般地说，竞赛能使激励计划的设计实现激励与剩余报酬之间的分离，在某种意义上也就是激励与风险承担之间的分离。

### 信息有限时的竞赛

在信息有限的环境中，竞赛尤其重要，因为在这种情况下，企业难以采用适当方式对激励进行调整。当一种任务比较简单时，就应当相应

---

[1] 参见 Lazear and Rosen (1983)、Green and Stokey (1983)、Nalebuff and Stiglitz (1983a，1983b) 和 Holmstrom (1982)。这些作者研究了基于激励的体系，其中报酬取决于相对业绩。在某些情况下，报酬基于位次排序，也就是说，产量最高的人获得的经济报酬多于产量次高的人。Nalebuff and Stiglitz (1983a) 分析了在确定的条件下，最优激励结构要求对产量最低的工人给予惩罚，而不是对产量最高的工人给予奖励。

[2] 竞赛中努力的边际报酬是赢得奖金的概率乘以奖金的数量。风险程度是与奖金数量相联系的。

在竞赛中，通过适当调整奖金数量，人们能够将激励提高到具有完全激励的水平，也就是说，工人获得其努力的全部边际收益。与工人的工资依赖于他自己的产出且所有边际报酬都来自工人的努力相比，必要的奖励将使工人承担更低的风险。

减少执行该任务的报酬，但是雇主往往缺乏关于任务困难程度的信息。设想两个参与者在一场简单竞赛中发生的情况：如果制造某种物品或销售某种产品突然变得非常简单，如果其中一个保持原有努力不变，另一个将会意识到，只要稍微增加一点成本，自己就能完成更多业务，从而将增加自己赢得竞赛的机会，这样，他就会更加努力。其对手也会意识到这一点，从而也会更加努力。在均衡状态下，两个竞赛者都会更加努力。可见，他们的行为随着经济环境的改变会做出适当的调整。[①]

如果没有竞赛，我们通常无法了解一家企业做得好还是不好。一个例子就是，日本汽车公司在美国能够以低得多的成本生产汽车（可比较的质量），使得通用汽车公司的股东确信本公司的管理一定存在某些缺陷。另一个例子是，美国世通公司（MCI）能够以低于美国电话电报公司（AT&T）的价格提供长途电话服务，使得人们对美国电话服务业进行重新评价。竞争中的信息提供了判断一家企业经营状况好坏的关键指标，这类信息不仅对外界有用，而且对企业自身也同样有用。那么，企业应更加努力吗？它有没有尽到全力？要回答这些问题就必须有一个比较标准。最后，竞赛提供了一个选择基础，用于确认谁做得"更好"，相应地，它应该得到支持，或者应获得更多资源。

这样，竞赛强化了两方面的核心经济功能——选择和激励。完全竞争只能存在于有庞大数量企业的市场，而竞赛却可以存在于仅有较多或较少参与者的市场。竞赛更贴合传统上被归类为不完全竞争市场中的那种竞争精神，通常在那些只包括两家或三家企业的市场中，才有充满活力的对抗式竞争。并且，竞争也不是标准经济学理论所强调的价格竞争，而是更多地表现为技术改造竞争和质量竞争，生产新的、更好产品的竞争，以及为这些产品配套提供更新和更优质服务的竞争。

### 竞赛和经济效率

尽管经济学家广泛认同"竞赛"这种形式的竞争会提升经济效率，但目前缺乏像完全竞争状态分析那样的坚实基础。我们知道，存在与垄断相关的显著非效率，但是对于不完全竞争却没有简单的结果。例如，在某些情况下，专利竞赛可能导致研究与开发方面的过度投入，各家企业可能因步伐过快而无法得到回报。社会收益就是由于提前发明成功而产生的剩余的贴现值增加，这种支出增加的私人收益就是赢得专利竞赛的概率提高，以及整个专利价值增加的倍数。

---

① 这种性质被 Nalebuff and Stiglitz（1983a）称为**激励的灵活性**。

### 竞争的其他作用

最近几年，人们对于竞争的争论已经超出传统商品的范围而扩展到更新领域：争论最激烈的就是教育。越来越多的人认为，私立学校和公立学校的竞争会导致教育成本降低和教育质量提高。在与私立学校的竞争中，公立学校也将受益。这里使用的竞争概念的含义已经与"完全竞争"模型相联系的同样概念相去甚远，那个模型所要求的标准假设，在教育问题分析中不能得到满足。例如，标准模型假设消费者完全了解自己所购买的商品。但对于教育而言，是由父母来代替孩子决策，很显然，父母只具有有限的信息。在某个特定区域，很少会有大量的生产者（学校）——当然不足以判断"价格"接受的假设。这时，产品差异就很关键——不同学校强调不同的特色。然而，有更多的辩论认为，可能正是因为市场无法有效发挥作用，才使得竞争尤其重要。对此有许多方面值得讨论，但在这里我只涉及某些更重要的方面。阿尔伯特·赫希曼（Albert Hirschman，1970）曾强调过退出、呼吁与忠诚作为"控制"机制的作用——也是消费者与生产者沟通的方法。竞争使得退出成为一种可行的选择，也是一种传递不满的有效方法。当个人选择一所学校时，他们会更多地感受到这所学校的某种承诺，从而使他们更可能参与——做出"呼吁"的选择，他们更可能提供与监督相关的公共物品（任何公共服务管理都具有公共物品的属性）。

上述问题将我引入竞争的非经济方面。在这里，竞争既有积极作用，也有消极作用。竞争往往在强化群组认同方面发挥积极作用，而群组认同具有正向的激励效应，并促进集体中的成员合作。竞争在这些基础方面的重要性，正是鼓励年轻人参与团队运动，以及企业经常围绕竞争团队组织生产活动的原因之一。

### 竞争的负效应

但是，竞争有时也会产生破坏性。

#### 提高对手成本

一种常见的情况是，通过使竞争对手出错而使自己赢得竞争，这被称为"提高对手的成本"。经典的例子就是，法学院的学生撕掉图书馆书籍中的关键几页，以阻止竞争对手的学习。在不完全竞争环境中，企业通常致力于提高竞争对手的成本：因为这样做比降低自己的成本更能增加本企业的利润。[①]

**租金耗散**

也有竞争不利于社会目标的其他情况：在竞争租金的过程中使得资源被耗散。已经有大量关于公共部门寻租的讨论，当特殊利益集团为获得公共资源而竞争时，或者通过直接支出，或者更隐蔽地获取免于竞争的保护。攫取租金的竞争也会出现在私人部门。例如，对于以下情况通常是含混不清的：管理者之间的竞争，在多大程度上使企业成为更有效率的组织，或者在多大程度上增加管理者分享租金的机会，这种租金通常只能归于高层管理者（尤其是在美国大型公司中）。

**竞争与合作的冲突**

最后，在竞争与合作之间经常存在冲突。确实，合作与合谋的差别往往非常微妙：合谋只不过是通过合作，以其他行业的损失为代价，来追求同一个行业内成员的共同利益。但是，当一个行业内单家企业活动存在溢出效应（外部性）时，社会和私人都将潜在地从合作中获益。例如，最明显的证据就是企业之间联合进行研发（下文将简述）。既然研发利益很少为发明者完全独占，一家企业的发明经常会使行业内其他企业获得好处。在缺乏合作研发的条件下，可能存在研发经费不足的问题。不过，那些促进合作行为的项目和政策总是存在这样的危险，那就是同时促进不当的合谋行为。

# 对竞争作用认识的演变

正如我在本章开头所指出的，长期以来，经济学家总是强调竞争在经济中的重要性。前面部分的分析与传统结论是一致的：竞争在经济的许多方面发挥重要作用。但是，我的讨论指出，不仅竞争术语的日常用法不能很好地在完全竞争这个传统理论范式中得到反映，而且对于理解竞争的作用，传统的完全竞争模型只能提供有限的洞察力。重要的是，必须理解竞争在现代经济中的作用和性质，这既是为了使政府制定适当的竞争政策，也是为了明确市场社会主义的前途。市场社会主义的一个动机就是基于这样的信念：在现代工业经济中，即使没有达到完全竞争标准的方法，经济也有可能正常运转，因为市场社会主义经济能够模仿

---

[①]　参见 Salop and Scheffman（1983）。

标准化完全竞争经济的行为——这在资本主义下是不可能的。理解市场社会主义能否实现这一点，更广义地说，能否充分获取竞争市场经济的长处，依赖于对经济体系中竞争性质和作用的透彻把握。

在过去的 20 年中，关于竞争作用的问题一直是争论的重点。在本章的这个部分里，我按三个阶段简要回顾这个争论。

### 关于竞争政策的早期经济理由

第一阶段开始于亚当·斯密，他认为，竞争可以保证追求私人利益的每家企业和每个人在客观上促进公共利益。经济学家花了近两个世纪的时间来将斯密的洞见推演成严谨的定理，这就是福利经济学第一定理，曾在第 3 章进行了详细讨论。该定理显示，在**完全竞争**市场中，经济会达到帕累托效率，即没有人能够在不损害其他人的条件下改善自己的境况。

帕累托意义上的经济效率不是仅仅要求一种泛泛意义上的竞争：它要求有数量众多的企业，每家企业相信自己**不能**影响市场价格，即企业自己的产品面对一条水平的需求曲线。[①] 这里有一条政府干预的理由：如果由于这样或那样的原因导致市场竞争失灵，就需要政府干预加以纠正。如果没有这种干预，就存在"市场失灵"，政府的经济功能就是纠正市场失灵。

在理论上设定的一套环境下，可能难以看到真正的竞争：当存在足够大的规模经济时，市场均衡会在企业数量有限时达到。在竞争受到规模经济限制的环境中，实现经济效率的方式不是竞争政策，实际上，没有一种有效方式能够兼顾竞争的好处和充分利用规模经济的好处。这时要求其他形式的干预，诸如政府规制或政府直接经营（正如市场社会主义那样）。

在某种意义上，市场失灵理论提供了政府干预的依据——维护竞争。从理论上说，只有在竞争政策不能作为一种适当补救措施的情况下，才存在不完全竞争。这种推理似乎是对解决市场失灵的竞争政策理论的致命打击，但似乎也强调了政府所有权的重要性，这与市场社会主

---

① 价格接受假设保证了交换效率（商品总是被那些评价最高的人消费，在这种方式下，所有个人的两种商品的边际替代率相等）、生产效率（商品总是由那些成本最低的企业生产，在这种方式下，经济体系会沿着生产可能性边界运行）和产品混合效率（边际转换率等于边际替代率。边际转换率是多生产一单位另一种产品需要减少的某产品的数量。边际替代率是个人为得到额外一单位另一种物品愿意放弃的某种物品的数量）。

义的情况很吻合。

## 为什么竞争政策不必要？

在竞争政策争论的第二阶段，相关的理论推理进一步遭到质疑，这同时也冲击了市场社会主义的观点，因为它是以竞争失灵为其理论基础的。在第二阶段的争论中，出现了两种观点：第一，来自垄断的损失比以前认为的要小；第二，获得竞争结果并不一定需要实际的竞争。

### 哈伯格三角

第一种观点的有力论证来自阿诺德·哈伯格（Arnold Harberger），他试图量化由垄断高价所造成的福利损失。他认为，垄断势力的最重要效应是导致收入转移：垄断者之所得正好是消费者之所失。经济体系的效率损失（使用无谓损失来测量，称之为哈伯格三角）[①]，其数量最多不超过 GNP 的几个百分点。因此，其含义很清楚：如果本质上**所有利害关系**就是再分配问题，就可以采用其他方式加以处理，而不需要竞争政策，当然也就不需要市场社会主义那样的巨大组织重组。

### 可竞争市场

第二种观点认为，哈伯格高估了垄断的损失。垄断者可能无法将价格提高到竞争水平以上——从而不能独享垄断利润。如果他们试图这么做，其他企业将会进入该行业与其争夺利润。在这个观点中，相关的不是实际竞争水平而是潜在竞争的存在。这个观点流行于 20 世纪 70 年代后期和 80 年代早期，被称为"可竞争理论"[②]，至少可以追溯到德姆塞茨（Demsetz，1968）和芝加哥学派。

他们的分析是基于不存在实际"进入壁垒"这个前提。在不存在任何进入壁垒的条件下，竞争（或者是实际竞争，或者是潜在竞争）使得企业利润趋向于零，即使市场上只有一家企业时也是如此。可竞争理论的支持者认为，市场均衡将在需求曲线和平均成本曲线的交叉点达到，在没有政府补贴的产量水平上维持最低价格。任何一家企业试图提高价格，都将遇到新进入者的削价竞争，它只要确定稍低一点的价格，就可

---

[①] 消费者损失会大于生产者所得，但二者差别不大。
[②] 参见 Baumol（1982）以及 Baumol、Panzar and Willig（1982）。也可参见 Grossman（1981b）。

以抢走所有客户，从而获得利润。[①] **如果**这种观点是正确的，将意味着我们不必担忧垄断资本主义对竞争的破坏，可能存在垄断者，但潜在竞争将使得垄断者不能利用其垄断势力。在可竞争市场条件下（该市场的潜在竞争者可以制约在位企业，所以得名），竞争政策通常是不必要的。很显然，最初呼吁出台竞争政策的民粹主义者是基于对市场经济运行认识的误解：标准石油公司通常不能将其价格提高到平均成本以上，因为这样会吸引大量进入者的进入，从而使价格回落。关注垄断这类经济势力再分配后果与效率后果的两类人均是被误导的。民粹主义措施恰恰反映了他们缺乏足够耐心的一面：市场力量不会立即见效。也就是说，垄断者可能暂时利用垄断势力，但不可能持久，效率损失（甚至包括再分配效应）的贴现值大致可以忽略不计。

### 行 为

美国的竞争政策聚焦于结构和行为，即企业（或潜在企业）数量和弱化竞争的特定行动，这些行动或者是设计的，或者是对竞争有影响的，包括操纵价格、掠夺性定价、排他性交易、独占销售区域以及其他纵向约束等，这类行动即使不是完全被禁止的，也是受到质疑的。

但是，那些强调市场经济中竞争力量强大的理论认为，只有在具有效率增益时，才有必要运用限制性行动。在缺乏这种效率增益时，其他有效率的企业会进入市场，淘汰低效率的安排。在法庭案件中，引用并寻找这些效率增益，成为辩护律师和他们雇用的经济学家的标准做法。

例如，安海斯-布希公司（Anheuser Busch）（百威啤酒生产商）为其下述行为辩护：使用分销商独占特定区域的销售体系，是为了保证听装啤酒的新鲜度。如果两家分销商向相同零售商供应百威啤酒，那么两家分销商都没有积极性去提供新鲜啤酒。假如零售商销售了过期啤酒，就无法分清是哪家分销商提供的。但是，如果只有一家分销商向零售商提供，它就有积极性严密监督零售商，确保货架上的啤酒不断更新，使顾客不会买到过期啤酒。独家分销商知道，如果顾客买到过期啤酒，他们就将减少购买，从而导致销量下跌。零售商没有充分的积极性保证啤

---

① 他们的观点超出了这些内容，涉及多产品企业的情况。他们认为，价格结构将与政府有效征税筹集资金以支付间接成本（overhead cost）相一致，也就是说，这种方式是为了最小化无谓损失。他们认为，按照 Ramsey（1927）提出的最优税收应该对应价格高于边际成本的精确公式，企业定价将高于边际成本。尽管拉姆齐问题与垄断者最优定价问题确实具有表面的相似性，但两者之间也存在着重要区别。例如，由于垄断者并不能预先阻止其竞争者的进入，定价时必须考虑这一点。参见 Sappington and Stiglitz（1987a）。

酒新鲜度，因为它知道，如果顾客买到过期啤酒，由此导致的损失主要由分销商承担。[①] 如果有两家分销商，它们将"分摊"这个成本，两家都没有充分的积极性保证啤酒新鲜度。简言之，这里存在一种公共物品难题。如果是独家分销商，就可以避免或至少能减轻这个难题。

对于听装啤酒而言，过期问题是否重要？如果闭眼品尝，顾客可能难以分辨新鲜啤酒与过期啤酒的差异。但是，安海斯-布希公司认为，闭眼品尝并非真正的检验。确实，如果新鲜度很重要（就像牛奶，甚至是摄影胶卷），也有很简单的方式加以保证：可以在每个听罐外贴上日期标签。但安海斯-布希公司认为这会使顾客感到迷惑。

这些辩护似乎有些牵强，但它们是有效的，法庭也认为其是可信的，从而法庭遵从了企业的"商业判断"。我不想细究这种辩护可行与否，我只是想强调竞争市场假说的观点，即如果我们发现某种行为的持续，它们**必定**反映了某种形式的效率增益。

从这个角度看，竞争政策——无论针对结构还是针对行为——是不必要的。如果那些观点正确，那么，甚至在只有一家企业的非凸性场合，潜在竞争也能保证有效率的结果。如果那些观点能够扩展到与技术进步相关（参见下文）的非凸性场合，我们至少能够获得一种关于资本主义工业经济效率这一信念的理论基础（至少在忽略信息不完全的条件下）。

但是，竞争政策的批评者更进一步认为：这些政策并非有益，因为它们（错误地）服从反托拉斯指控，可能阻碍企业充分利用其规模经济和范围经济，甚至阻碍企业旨在提高效率的行为，因为这些行为可能被看成是限制竞争性的。法庭判决的随机性给小企业（或其律师）的寻租活动提供了机会，它们（错误地）声称受到规模较大的竞争对手的损害。因此，竞争政策没有必要，更糟糕的是——它不仅无益，而且实际上是有害的。[②]

这种情况导致一些专家［例如，波斯纳法官（Judge Posner）］在评估限制性行为时采用本身违法原则，而不是合理原则。也就是说，这种做法本身应该是合法的。

**基础性含义**

关于市场经济中竞争政策的第二阶段争论，其结论很明确：在缺乏

---

① 这里有点自相矛盾：在边际上，竞争市场中的价格等于边际成本，所以，生产者和分销商均不承担销量减少的损失。但在现实中，价格确实低于边际成本，并且双方均承担损失。

② 我们接下来会更详细地讨论对竞争政策的限制。

竞争时，不仅竞争政策没有必要，而且市场社会主义者设想的那种经济体系的根本性重构也没有必要。

## 新观点

在过去的十多年中，出现了一种新的观点：它不仅对可竞争理论（更广泛地说，是对芝加哥学派）[①] 提出批评，而且第一次为反托拉斯政策提供了具有内在逻辑性的理论基础。它对可竞争理论的结论和推理都进行了反驳，正如 Dasgupta and Stiglitz（1988a）所顺便提及的，对这种理论的强烈支持来自那些想要摆脱反托拉斯法约束的人，

> 潜在竞争理论至少希望能够将福利经济学扩展到现代工业经济中，尽管它可能有充分支持，但实际上并非如此（第 570 页）。

### 基本前提

新观点基于下述三个前提：

（1）存在的多种形式的市场不完全形成进入壁垒，并限制了竞争。

（2）在不完全竞争条件下，企业会采取合谋或限制竞争的各种行动。这些行动不仅导致高价格，而且形成经济中的扭曲，导致经济非效率。

（3）垄断导致的福利损失可能比哈伯格福利三角显示的更加严重。

亚当·斯密曾说过："从事同样生意的人，即使为了娱乐或消遣，也很少聚在一起，但他们交谈的结果，要么是合谋对付公众，要么是筹划抬高价格。"[②] 这个观点认为，不仅亚当·斯密的话仍然正确，而且这些反竞争行为总是试图达到实际效果——它们不是单纯的实际或潜在竞争能够解决的。

### 有限竞争：证据

新观点与下述观察相联系：工业部门的竞争是不完全的。一系列证据有力地支持这个观点，而不是简单引用经济中特定部门的产业集中范围这样的事例。例如：Robert Hall（1988）提出的计量经济学证据表明：在经济衰退期间，价格显著地超过边际成本。但这种状况在完全竞争情况下是不会持续的。

大多数企业清楚地意识到自己面对着向右下方倾斜的需求曲线，它们不会相信：如果任意地小幅度降价，就会导致对自己产品的无穷大需求。

---

[①] 我这里所谓的"新观点"有时也在"后芝加哥"观点的题目下讨论。

[②] 《国富论》第一卷，第 10 章，第二部分。

这种批判性认识特别能说明问题，因为经济学家认为竞争市场会提高经济效率，而这种观点的核心就在于企业相信自己面对水平的需求曲线。

**对竞争的限制：理论**

考虑到我们从经济理论最新进展中学到的东西，认识到市场远非完全竞争的，也就不足为奇了。

**自然型寡头垄断**。前面讨论了自然垄断产业，在这种产业中，或者是高额固定成本使得在一定产量范围内的平均成本持续下降，或者是变动成本也有可能随规模扩大而下降。主要是那些公用事业部门，如电力部门。

但是，现在我们认识到导致非凸性的固定成本非常普遍。正如我在下一章将要强调的，研发支出基本上属于固定（沉没）成本，相应地，研发支出较大的产业可能接近自然垄断产业。边际成本随产量增加而下降的"干中学"效应也会导致非凸性。

这些和其他的非凸性不一定导致自然垄断，即只有一家企业的产业结构，但会导致自然型寡头垄断，即只有几家企业的产业结构，在这种情况下，就不能简单地将"完全竞争"假设当作理所当然的。

**垄断竞争**。当个人重视产品多样性（或不同个人对一种产品的不同属性主观估值不同），以致市场作为一个整体也重视多样性时，也会导致竞争不完全。因为多样化生产是有成本的，即存在与多样化生产相关的固定成本。至少有一些产品，也许是许多产品，可能由一家或少数几家企业生产，这些产品具有很强但不是完全的替代性，生产每种产品的企业面对向右下方倾斜的需求曲线，它具有一定的市场势力。一旦我们考虑区位、交货时间、服务等方面的差异，在现代工业经济中，没有一个部门里这种产品差异不重要；也没有一个部门里，每家企业不能认识到自己面对一条向下倾斜的需求曲线。在最好的情况下，也只有垄断竞争，而不可能存在完全竞争。①

---

① 我在垄断竞争和寡头垄断之间做出了区分：在垄断竞争中，有大量的企业，使得每家企业都不能对其他企业采取策略性行动。Chamberlin 对垄断竞争进行了最初的分析。正如上面所提到的，这个理论被 Spence（1976）、Dixit and Stiglitz（1977）复兴。

几项经典研究使用空间表示法，例如 Salop（1979b），这种表示方法围绕一个圆圈，圆圈上的每个点代表一个区位，通过区位来区分企业。这种表示法已经受到批评，因为一家企业仅有两个相邻单位，这时企业可能意识到策略反应。但是，这种批评不适用于更高维度空间情况下的空间表示法，参见 Stiglitz（1986a）。

### 不完全信息

任何企业面对水平状需求曲线均基于如下假设：如果一家企业提价，它将失去所有顾客；如果降价，它将获得整个市场。但是，这要求其他企业的顾客知道这家企业降价了，或者这家企业的顾客能够立即发现其他企业以更低的价格出售产品。但是，在信息不完全条件下，企业能够提价而不会失去所有顾客，企业降价也不会占领整个市场。

当然，与此相关的因素不仅有价格方面的信息不完全，而且有产品质量方面的因素。如果一家企业降价，其他企业的顾客怀疑该产品实际上可能不同于降价前的产品，它可能（在某些情况下并不明显）在质量上较次。

有时人们认为，只要具有较低搜寻成本的某些消费者和生产者能够在市场上进行套利交易，就能保持竞争性价格。这种观点的错误在于：只要有足够的不知情消费者，某些商店就可以定高价，较高的价格正好补偿顾客数量较少的不利。[①] 尽管低搜寻成本的个人不能确保高搜寻成本的个人不被"过高索价"，但可以肯定，低搜寻成本的个人越多，高搜寻成本的个人必须支付的平均成本越低。同理，高搜寻成本的个人越多，为了发现低价的商店，低搜寻成本的个人必须进行的搜寻越多。

通过对有限信息和小额消费者交易费用后果的分析，我们发现，即使是小额的搜寻（交易）成本也可能导致很大垄断势力的出现。例如，Diamond（1971）的研究显示，甚至任意小的搜寻成本也可能导致在垄断价格上达到市场均衡。尽管市场上可能有许多企业，这种小额搜寻成本可能导致与其大小不成比例的后果。理由很简单：假定所有企业索要相同价格，价格将低于垄断价格，如果一家企业稍微提高价格——其数量小于搜寻并转换到另一家商店的成本，这时它不会失去任何顾客，这样，商店就可以按这个数量来提高价格。但这意味着所有商店都应该提高价格，这个过程一直持续到垄断价格水平达到才会停止。[②]

---

① 参见 Salop and Stiglitz（1977，1982）和 Stiglitz（1979，1987c）。进一步的概览可参见 Stiglitz（1989b）。

② Salop and Stiglitz（1982）表明，在戴蒙德使用的假设下，如果企业能够使用非线性定价（例如，索要一笔固定费用加上一个等于边际成本的"价格"），这样做会给它们带来好处。如果企业确实这么做了，而且进入市场有一笔固定成本，将不存在均衡。当一些贪婪的商店试图攫取客户所有的消费者剩余时，它们实际上是在摧毁市场。

阻止这种情况发生的因素是市场"噪声"，即多样化产品和价格发散的存在。参见下文和 Stiglitz（1989b）。

在许多市场上，例如信贷市场，信息成本导致市场分割，导致竞争者的有效数量远远小于可能出现的数量。各类借款者在还款的可能性方面是不同的。金融机构的一个基本功能就是评估这种还款能力，并据此信息确定利率。做出这类判断需要信息，而获取这种信息是有成本且费时的。所以，以下情况就不足为奇：借款者通常与一家、最多是几家贷款机构建立银行业务关系，如果被一家有业务关系的银行拒绝，它就很难从市场上的其他银行借到钱。对其他银行而言，这个借款者是一个"陌生"客户，也将被作为"陌生"客户对待，需要收取较高的利率以补偿贷款机构所承担的更大风险。这样，从借款者的角度看，他作为银行客户，银行对他的有效竞争可能非常有限。

运输成本与信息成本具有一定的相似性，其中运输成本为传统的垄断竞争理论提供了部分基础。如果说运输成本决定了不同银行向特定商业客户提供存款服务的竞争程度——任何银行都愿意接受任何个人的存款，并以一个特定的价格提供贷款服务——那么，相关的信息成本则决定了贷款市场的竞争。

### 对潜在竞争的限制

在前面的部分中，我指出企业通常面对着向右下方倾斜的需求曲线，这在理论和经验方面均得到支持。正如我在前面的讨论中所指出的，如果市场确实是竞争性的，对于企业和评估竞争政策含义的研究者而言，向下倾斜的需求曲线这一事实是无关紧要的。阻止企业提价的因素不是产品的需求曲线，而是提价企业确定地认识到，如果它将价格提高到平均成本以上，将有进入者立即夺走客户从而使自己无法获利。换句话说，潜在竞争确保任何企业都将面对一条水平的需求曲线，使企业至少在价格等于平均成本这个均衡点的"左侧"进行生产。

企业通常似乎经常相信（或者表现出似乎相信）自己提价时不会失去所有客户，这意味着潜在竞争（如果始终存在的话）仅具有有限的效果。关于竞争的限制仅仅是分析的起点：如果我们需要判断竞争政策是否能改进现实，就需要进一步了解为什么竞争受到限制。换言之，我们需要知道为什么企业面对向下倾斜的需求曲线，为什么存在进入壁垒（这限制了潜在竞争约束市场在位企业的效果），从而确保企业定价不能高于平均成本，进而达到效率状态。

### 进入壁垒

贝恩（Bain，1956）提供了一个进入壁垒的分类法。新观点的诸多进展，可以看成基于经济学理论最新发展对贝恩进入壁垒理论的重新解释。我这里只强调两类重要壁垒。

**沉没成本**。现代策略理论的一个主要观点就是强调：关于进入市场决策的相关考虑，不是目前该市场上是否有利润，而是一旦进入之后会发生什么。[①] 潜在进入者清楚地知道，如果他们进入市场，在位企业不会维持价格不变。进入者必须预估可能出现的情况，当然，也必须意识到这种预估具有相当大的不确定性。

企业进入决策的一个重要问题是，如果在位企业将价格降到使我无利可图的水平，我怎么办？我能退出市场并收回成本吗？

如果有沉没成本，按照定义，企业将不能收回成本。因此，沉没成本具有阻止进入的效果（Salop，1979）。甚至更严重的是：如果进入之后的竞争非常激烈（例如，出现伯特兰竞争时，价格将降到等于次高效率企业的边际成本），甚至一个任意小的沉没成本都可能构成一个完全的进入壁垒[②]，从而使得在位企业能够制定垄断价格，并且完全避免进入威胁。理由很简单：如果企业面对一种超出沉没成本的不变规模报酬技术，进入者知道，进入发生之后，价格将下降到边际成本水平（它等于平均可变成本）。如果企业继续生产，将不能获得沉没性投资的回报；如果企业退出，将无法收回沉没性投资的成本。因此，潜在的进入者知道，大量利润只是一种虚幻：一旦企业进入，利润就将消失。

可竞争理论的支持者总是使用航空公司作为例证。如果任何一家航空公司在特定航线上索要高于平均成本的价格，其他航空公司可以迅速开辟另一条新航线，减少现有航线的运营。如果在位企业做出反应，新进入企业也没有什么损失，只是使飞机返回原来的航线。这种有关航空产业可竞争性的观点，为20世纪70年代后期航空业放松规制的讨论提供了一部分重要理论依据。然而，现实情况并没有朝着可竞争理论倡导者所预言的方向发展，主要因为竞争是有限的——在首次大批进入后，将会引起一定淘汰，达到某一稳定水平。现在美国仅有三家主要航空公司没有面临破产，或者近期没有破产威胁，而且许多航线上的竞争非常有限，某些航线的价格远高于平均成本。即使是很小的沉没成本似乎也有很重要的影响：一家企业进入某个市场，需要顾客有所了解，这就导致与广告相关的沉没成本。航空公司电脑预约系统使得事后竞争非常有

---

① 这个方法的早期例子包括 Dixit（1980）、Spence（1979）、Salop（1979a）和 Stiglitz（1981a）。

② 参见 Stiglitz（1987g）和 Dasgupta and Stiglitz（1988a）。

效，任何降价可以立刻匹配。因此，这种状况似乎支持如下一般性的格言：越强的事后竞争导致越弱的事前（潜在）竞争。

沉没成本很重要。在大多数工业部门中，企业的一项中心工作就是研发，这类支出的绝大部分属于沉没成本。它不像购买一座建筑物的支出，即使是部分完工的建筑物也有一个明确的市场价值，企业可以在任何时候出售建筑物，收回大部分支出。只有某些非常特殊的支出（如企业在每个房间印刷公司标志的花费）属于真正的沉没成本。相反，对于部分完成的研究项目而言，如果半途而废，相应的支出就成为无法收回的沉没成本。可见，沉没成本在专利竞赛中将构成很高的进入壁垒，使得稍微领先的企业不会遇到重大的竞争威胁（Dasgupta and Stiglitz，1988a）。

**进入的策略性壁垒**。技术和企业行为均可能导致进入壁垒。例如，企业可能并且实际实施掠夺性定价，既是为了阻止潜在进入者的实际进入，也是为了驱逐那些盲目无知的进入者。

即使没有策略性措施，一个在位的垄断者也比新进入者更具优势。熊彼特有一种关于短期垄断演进的观点，每一个临时的垄断者都会受到后续新进入者的挑战。在 20 世纪 70 年代晚期和 80 年代早期的一系列文章中，熊彼特的这种观点受到有力的挑战。[①] 考虑在 "一次性大规模" 投资产业中新增生产能力这一简单问题，潜在竞争的威胁，迫使垄断者比没有这种威胁时更快地建立新生产能力。但是，这需要垄断者在新进入者采取行动之前，尽早充分地建立起新生产能力，以免被进入者打败。因此，存在一种内在力量导致垄断势力，并且，垄断势力一旦建立就会持续下去。[②]

上述分析表明，垄断者具有对潜在进入者采取先发制人的手段的内在动力。20 世纪 80 年代后期出现的针对潜在竞争对手的先发制人措施，有力地支持这种观点。在某些情况下，在位垄断者只需要采取一些轻微行动就能达到目的[③]，这被称为 "ε-先发制人" （ε - preemption）

---

① 参见 Salop（1979）、Dasgupta and Stiglitz（1980a）、Gilbert and Newbery（1982）以及其他。

② 在某些情况下，潜在竞争的威胁——伴随在位企业阻止进入的引致性反应，可能导致福利下降。例如，在位企业可能足够早地建立新产能以阻止新进入者的进入。在极端情况下，利润可能为零，但这种情况并不是经济有效率的标志，而只是过剩产能的租金被耗散了。参见 Stiglitz（1981a，1987g）。

③ 参见 Dasgupta and Stiglitz（1988a）和 Stiglitz（1987g）。

措施。考虑一种专利竞赛，如果在位企业相对于竞争对手具有微弱优势，并且对赢得竞赛设置了一种可信承诺，在这种情况下，竞争对手的进入将会被成功阻止，因为他们知道，自己的任何支出都将被在位企业超过。因此，一旦在位企业建立了微小的领先优势，就能放开自己的步伐，并按自己的节奏进行下去，似乎能免于潜在进入者的竞争。

这些论据也许夸大了竞争有效性的限制，因为现实中有许多曾经辉煌的企业被竞争对手超越的例子。最近，IBM 公司或许提供了引人注目的例子。还有许多创新的故事是，新进入者利用一些出乎预料的资源，或者利用与在位垄断者不同的技术，生产出极具竞争力的新产品。佳能复印机的成功，打败了具有市场领先地位的施乐公司的产品，就是这方面的例子。但是，在设计竞争政策时，考虑的主要问题不是竞争是否有时或经常发挥作用，而是什么环境下竞争的作用不能发挥，从而可能需要政府干预。先发制人和 $\varepsilon$-先发制人理论提醒我们，即使没有诸如掠夺性定价这类明显阻止进入的策略，进入可能也是有限的，潜在竞争可能只起到有限的制约作用。

# 竞争政策

在刚过去的 20 世纪中，通过政府来规制和促进竞争的政策，以及判断这些政策的观点都发生了显著的变化。近年来，在这些政策的演变中，经济学家的影响极大。我们可能没有柏拉图那样的哲学之王，但我们确实有经济学家兼律师的人才，至少在美国，像波斯纳法官（教授）这样的人对目前竞争政策的演变就产生了巨大影响。作为学者，将理性化分析引入公共讨论的任何领域都是正当的。问题在于经济学理论的变动性。思想传播的滞后往往表现为，一种理论在人们对其不信任的时候，或者至少是在人们质疑其普遍有效性的时候，却恰好得以应用。

竞争政策的情况就是如此。最近的竞争政策或建议发生了某些变化，它们所依据的许多经济学原理都是基于相关的经济学假设或模型，而这些假设或模型与市场的相关性是值得怀疑的。可竞争理论或潜在竞争理论在法庭上得到认可之日，恰恰是它们在学术领域受到质疑之时。

本章这部分内容的目的在于，在理论上概括最近在美国关于竞争政策讨论的一些中心问题。我希望，同时也相信，这些观点对那些正在重新评价自己竞争政策的国家来说也是适用的。我发现，把竞争政策放在历史过程中讨论十分有用，目前的讨论不仅反映了竞争政策的历史演变，而且这种回顾也突出了竞争政策的一些对立观点。

## 民粹派之源

在 19 世纪末期的美国，正是洛克菲勒家族和摩根家族的形象导致了反托拉斯政策的出台。当时，在诸如石油和钢铁这类重要产业中，垄断开始形成。极少数人成为巨富，但是比财富不平等更受关注的是经济权力集中的后果。无疑，这种关注更多体现了政治含义和更广义的社会性质的含义，而不是狭隘的经济含义。形成垄断的那些人是否仅仅关注单纯的产业合理化目的，对此人们确实普遍存有疑问，因为经济势力一旦形成，必然会被运用，相应地价格也将随之上升。

70 多年前，哈伯格做出开拓性工作，对价格上升导致的福利损失进行量化。根据分析，他认为垄断造成的福利损失是有限的，这个观点广为人知，是因为它与美国最早制定的竞争政策法案——《谢尔曼反托拉斯法》的争论相关。哈伯格的观点是否改变了人们的认识？我认为没有。问题的关键不仅仅在于效率损失的计算，而在于对经济体系如何发挥功能的期待，以及（用现代的术语来说）关于公平竞争环境和公平竞争本身的理念。弱小竞争者面对强大垄断者总是处于劣势。[①]

## 经济争论

之后，经济学家介入讨论，并产生了较大影响。从前面的分析我们已经看到，经济学家的观点总是变动不居的。早期的市场失灵观点，强调如果要使经济体系有效率，必须具备完全竞争条件，并仅仅关注自然垄断问题。之后的观点是，垄断导致的福利损失很有限，所要求的并非实际竞争，而是潜在竞争。现在的新观点则认为，对竞争的限制似乎比早期市场失灵观点认为的更普遍，新观点至少对可竞争理论及其竞争政策不必要的建议提出了有力批评，并且认为市场可能并非有效率，也可能不是零利润。出于限制利润和增进效率的目的，竞争政策具有**潜在的**适用范围。

新观点强调了**不完全**竞争的重要性，而不是旧的市场失灵观点所重点关注的垄断。它认为，不仅在现代工业国家的大多数市场中竞争是有

---

① 在美国，小农场主的观念（可以扩大到小业主）在"美国精神"社会的概念中发挥中心作用，通常与托马斯·杰斐逊（Thomas Jefferson）相联系。

限的，而且这种有限竞争导致的福利损失也比以前人们认为的要大得多，并且这种福利损失与垄断造成的福利损失可能相当不同。

### 有限竞争的福利损失

新观点已经显示，与不完全竞争相联系的**经济**福利损失可能远大于哈伯格三角测量的损失。

并非**只是**价格提高到生产的边际成本以上，而且当企业采取行动去提高竞争对手的成本或者阻止进入时，生产成本本身也可能受到不利影响。[1] 确实，在某些情况下，受到主要影响的可能是生产成本而不是利润。[2]

我们可以区分两类不同的效应：一类是直接影响企业的行为；另一类是影响企业管理者的行为（从而间接影响企业行为）。在传统模型中，企业通过生产消费者喜欢的新产品和低成本生产现有产品来增加利润。企业通过持续提供更好的产品或不断降低生产成本，始终保持领先于竞争对手来持续获得利润。在不完全竞争理论中，企业则可以通过四种其他方式来增加利润和持续获得利润：寻租、阻止进入、降低竞争程度和提高竞争对手的成本。

#### 寻　租

当存在利润或租金时，就可能有追逐利润或租金的竞争，企业竞争的花费可能等于获取的利润，这导致的福利损失（一种资源浪费）可能显著大于提价所导致的福利损失（提价的主要效应是资源的转移，即从消费者转移到生产者）。

寻租的概念首先是在政治经济学模型中提出来的，那里的利润（或租金）来自政府对进入设置的壁垒。企业可能花费可观的资源去说服政府提高关税或设置配额。但是，寻租原理同样适用于限制竞争场合所耗费的资源，因此，为了绕过现有专利进行的针对性研究可以被看作是寻租。

#### 阻止进入

在本章前面我描述了针对进入的策略性壁垒：企业实施相应的行动来阻止其他企业进入市场，从而保证自己作为在位企业的持续利润，许

---

[1]　参见本章第一部分的讨论。

[2]　Stiglitz（1987g）使用一个案例解释了这种情况。那里企业通过建立过度产能来阻止进入，最终在某种程度上使得所有利润均被耗散。

多这类行为是浪费性的。例如，企业可能建立过度产能，显示一种态度和能力，如果有企业进入，就将降价和增产（在这种情况下，过度产能对生产的边际成本没有影响，向消费者索要的价格也不受过度产能的影响，阻止进入的支出是一种纯粹的浪费）。研究活动的目的可能是为了阻止竞争对手的产品开发而发明专利。

**降低竞争程度**

下列两类市场具有根本性差别：一类是仅有独家企业（即没有竞争）或具有完全竞争；一类是具有不完全竞争。在前一种情况下，根据定义，竞争的范围或程度是给定的；而在不完全竞争条件下，企业行动可能影响竞争的范围或程度。独占销售区域的行为提供了限制性行为可能影响竞争程度的一个例子。假定一个产业中有两家企业，可以发现，当生产者与分销商签订这类独家区域销售合同时，每家企业产品需求曲线的弹性均较小。相应地，在竞争对手索要的每个价格上，本企业的最优策略是定高价。净效应是明显的：均衡价格将更高。确实，均衡价格可能如此之高，使得生产商均有较高的利润，即使它们只能从分销商的利润中获得较小部分，如果分销商有利润的话。（如果分销商处于完全竞争条件下，它们的利润将是零。）

这是一个为了提高价格而采取限制竞争行为的例子。在不完全竞争环境中，企业总是面临着采取竞争还是采取合谋的矛盾，它们既可能通过削弱竞争对手并争夺其顾客的方法增加自己的利润，也可能通过劝说竞争对手与自己合谋提价来增加它们的利润。在美国，公开的合谋控制价格是非法的，但可能存在增强默契型合谋的行为，也可能存在具有类似合谋效果的行为，最臭名昭著并引人注目的行为就是"迎合竞争"策略：一家企业宣称自己"不削价销售"，但如果竞争对手降价，它将实施同等幅度的降价。听起来是否像标准的竞争行为？回答是"错"：实际上它是导致更高价格的行为。因为每个竞争者都知道降价是不合算的，价格竞争并不能用于争取顾客。这种策略允许一种持续的卡特尔（垄断）价格均衡存在。

**提高竞争对手的成本**

在不完全竞争环境中，一家企业的利润依赖它相对于其他企业的成本。例如，在伯特兰竞争中，一家企业的单位利润就等于自己的边际成本与竞争对手边际成本的差额，这样，一家企业可以通过降低自身成本来增加利润，也可以通过增加竞争对手的成本来增加利润。很显然，每家企业都试图提高竞争对手成本的竞争，既可能是一种破坏性竞争，也可能是一种建设性竞争。[1]

**管理松弛**

标准理论认为，不论是竞争市场还是垄断市场，企业都能生产出它们在最低可能价格下的任何产出。它们有充分的激励去降低成本，并在今天降低成本的支出与将要获得的利益之间进行平衡（确切地说，如果在垄断环境下，产出更低，企业降低成本的积极性会减弱，因为降低单位生产成本所得到的总剩余会减少）。但是，有一种普遍观点认为，如果企业免受市场的约束，经常会导致无效率。在早期文献（Leibenstein，1966）中，这种现象被称为 X–无效率。最近的理论文献从两个方面对这种现象进行了更明确的论述。

首先，由于信息不完全，如果不用比较的方法，股东们往往很难辨别企业是否有效率。在本章第一部分，我们讨论了相对业绩提供的信息在评价企业管理层业绩时的重要性。在设计激励体系、选择管理者促进企业运营，以及在竞争单位间分配资源等方面，这些信息能够并且实际发挥建设性的作用。而在垄断环境下，只有一个生产者，不存在这类比较信息，其结果就可想而知。

其次，信息经济学已经解释了竞争在设计激励结构，更广泛地说，在评价管理者业绩方面的重要性。正如我们在前面章节中所看到的，信息经济学也解释了为什么控制机制是如此重要。在那里我们指出，人们逐渐认识到通过股东投票或接管机制对管理者行为加以控制的局限性。管理者渎职——不称职或更糟——的实际可能性已有大量记录。管理者控制体系的不完全，使得产品市场的竞争更加重要，竞争性产品市场对大型上市公司的管理施加了一种约束，这种约束不是任何其他方式能够提供的。

## 界定相关市场

现在应该很清楚，新观点关于竞争政策的态度明显不同于旧观点。为了说明这一点，考虑相关市场的界定问题。

评估竞争有效性的标准做法是从分析相关产品市场和区域市场开始的。什么样的企业正在生产市场上已有产品的相近替代品？如果运输成本较高，偏远地区的生产者与中心区域的生产者就不是处于同一地域市

---

[1] Salop and Scheffman（1983）发展了提高竞争对手成本的理论，也提供了何处会出现这种情况的例子。

场，也就不能进行有效竞争。对许多产品而言，运输成本的降低会导致更大范围区域市场的形成。在一个更广阔的区域市场内，存在着更多生产者，从而市场也就更具竞争性。这种情况使得一些分析者得出结论：在新的全球环境中，反垄断政策实际上没有必要性。虽然在美国只有三家汽车生产商，但在全世界范围内却有许多实力强大的同类企业，并且大多数已经进入美国市场参与竞争，它们均有相应的竞争能力。因此，汽车市场是富有竞争性的。

这种观点从某种程度上说出了事实，或者更准确地说：向国际市场开放，降低贸易壁垒，正是竞争政策的重要工具之一。不过，尽管有一些、或许很多产品可以充分地参与国际市场竞争，但也有许多产品不是这样。

市场的地域性不仅有运输成本的原因，而且有信息和营销壁垒方面的原因。三四十年前，从欧洲运往美国的汽车，其运输成本相对较低，但欧洲汽车在美国市场上只能进行有限竞争，部分原因就是缺乏适当的经销体系（无疑，美国的独家经销体系使得欧洲汽车企业在美国建立全国性经销体系十分困难），部分原因则是美国消费者对这些汽车的了解有限。

在区域性市场内，规模收益可能出现并成为一个有效的进入壁垒。分销渠道也同样具有规模经济和范围经济的性质，当地电话系统和其他公用设施就是这种情况。将一种商品运送到位于 A 和 C 之间的 B 商店，其边际成本可能较小。运送另一品牌啤酒到任一商店的边际成本也可能较小，因此，在许多区域内，只有两三家啤酒分销商。啤酒行业的不完全竞争主要发生在分销环节而不是生产环节（因为生产环节的规模经济有限）。

### 竞争政策及其局限性

新观点在强调竞争政策重要性的同时，也认识到竞争政策可能具有的消极作用。包括四个方面。第一，在某些情况下，竞争政策可能成为限制竞争的工具。当一家企业担忧来自另一家企业的竞争威胁时，通常会采取某些不公平的交易活动。降价行为经常被定性为掠夺性定价，实际上，区分掠夺性定价与传统形式的良性竞争定价并非易事。旧观点坚持认为低于边际成本的价格就是掠夺性的。但是，一旦我们考虑"干中学"，相关的边际成本就不是目前的边际成本，企业必须考虑目前产量增加所导致的边际成本下降（不考虑贴现情况，就降低了当前有效边际成本对企业长期边际成本的影响）。而长期边际成本——考虑学习效应在将来导致的边际生产成本的下降——仅仅是预期性的。一家企业可能声称，因为有学习效应，相信自己在未来会获得战略优势，所以现在定低价，但竞争对手可能认为这是掠夺性定价。实际上，这两种情况难以有效区分。

第二，反垄断政策阻碍了企业之间的研发合作。这已经导致相关立法允许某些形式的研发合作行为。有些人宣称应该进一步放松规制，但另一些人则担心这会导致在研发合作幌子下实施范围广泛的合谋行为。

第三，反垄断政策导致美国企业相对于外国企业处于劣势，许多外国企业不受严格反垄断规制的约束。

很难解释为何人们认为参与国际竞争必须"做大"企业。在许多情况下，并没有显著的规模经济或范围经济的证据，在缺乏这类证据的情况下，这些争论更多是为了增强自身经济势力的自我辩护。但是，当确实存在规模经济的证据时，政府也面临一种实际困境：必须在规模经济的效率与市场势力的潜在作用之间权衡取舍。只有当充分的国际竞争能够限制市场势力的作用时，才清楚应该如何解决两者之间的矛盾。

最后，反垄断政策也导致相应的成本。诉讼费用已飞速上涨。经济学家一直都是主要受益者，但这并不值得提倡。

如何设计一种既公平又能促进经济效率的竞争政策，并且实施成本也很合理，这个问题难以回答。

新观点为我们提供了一些尝试性建议。我们也许应该更多使用本身违法原则。这种原则提出的粗略公正（粗略有效率），可能并不比目前采用的司法程序所提供的更粗略，而且成本也低得多。因此，尽管长期以来，利用"效率"为限制性行为辩护，但从现有情况来看，几乎找不到效率起重要作用的例子。实际上，像排他性交易和独占区域销售这类限制性做法，也许应简单认定其本身违法。

## 竞争与转型问题

对于最近正在向市场经济转型的东欧国家而言，竞争分析提出了一系列值得它们关注的特殊问题。转型过程的中心问题是私有化的速度

（见第 10 章）。[1]

快速私有化的提倡者有一种神话化市场过程的观点。他们认为，市场能够快速引导资源转向那些最有效率的人，取消贸易壁垒和其他进入壁垒会快速导致被压抑的企业家能力的释放。我曾参加过一个讨论，涉及以下诸多问题：缺乏适当的运输条件将农户的产品运到市场，缺乏中间商购买农户的产品（或者直接将其分销到市场，或者送往加工车间）并向农户提供诸如种子和化肥等投入品，农户缺乏贷款来源去购买投入品。按照他们的观点，所有这些以及其他市场缺失，都可以由从事农业的新企业家快速地"在一周内"加以解决。如果有需要，也可以由外国企业家来补足。关于竞争缺乏和市场创造进入壁垒的问题——过去十几年间产业组织文献中经常出现的主题——也被他们驳斥了：根本不需要反垄断法，只要政府自己不创造壁垒就万事大吉了。按他们的观点，斯密所说的话就是错的："从事同样生意的人，即使为了娱乐或消遣，也很少聚在一起，但他们交谈的结果，要么是合谋对付公众，要么是筹划抬高价格。"

我已经指出，比"释放竞争"更重要的是创造使市场有效运转的条件：例如，必须有功能良好的金融市场，必须有实施破产和保障合同履行的法律框架，"其他要素"是保证竞争活力的一套法律。在某些转型国家，使竞争有效实现可能特别成问题，使政府对保护竞争给出可信承诺同样有问题。而如果没有这种承诺，这些国家的政府将陷入寻求保护的呼救圈而不能自拔。

### 强化竞争和自由贸易政策

的确，所有国家都有强大的寻求保护自己免受国内外竞争的政治压力（正如亚当·斯密所强调的），我估计在没有经历过竞争的东欧国家可能更加如此。在竞争的长期优势得以展现之前，诸如企业倒闭之类竞争的短处却可能尽显无遗。并且，这些国家的企业和政治领导人是在以下意识形态下成长起来的：强调国家垄断的协调优势，贬低非组织性的市场。并且辅之以大企业重要这样的社会流行观点，这些国家通常宣称，需要建立大企业才能与西欧、日本和美国进行竞争。最后，当这些国家与西方经济强国进行贸易时，为了使自己适应不同的标准，通常使用幼稚产业保护论为自己的保护行为辩护。

---

[1]　以下部分来自 Stiglitz（1993a）。

当某个产业全部由国家垄断经营时，可能建立起密切的个人工作关系，这会进一步弱化竞争。对某些人而言，原来习惯于社会化的合作行为，现在他们负责的部分产业则需要互相竞争，这样自然会尝试组织"更有序"的市场，承办"互利的合资企业"——合谋行为的公开用语。在短期内，至少在许多产业，考虑到对潜在竞争和国际竞争的有限度审查，使利润最大化的合谋行为可能发挥作用。正如 Willig（1992）所强调的，需要加强竞争立法，并且在私有化开始之前，更容易实施这类法律。一旦私有化开始，形成的既得利益集团将会极力限制竞争的范围。

限制竞争的后果在食品加工业表现得非常明显。种植易腐农产品的农户高度依赖当地的农产品加工厂（特别是在交通体系落后的情况下），这些加工厂可能通过买方垄断地位压低农产品收购价格，这种买方垄断的租金不能被政府获得，而是被食品加工厂的所有者获得：私有化并没有使农户受益，只是改变了租金的获得者。

### 对竞争的承诺

东欧国家为了使保护竞争的承诺更具有可信性，需要做以下几件事情：除了制定严格的反垄断法和**不再**新增贸易壁垒之外，最有效的一项承诺就是加入西欧共同市场。接受东欧国家加入共同市场，可能是西欧国家扩展东欧市场的最重要形式，这不仅因为（在短期内）潜在的贸易利益，更重要的是因为对竞争和贸易承诺的利益，这样就消除（至少是削弱）了范围广泛的寻租行为。最后，将私有化过程对外国企业开放，这种措施可能获得的好处，除了增加传统的资本和企业家能力资源外，更重要的是强化了竞争。

### 政府作为垄断势力的一个来源

本章已经讨论了政府在加强私人部门竞争中能够发挥何种作用以及应该发挥何种作用的问题。我们也必须记住，政府经常也是垄断的一个来源，并且有时会强化合谋行为。Stigler（1971）的管制者俘获假说尽管可能没有他所认为的一般性[①]，但确实提醒我们：当竞争使得合谋难以为继时，监管者的帮助反而可能使合谋行为得以继续。美国的酒精类

---

① 特别是，他没有令人信服地解释，为什么某些管制者被消费者利益集团俘获，而其他管制者被产业利益集团俘获。

饮料行业可能就是这方面的案例。[1]

与社会中的其他机构一样，政府也希望自己免于竞争的压力，并且，政府在为自己的工作范围寻找不正当竞争的论据时，与其他机构的机敏性不相上下。公立学校不想与私立学校在相同的财务条件下进行竞争，邮政局也不想与其他邮件递送机构竞争普通邮件。

过去的十多年间发生的私有化过程，将许多政府企业转变成私有企业。但在许多情况下，比"所有权"转变更重要的是市场结构的改变，也就是使这些企业适应竞争。具有挑战性的是设计一种机制来将竞争更多地引入公共服务提供方面，尽管通过政治竞争提供了一些措施，但针对性不够，有效性也非常有限。将公共服务的提供向地方社区分权是这个领域强化竞争的一种方式，第9章将进行简略讨论。

### 对垄断的过度关注

尽管我在本章强调了经济体系中有效竞争政策对于转型的重要性，但在过去的几年里，存在着另一种很明显的危险：在转型过程中，存在很多通过"套利"获取利润的机会，而市场不能立即消除这类利润。在过去的几十年里，东欧国家的人们已经被灌输了一种教条性观点，即利润是邪恶的，现在，他们将并且已经试图为利润贴上垄断势力的标签。而为了防止垄断资本主义的出现，就存在一种压力，要求构建一套带有许多特征的管制制度，对垄断势力的担心导致人们采取那些会削弱竞争的行动。

# 市场社会主义与竞争

我在本章中已经指出，在标准的阿罗-德布鲁模型中，实际上并不存在真正意义上的竞争，而市场社会主义者却忽略了这个事实。[2]市场社会主义能够保持竞争市场的基本特征：家庭和企业均被作为价格

---

[1] 典型地，各州不允许企业从其他州进货并在本州境内销售，从而限制了进入。许多州甚至立法要求企业公开标价，从而强化了合谋。

[2] 奇怪的是，早期有关该模型中竞争形成的讨论，并不在意它是否准确抓住了市场经济中竞争的性质，而是关注价格接受假设是否与有限数量的企业和家庭这个假设相一致。即使有10亿家企业，每家企业对价格也会存在可觉察的效应（在一个完全信息的世界），只有在存在一个代理人连续统的条件下，该模型才具有内在一致性。

接受者。[1] 市场社会主义者认为，在价格给定条件下，通过命令管理者去追求利润最大化，就能实现帕累托效率，即标准**竞争性**市场经济的结果，但实际的市场经济并不能实现帕累托效率。因此，尽管市场社会主义者展示出一个能与**模型**中完全竞争经济运转得一样好的市场社会主义，而在现实中并不成功，其原因就在于市场社会主义经济不接受竞争，这个原因的作用不亚于前面章节所指出的其他缺陷的作用。

回到我们的基本主题：如果新古典模型所提供的是市场经济的恰当描述，市场社会主义应该有很好的取得成功机会。但是，价格接受行为并不能反映市场经济中竞争的真实含义，也许具有讽刺意味的是，这一点正是导致市场社会主义不尽如人意的重要原因之一。最后，正如我在第1章中所指出的，正是对垄断资本主义下竞争将不能在现代产业经济中存在的担忧，提供了对市场社会主义追求的最初动力。经济理论的重要结论和发展均证实**完全**竞争并不存在，同理，关于垄断资本主义的担忧也被证明是没有根据的。

# 总　结

竞争是重要的。因为竞争是信息的源泉——知道企业是否事实上有效率；也因为竞争鼓励创新，在下一章中我们将看到这一点。阿罗-德布鲁模型中的竞争形式——价格接受行为，并没有反映上述两方面的内容。实际市场经济的竞争并不是阿罗-德布鲁模型那种意义的竞争，市场社会主义被该模型误导，认为单纯使用价格体系就可以获得市场经济的所有长处，实际上，市场社会主义者相信他们会做得比**现实**市场经济更好，因为他们认为现实市场经济中大型工业企业的垄断使得价格接受行为不再存在。如果阿罗-德布鲁模型捕捉到了市场经济的本质，市场

---

① 如果价格由中央计划当局通知，企业只是按照指令去实现利润最大化。更近期的讨论已经指出，企业通常会认识到，为了回应企业在指令价格下对计划投入和产出的要求，政府计划当局会修改一连串的价格。如果不存在企业的连续统，企业就可能实施策略性行为，力图影响政府的通知价格。确实，既然市场社会主义经济中的管理者只是追求社会福利最大化目标——并且认真听从指示，按照中央计划当局发布的规则行事，那么，如果中央计划者要求管理者不要采取策略化行为，可以设想管理者会听从命令。这时我们就到达了市场社会主义的一个临界点，在这里可以发现，这种模式与现实的背离是如此之大，以至我们很难知道哪一种假设是错误的。

社会主义者可能确实是正确的。在现代工业经济中，完全竞争并不存在，这不仅是因为传统的报酬递增普遍存在（前面集中讨论过），而且因为产品多样性、不完全信息和创新在经济中的重要性。

但是，这里对竞争重要性的认识，是出于与阿罗-德布鲁模型不同的理由。这里侧重于竞争对市场社会主义及其各种形式的重要作用，阿罗-德布鲁模型没有认识到这一点。在东欧国家设计转型政策时，迫切需要认识到持续竞争的重要性。

在第 3 章我们强调了这种分析中的一个重要假设：完全信息。在那里，我们只是局限于讨论，在缺乏完全信息条件下，一般而言，竞争性市场（以及价格接受行为）不能实现（限制性）帕累托效率。在本章中，我们进一步理解了不完全信息的两个后果：首先，它意味着市场通常不是完全竞争的；其次，它提供了常见的各种类型实际竞争的新作用。

然而，不完全信息并非传统范式唯一的重要限制，传统范式也假定没有技术进步。技术进步是现代工业经济的显著特征，所以，令人不可理解或令人震惊的是，一个忽视技术进步的理论竟然能够长期在经济学中占据中心位置。与不完全信息一样，技术进步也会改变完全竞争的前途和实际竞争的作用，这是下一章的主题。

# 第 8 章　创　新

　　刚过去的 20 世纪所取得的劳动生产率增长和生活水平提高都是史无前例的，汽车、晶体管、计算机、飞机等产品改变了我们生活的方方面面。资本主义市场经济的成功在很大程度上归功于促进创新的成功，某些经济的失败在很大程度上则是因为缺乏持续创新的能力，比如，其创新只局限于军事工业这类相当有限的领域。

　　就像创新在新古典范式中不起作用一样，创新在市场或市场社会主义的争论中也不起作用。可以肯定，关于市场经济如何促进创新的话题，在大众讨论中是常见的，但是，正如我反复指出的，对新古典范式给出最明确表述并为竞争市场有效率提供最广泛信念的阿罗-德布鲁模型中，却明确假定技术是给定的，该模型中没有关于创新的内容。

　　标准范式忽视创新，使得那些关注其他类型经济体系的人也忽视了创新。长期以来，忽视创新也许是对市场社会主义的最致命批评。正如我在整个讲座中所强调的，通过聚焦讨论为什么市场社会主义的效果不尽如人意，也就得到一个透镜，用它可以透视标准新古典经济学模型的缺陷。

　　经济理论近期发展的一个主要成果，就是认识到技术进步在现代工业经济中的重要性。[①] 当然，并不是说这一点以前没有被认识到。Schumpeter（1942）曾抱怨技术进步问题一直没有进入经济学的主流，这种抱怨确实事出有因，即使在目前的大多数研究生课程中，除了核心

---

　　① 尽管对于人均收入增长中有多大比例来源于技术进步（与资本积累相对）这个问题有一些争论——Solow（1957）认为 80％以上来源于技术进步，但没有人否认技术进步的重要性。

课程里一些非常肤浅的讨论之外，也几乎没有技术进步的内容。确实，不仅技术进步很重要，企业制定的相关决策同样重要，包括影响创新速度的决策、关于生产的决策，以及生产决策如何影响学习（"干中学"）[1]，学习又如何影响生产决策，等等。企业如何配置资源用于研发是现代工业企业的中心问题。

不过，我对标准模型的批评，并非在于它没有为我们提供有关企业如何制定决策，例如研发（R&D）支出决策的相关洞见，而是在于**标准阿罗-德布鲁模型（竞争范式）不仅没有包括（内生性）技术进步，而且其理论框架与技术进步根本不一致**。更重要的是，不仅竞争是不完全的（企业不是价格接受者），而且竞争的性质和形式（竞争是为了开发新的和差异化的产品）也没有被阿罗-德布鲁模型很好地把握。

# 创新与竞争

标准范式的提倡者可能有充足的理由认为，二十多年前，在研究福利经济学第一定理的模型时不考虑技术进步是一种合理的研究策略。在涉及技术进步这种复杂问题之前，我们对此应该可以理解。现在，我们对技术进步已经有了足够多的了解，而现实似乎很有说服力地表明，将忽视技术变化的标准范式（以任何直接方式）推广到以技术进步为中心的工业经济分析中是不可行的。

## 不完全竞争与收益占有

创新的基本原因很简单（如熊彼特所充分理解的）：企业进行研发投资是为了获得这种投资的收益；而为了获得这种投资的收益，必须存在不完全竞争。为了理解这一点，假设一家企业发现了一种以不变边际成本生产某种产品的新方法，但关于新产品的信息是可以免费使用的，在激烈竞争（伯特兰竞争）条件下，价格将下降到等于边际成本的水平，既然边际成本等于平均可变成本，为降低成本而进行的投资没有给创新企业带来任何收益。

长期以来，政府认识到这一点，相应地，政府授予创新企业专利权，提供给企业暂时的垄断权力。研发投资也可能存在竞争，但这种竞

---

① 参见 Arrow（1962a）。

争的性质不能在竞争性价格接受模型中得到准确描述。[①]

## 固定成本

在存在技术创新的场合，不仅竞争一定是不完全的，而且产生了各种类型的"非凸性"（固定成本、沉没成本、规模报酬递增），从而自然导致不完全竞争。[②] 例如，企业发明了一种制造某种新产品的更廉价方法，生产水平越高，总成本节约就越大。

正式地说，如果生产函数的形式是 $Q = AF(K, L)$，其中 $K$ 和 $L$ 是生产过程的投入品，$A$ 是技术水平，而且，如果 $F(\cdot)$ 具有不变（或非迅速递减）的规模报酬，$A$ 可能随投入的增加而提高（用于研发的投入），这样，总体生产过程会显示全要素的报酬递增。

## "干中学"

如果存在"干中学"效应，正如标准递减成本函数所显示的，企业产量（目前的）越大，其成本（未来的）将越低。在某种意义上，除非能够抵消递增* 规模报酬（如由于组织规模不经济），否则，研发投资或"干中学"效应很重要的部门会形成自然垄断。从这方面来看，自然垄断不仅仅限于供气、供水、电话和电力这类公用事业，实际上在工业经济中比较普遍。

## 自然型寡头垄断

即使不存在自然垄断，也可能存在自然型寡头垄断：在许多部门，由于存在与创新相联系的高额固定成本，足够高的成本使得竞争企业的数量有限。例如，在化工和飞机制造产业非常明显。对飞机制造业而言，如果没有政府的补贴，全世界可能仅有一两家大型客机制造商。

当然，规模经济和规模不经济都可能存在：在大型企业中，研发活动通常较难管理，而有证据表明，小企业的创新反而较多。尽管 IBM 能够较长时间在计算机市场上维持主导份额，但个人计算机（PC）时

---

① 研发竞争可以更恰当地表述为一种"专利"竞赛，参见 Barzel (1968)、Stiglitz (1971)、Dasgupta and Stiglitz (1980a)，或者更宽泛地表述为一般的竞赛理论，参见 Nalehuff and Stiglitz (1983a) 和 Lazear and Rosen (1981)。关于应用竞赛理论分析研发活动的讨论，参见 Stiglitz (1986b)。

② 参见 Stiglitz (1987d) 和 Dasgupta and Stiglitz (1980b)。

* 这里原文是递减，原书有误，特更正。——译者注

代到来后，小企业不仅能进入市场，而且茁壮成长。当计算机硬件市场的集中程度下降时，计算机软件（至少是操作系统软件）市场的集中程度实际上在提高。

### 潜在竞争充分吗？

在前面的章节中，我考虑了这样的观点：即使企业数量有限，经济仍然可能是竞争性的，关键不在于实际的竞争水平，而在于潜在的竞争水平。我在上一章讨论这个观点时，问题变成在存在非凸性的条件下，进入威胁是否能够确保：（1）利润下降到零；（2）实现经济效率。

存在利润并不是吸引企业进入的必要条件：企业关注的是进入**之后**利润情况如何。如果进入者认为进入之后竞争非常激烈，它们可能担心价格会下降到接近边际成本。在这种情况下，如果进入者有沉没成本（企业退出该产业时无法回收的费用），进入会受到阻止，企业知道在这种激烈竞争条件下，将很难退出和收回成本。

研发方面的支出，不仅是固定成本（不能随生产规模变化而变化），而且是沉没成本，这笔钱一旦支出就无法回收。这种高额、固定和沉没的成本就成为新企业进入的自然壁垒，既限制了实际的竞争水平，也限制了潜在的竞争范围。

# 垄断与创新速度

至此，我已经得出以下结论：在那些创新很重要的产业中，最多可能只存在不完全竞争。接下来的问题是：竞争程度对创新速度具有什么样的影响？对这个问题的认识过程具有奇特的历史，值得简要讨论。

### 第一种观点：垄断阻碍创新

关于垄断资本主义的早期讨论认为，垄断条件下的创新较少。因为企业意识到创新会破坏已有资本设备的价值，因而抑制它们进行研发的积极性。[①]

三十多年前，Arrow（1962b）提出了一种不同的观点，即垄断导致过少的研发。该观点基于以下假设：垄断者不能攫取与价格下降相联

---

[①]　关于这个创意想法的探索性研究，参见 Dasgupta、Gilbert and Stiglitz（1983）。

系的消费者剩余，垄断者的产量小于竞争者，从而成本节约相对较低（总成本节约与生产规模成比例）。这两个假设可能都值得怀疑。如果垄断者能够实行非线性定价，它们就至少能够获得一部分消费者剩余。如果经济中的**所有**部门均具有不完全竞争的特征，那么，相对于竞争条件，任何部门的生产规模是更大还是更小，取决于相对于其他部门的劳动供给弹性和特定产品的需求弹性。

确实，垄断导致过少的研发这种表述意味着一种比较，这里的问题涉及应该采取什么样的相关比较。**给定**垄断下的产量水平，研发水平是有效的。如果由于垄断使得某些部门产量水平较低，导致研发投入较少，按一定数额削减成本的价值与一种产量水平成比例，这确实反映了这样的一般结果：即使存在垄断（最终产品），经济仍然具有效率。

另一种是与竞争市场进行比较。在竞争市场中，政府为研发提供资金。如果创新之后仍然保持市场竞争性，研发必须得到政府支持。但是，我们要问的是政府如何增加收入。如果政府必须征收扭曲性税收，将导致较低的产量水平（在同样的条件下，垄断价格也导致较低的产量水平）以及相应的较低的研发支出水平。

专利体系可被看作一种受益税，它通过较高价格由商品购买者支付，较高价格体现了与研发相关的成本。当在谁会受益于特定创新这个问题上具有不完全信息时（不能向受益人征收一次性总量税），这种受益税也许是可取的。[1]

## 第二种观点：竞争导致过度进入

尽管前面的观点认为（至少在被证明合理之前），垄断导致过少的研发，但是，他们没有提供关于竞争条件下研发活动是过多还是过少的评估。很显然，没有专利体系，研发单位将不能获得创新的任何收益，从而它们将只从事过少的研发活动。如果有无限期的专利保护期，使得创新者能够占有全部的创新收益，会发生什么情况呢？

值得关注的是，专利竞争可能导致**过度的**研发支出。取得专利的企业所获得的利润并不代表社会边际收益——只不过是早一点获得创新而已。[2] 一家新企业加入专利竞赛的结果，也可能仅仅使得发明稍早一点出现。不过，企业的收益等于创新的价值。

---

① 关于这个问题的充分讨论，参见 Stiglitz（1969）。

② 参见 Stiglitz（1971）、Samuelson（1965）和 Barzel（1968）。

确实，企业是否加入专利竞赛取决于**期望**收益：企业必须考虑赢得专利竞赛的概率很小这一事实。如果所有企业相同，期望的平均收益正好等于专利价值除以竞赛参与者的数量，竞赛加入的过程会一直持续到期望的平均收益等于加入竞赛的成本。这种情况类似于一个公共池塘：直到每只渔船捕捞的平均收益等于其成本时，才不会有新的捕鱼船进入公共池塘。在自由进入池塘的条件下，只要总捕捞量的增长小于渔船数量的增加，一只额外渔船的边际捕捞量就小于平均捕捞量，这意味着渔船的过度进入。同样的道理，专利的期望（目前的贴现）价值的增加远慢于专利竞赛进入者数量的增加（也就是说，专利竞赛的进入者数量翻一番，不可能使创新发现的期望时间缩短一半，也不可能使创新的期望贴现价值翻一番），额外一个进入者的边际社会收益远远小于私人收益，这同样是自由进入条件下的过度进入。

### 第三种观点：熊彼特式竞争

正如我前面所提到的，熊彼特认识到包含技术进步的竞争是重要的，尽管这是一种不完全竞争。他认为经济体系的特征是前后相继的垄断者的连续，创新就像一个创造性破坏的过程，一个目前的创新将使以前的创新过时，进入的威胁迫使企业不敢松懈，在位企业不能躺在以前的功劳簿上——竞争压力迫使它们进行研发，所以，市场特征就是前后相继的暂时垄断的连续。

同样，在前面关于自由进入的讨论中，我假设企业是对称的，它们的进入一直持续到期望（平均）收益等于研发成本：这意味着研发部门获取零利润，与经济中其他部门获取零利润的情况是一样的。但是，这两点都值得怀疑。[①]

一般情况下，在位企业的创新收益会超过新的进入者。如果新进入者获得成功，市场将包括两家企业，双头垄断下的利润将低于独家垄断，这将导致在位企业进行充分的研发以阻止进入者。一旦一家企业在市场上站稳脚跟，它就将投入资源维持垄断地位。熊彼特认为市场的特征通常表现为前后相继的垄断者跟随，很显然这是错的。的确，随机性事件（例如，与晶体管和激光相关的新产品的发现）的存在意味着垄断地位也不可能永久维持。

---

[①]　这个问题就是众所周知的"垄断持续性"。参见 Dasgupta and Stiglitz（1980a）、Salop（1979）和 Gilbert and Newbery（1982）。

前述观点的结论，即进入一直持续到利润为零也是不正确的。竞争导致边际进入者的利润为零，但是非边际企业（即在位企业）这时的利润严格为正。

## 第四种观点：熊彼特式竞争的局限性

按照我刚刚描述的观点，尽管熊彼特关于垄断具有暂时性的观点是错误的，但他认为潜在竞争是企业研发的重要激励因素这个看法是正确的。在位企业为了维持其垄断地位，必须进行充分的研发，使其他任何企业都认为不值得进入。

但是，上述结论的基本假设[①]是，研发竞争不是连续性的，也就是说，不是随时间而进行一系列决策，而是为加速研发制定的一个一劳永逸的决策。一旦我们使用更现实的假设，即研发进度可以修改，甚至上述的潜在竞争迫使企业进行"更快"研发这个结论也值得怀疑了。在位企业能够在研发项目上居于领先地位，从而可以采取措施保证这项研发以（较慢的）垄断速度进行。潜在进入者知道，如果自己加入竞赛，研发速度将会加快（这不仅造成一种威胁，而且这种威胁看起来是可信的）。给定垄断者的领先地位，垄断者将是研发竞赛的赢家。既然潜在进入企业知道这一点，它们就决定不进入，所以，潜在竞争在激励研发方面可能只有有限的作用。[②]

这个结论同样适用于"干中学"导致的技术进步。[③] 正如我们已经知道的，"干中学"意味着一种成本递减，它在自然垄断情况下很常见，这给大规模生产的企业提供了一种优势。确实，如果存在百分之百的溢出效应，大规模企业将没有任何优势，因为其他所有企业均分享了相等的学习效应。但只要不是百分之百的溢出效应，市场均衡将具有不完全竞争的特征，主导企业会获得利润。既然主导企业具有较低的成本，即使在竞争程度较弱的（事后）古诺式竞争条件下[④]，它也能够削弱任何（实际或潜在）竞争对手的竞争能力。一家企业即使只具有较小的竞争优势（初始的产量仅仅略微多于竞争对手），也可能最终支配市场，因

---

① 正如 Dasgupta and Stiglitz（1980）的脚注中所指出的。

② 参见 Stiglitz（1987g）、Harris and Vickers（1987）。

③ 参见 Dasgupta and Stiglitz（1988b）。

④ 这种分析与 Stiglitz（1987g）的分析一样，有点令人惊讶的是，事后竞争越强，事前的（潜在）竞争越弱。即使目前可以观察到较高的利润，企业也不进入，因为它们相信，给定事后的激烈竞争，那些利润将很快消失。

为较大的产量赋予企业进一步的成本优势。[①]

## 第五种观点：更复杂的情况

在前面部分我给出的观点是，市场经济中将存在研发投资不足。以下三方面的进一步考虑，尽管总体上可能强化研发投资不足的结论，但也使得分析更加复杂。

### 溢　出

首先，我忽视了与研发相关的强大溢出效应，即使在相当严格的专利体系下，企业也只能获得自身发明的社会收益的一部分。一项创新可能给其他人带来某些创意想法，这种创意想法的价值可以看作这项创新的边际收益的一部分。不过，这种创意想法的收益不能被正式占有，似乎正是这种溢出效应——正外部性——使得研发投资不足。

### 寻　租

另一方面，有些研发只不过是为了攫取其他企业的租金，这在制药行业相当普遍。一家药品企业花费可观的支出"围绕"专利去搞发明，也就是发明一种与已有药品很接近但没有被这种药品专利覆盖的新药。这个例子说明，研发投资有时可能会浪费社会资源。

### 产品市场竞争的性质

众所周知，当竞争受到限制时，可能通过多种形式表现出来。

决定研发支出私人收益和社会收益关系的第三个决定因素是创新发生之后的产品市场竞争性质。假定竞争在寻求成本节约的企业之间进行，并且假定竞争属于产品市场的伯特兰竞争。那么，如果一家企业成功开发出低成本技术，其收益就是该企业生产成本与次高成本企业生产成本（乘以生产规模）之间的差异，这也是该项发明的社会收益。

通常竞争情况下的创新水平可能不同于有政府对研发进行资金支持的竞争条件下的水平，因为生产规模不同。如果政府能征收一次性总量税，价格确定为等于生产的边际成本，这个成本低于伯特兰竞争下的水平，而伯特兰竞争下的价格等于次低的生产成本。相应地，市场上的创新将少于最优条件（一次性总量税）下的创新。[②]

---

① 确实，如果企业具有完美预期，决定当前生产决策的相关边际成本就是其长期边际成本，所以，即使目前生产的边际成本具有微小差异，也能导致目前产量水平的较大差异。

② 参见 Sah and Stiglitz（1987）。

### 政府补救

上述情况的规范含义很明白：在存在创新时，市场过程不能自动保证激烈的竞争和快速的研发。在自然垄断的公用事业部门，限制垄断行为的政府规制的效果是值得怀疑的，同样，对于自然垄断引起的技术进步问题，能否通过直接规制力量加以解决就更值得怀疑。但这并不意味着某些政策——针对滥用垄断势力的反托拉斯政策——可能在静态意义上增强福利，甚至在促进创新方面也能发挥作用。这些领域需要进一步的研究：长期以来，标准范式一直忽视技术进步，它仅仅在近期才受到研究者的重视。

# 阿罗-德布鲁模型不能包含创新的其他理由[①]

在本章的已有讨论中，我聚焦于这些问题：首先，技术进步必然带来非凸性，它或者来自"干中学"，或者来自与研发支出相联系的、导致竞争缺乏的固定沉没成本；其次，企业获得研发投资收益的竞争一定是不完全的。阿罗-德布鲁模型在其他方面也与应该模型化的实际情况存在根本不一致性，这种实际情况包含信息以及技术进步。

### 知识生产与其他物品生产的差异

知识生产在几个重要方面不同于普通物品的生产，记住这一点对我们很重要。因为经常有一种倾向，那就是抹杀两者的差异，认为我们同样可以写出一种知识生产函数，就像通常的投入生产产出的关系，从而我们能够像对待其他任何物品一样对待知识的生产。正如阿罗和德布鲁通过给相关变量添加下标或上标，将静态的竞争分析框架扩展到包含时间、区位和风险等因素。生产函数的使用者有时似乎也有同样的思路，认为该框架能够被进一步扩展以包括技术进步，无论技术进步是来自"干中学"还是来自研发资源的配置。相关证据已经证明，试图通过扩展标准新古典框架来涵盖创新问题，比扩展该模型来处理不确定性问题更具有误导性，因为后者的一揽子要求只是存在一套完备的风险市场。

---

① 对这部分提出的问题的更充分讨论，参见 Stiglitz（1987b）。

除了由非凸性引起的问题之外，下面我将讨论几个其他主要难题[①]：（1）缺乏一套完备市场体系在本质上的必然性；（2）缺乏信息市场；（3）由研发活动产出必然存在的非齐次性所导致的问题；（4）知识的公共物品性质。

## 缺乏完备的市场体系

这个问题我在前面的章节中已经讨论过：不可能存在一套完备的市场体系，特别是对于还没有被生产出来的商品，不可能存在竞争性市场，更不用说那些还处在研究和发明阶段的商品。一旦我们考虑创新的重要性，就会认识到，包含在阿罗-德布鲁模型中的价格体系根本不能提供关于竞争市场的适当描述。在前面的章节我曾提到，研发竞争更类似于**现实竞争**，即竞赛，根本不同于阿罗-德布鲁模型价格接受假设下完全竞争这样的纯粹概念。还有其他原因解释了为什么不存在完备市场体系，例如，可能由于信息的原因，或者即使市场存在，但并非像阿罗-德布鲁模型所显示的那类完全竞争市场。

### 缺乏齐次性

从根本上说，知识生产不同于那些能够在竞争市场上销售的传统商品的生产：标准模型要求商品具有齐次性（例如，缺乏齐次性可能导致前面章节讨论过的逆向选择问题），但是在知识生产中，生产的每一条信息都不同于其他信息（否则，它就不是新知识）。

### 不对称信息与市场存在

确实，知识市场属于一种极其特殊的市场，其中买卖双方具有不对称信息，这种市场上的行为，在性质上不同于具有对称信息的市场。卖方对自己准备出售的知识商品（信息）很了解（虽然有时候买方也可能会更好地了解信息的用途），很显然，买方对于卖方准备出售的任何信息并不了解，否则他不会购买。既然购买之前买方得不到信息的内容，他就不知道卖方所出售的知识是什么；而卖方如果精确地告诉了所出售知识的内容，买方也就不需要付钱购买了，因为买方已经得到了他想购买的东西，并且可以宣称：（1）他实际上知道这种知识；（2）一旦他知道了卖方所出售的知识的内容，也就没有购买的必要了。可见，适合齐

---

[①] Radner and Stiglitz（1984）显示，存在与信息**数量**相关的重要非凸性，人们从来不会为了获得一点点信息而支付，或者换一种说法，就是"如果无知不是极乐，至少也是一种局部最优"。

次产品的标准竞争市场的运转方式，不能使信息或技术市场运转。

这显然是一种极端的情况：信息市场尽管不完全，但确实存在。实际上，卖方对自己准备出售的知识，只会告诉买方某些指标，而不会提供所有的细节。在声誉机制起作用或重复销售的市场上，也能避免某些困难。但是，正如我上面所指出的，基于声誉机制运转的市场也显著区别于标准竞争市场，特别是区别于阿罗-德布鲁模型或市场社会主义模型所描述的那类市场。①

## 作为一种公共物品的知识

知识与传统商品还有其他方面的区别。这既可能导致知识市场难以存在，又可能使得即使知识市场存在，它也显著区别于传统的商品市场。也许知识（信息）与传统商品最重要的区别在于（全部）收益占有的困难，以及缺乏提供的意愿。在某种意义上，通常情况下的信息，特别是技术进步，均属于公共物品。

### 占有性（排他性）问题

在某种程度上，信息和技术进步都具有纯公共物品的性质：首先，通常**不可能**排除其他人分享好处，所以，任何人也不可能完全占有这种好处（非排他性特征）。通过专利形式的政府干预，使得**某种**程度的收益占有成为可能。人们很早就认识到知识收益在排他方面和占有方面的上述困难。宪法的起草者们考虑到了这一点，所以美国宪法中包含了专利权的条款，特别是对创新给予激励，而在缺乏知识产权的情况下，创新将受到极大的削弱。

正如我已经指出的，专利授予的产权与研究者贡献的**增量**价值并不相符，这种贡献可能与他或她的努力结果更相关，正是因为这种努力，使得创新更早发生。不仅如此，他们几乎从来没有甚至也不可能获得与知识生产相联系的全部社会收益。在某些情况下，一家企业成功生产某种商品的事实会传递极其有价值的信息：企业正在生产的东西确实能够被生产出来。例如，关于合成纤维能够更经济地进行生产的知识，对于预期研究合成纤维可能带来的回报具有重要影响。更一般地说，创新总是具有相应的溢出效应，包括部门内部的溢出和对其他部门的溢出。

---

① 在某些非常简单的模型中，人们能够设计针对激励相容合同的清晰解决方案：如果在没有创新条件下买方会得到多少利润这一点属于共同知识，卖方就能提供一种合同，来保证提供的收益超过那个利润水平，买方就没有任何损失。

不仅收益不能被完全占有，而且占有收益的成本也可能很高，正如伊利·惠特尼（Eli Whitney）发明轧棉机的例子所示，轧棉机也许是那个时代最重要的发明之一，惠特尼通过百般努力才保有了专利权，但是法律成本——那时比现在低得多——最后也几乎耗尽了他所有的收益。

### 非竞争性消费

发明具有公共物品的第二个性质，有时被称为"消费的非竞争性"，也就是说，排除他人使用是不值得的，因为其他人享用发明的边际成本为零。知识具有消费非竞争性这个事实，甚至在纯公共物品这个概念正式形成之前，人们就认识到了。在写于 200 年前的文章中，托马斯·杰斐逊（Thomas Jefferson）就将知识比作蜡烛，即使点燃了其他蜡烛，也不会减弱自身的火焰。

# 市场社会主义与创新

在前面的部分，我不仅解释了阿罗-德布鲁模型为什么没有包括内生技术进步，也解释了为什么这个框架不能加以修改（至少不改变模型的基本精神）以容纳内生技术进步。我描述了市场经济中对创新提供的激励，解释了为什么那些激励通常是不完全的，为什么结果导致有人推定研发支出的规模过小。我还解释了为什么经济中研发活动重要的部门，其产品市场的竞争可能是不完全的。

乍一看，所有这些问题似乎都加强了市场社会主义的论据。像其他形式的投资一样，创新将直接由政府控制，从而政府能够纠正这些明显的市场失灵。不过，正如我在前面所指出的，除了一些特定的领域，市场社会主义经济在创新方面的失败，说明市场社会主义者在"解决"这些市场失灵问题方面存在根本性问题。

并不是说政府不能组织和指导研发，苏联政府在军事研究的特定领域的成功确实意味着这是可行的。确实，在西方国家，也有许多由政府组织的成功研究项目，从农业研究项目到空间研究项目（农业研究项目不仅在美国，而且在全世界，极大地提高了该部门的生产率），从研究原子弹的曼哈顿计划到最近研究智能炸弹的军事项目，其中最重要的进展均是在政府实验室或政府资助的实验室里完成的。

政府组织研发不成功的原因在于，其缺乏市场信号去引导创新研究者开发那些降低成本和有利于提高生活质量的项目。当有明确的社会目标时，如在短期内开发出原子弹，资源能够被有效地引导和配置。但更困难的任务是，要想出一个好创意，并且同样重要的是，要对这种创意进行评估，这些似乎超出了政府的能力范围。

部分原因无疑与官僚机构的激励有关：当一个政府机构评估空中客车项目或推荐超音速运输机项目时，并不是花政府官员自己的钱。这些项目期限很长，且有许多影响其成功的不确定因素，所以，如果推荐的项目出现失误，没有办法惩罚相关责任人（如果决策成功，也不会奖励相关责任人）。可以肯定的是，同样的问题也会出现在大型公司中，因为管理者对公司并没有很大的所有权利害关系。然而，与公司未来密切相关的方面会改变项目的评估方式：当每个人通过税收为一个项目提供资金时，似乎没有人承担相应的成本，即使面对巨额的亏损可能，也会隐约出现显著的"外部性"和"溢出效应"，这种情况可能对特定利益集团有作用，它们会极力辩称由于外部性和溢出效应的原因导致亏损。在项目由企业承担的情况下，这些特殊利益集团从来不会坐在谈判桌前：因为这时它们关心的只是直接的利润。

此外，还存在一项根本性的谬误，那就是市场社会主义提出的投资决策（包括研发投资）与生产决策的二分法。市场社会主义是以价格体系提供信息或沟通的经济体系为前提的，包括消费者与生产者之间以及生产者之间的**所有**信息，都是通过价格体系实现沟通。但是，在技术进步条件下，并非如此！为了了解客户可能喜欢什么样的产品，企业必须接触客户，无论这些客户是其他生产者还是最终消费者。哈耶克对中央计划的批评在这里也许很贴切：所有相关信息均通过中央计划机构来沟通是根本不可能的。除了某种形式的分权化，以及比市场社会主义设想的更为根本的分权化之外，实在没有其他更好的选择。

这就向我们提出了更广泛的分权化问题，即在多大程度上，新古典竞争模型精确反映了分权化的长处和局限性，这是下一章的主题。

# 第 *9* 章  集权化、分权化、市场与市场社会主义

市场经济是分权化的：生产决策发生在大量企业之间，消费决策则由成千上万的家庭做出。生产者没有必要知道所有消费者的偏好，消费者也不需要知道所有企业的生产可能性。这是市场经济最大的优势之一。

与竞争的概念一样，分权化概念也有多种含义，只有某些方面恰当地反映在标准新古典模型中。市场经济是分权的，但是阿罗-德布鲁模型并没有完全把握分权化的性质以及来自它的优势。再次回到我的主题：如果标准模型正确地反映了分权化的性质和优势，那么市场社会主义就提供了分权的一种可行方式，它能获得基于市场的分权化的所有好处。

在本章中我将解释传统概念的局限性，提出一种研究分权化性质和优势的更宽广视角。

## 阿罗-德布鲁模型中和市场社会主义下的分权化：一种可能有效的计算机程序法

市场社会主义试图获得市场经济的某些长处。中央计划者不需要掌握有关偏好和技术的所有信息，中央计划者、企业和家庭之间的沟通通过价格机制实现，消息发送相当简单：给定价格，需求量和供给量对它做出反应。

正如我在第 1 章中所指出的，在上述意义上，分权化只有很有限的

含义：它基本上是一种（可能的）计算经济均衡的有效程序。如果这就是分权化的重要优势，市场社会主义确实包含这种优势，至少在决定目前产量水平上是如此。

福利经济学基本定理为这种分权化信念提供了潜在的理论基础。它们的观点是，使用价格机制的分权化市场经济不仅有效率，而且每一种帕累托有效配置都能使用价格机制达到（通过适当的一次性再分配）。我在第 4 章基于不完全信息的情况，质疑了这些结论的可靠性和一般性。例如，我指出，无论何时，只要信息不完全、市场不完备，个人（或企业）的行动就将产生外部性，从而限制经济体系能够实现的有效分权化的程度。实际上，外部性不仅普遍存在，而且它们不能简单地被政府干预纠正。并且，我指出，如果在一种经济体系中，信息是不完全且可能是变化的，那么，分权化要求的凸性这个关键数学假设，在经济体系中通常就得不到满足。

阿罗-德布鲁模型包含下述含义：（1）存在的某些决策转移是值得的；（2）进行决策的个人只有有限的信息。尽管该模型假定人们具有处理和传递信息的无限能力，但它认为人们实际上只有有限的信息需要传递（信息通过价格体系传递）。

在本章中，我认为，对于分权化而言，还有更多的问题需要讨论：尽管分权化的局限性不少，但分权化的长处更多。确实，我曾在第 4 章中认为，格林沃德-斯蒂格利茨定理①可以被看作基本的非分权化定理。尽管如此，我还是相信分权化是基础性的。确切地说，我的分析从与标准模型相对的角度开始。标准模型认为，因为对信息的要求很有限，所以分权化是可能的。而我在这里发展的观点是，分权化是由个人或企业在处理和传递信息过程中的有限能力驱动的。

# 分权化的含义

流行的集权化和分权化讨论涉及更广泛的含义。分权化反映了决策制定权从一个组织的核心层向其次级单位的下放（以及从次级单位向更次级单位的下放）。

---

① 正如我在第 6 章中所指出的，投资基金不会将资金简单配置给那些承诺利率最高的企业。

两个重要问题需要提出来：第一，一个组织是集权化还是分权化，并不是非白即黑的问题，总是存在某种程度的分权化，没有哪个组织能够将所有决策都集中在最高层，只是不同情况下的分权化程度可能略有差异。因此，一个组织可能在资金决策方面集权化，而在市场营销决策方面分权化。

如果将市场经济看作一种组织，我们发现它是一种混合物：它包含许多貌似独立的次级单位（企业），这些独立单位对自己的决策都具有相当大的控制能力。在这个意义上，市场经济是分权化的。但是，大多数企业甚至是绝大多数企业，都具有高度的集中化程度。

第二，任何特定决策在多大程度上是分权化的，可能并不清楚。次级单位可能被授权进行特定的决策，但高层机构可能始终提供参考意见，或者可能保留一些干预权。尽管谁拍板"签署"最终决策可能很清楚，但哪些人参与了——或者如何理解参与——决策通常是模糊的，我们可以把所有组织机构中均存在的这种相当普遍的情况称为**合作治理**。与关注这一可能是最通常的情况不同，很多讨论倾向于集中在决策权被模糊分配的两种极端情况：要么是高层保留了做出决策的权力，要么是将决策权下放给次级单位。在随后的讨论中，我们侧重于通常的情况，但强调了它的局限性。

我们再次注意到，市场社会主义的问题与主导型经济范式的失败密切相关。正如我已经说过的，在两种情况下，分权化的含义均特别狭隘，即单家企业在价格指引下进行"生产"决策的能力，以及单个家庭在价格指引下进行"消费"决策的能力。事实上，这两类决策的制定（如我上面所述）相对简单，因此，分权化一般不是特别核心的问题。

一开始应该很明显，标准模型（和基于该模型的市场社会主义）未能解决分权的核心问题：几乎没有企业会在企业内部广泛使用价格机制配置资源。我已经提到，企业内的许多、也许是大多数决策，都是以集权方式做出的。正如科斯所强调的，标准理论没有解决企业边界问题，我认为标准理论也没有解决集权与分权的相对优点。科斯的理论强调交易费用在决定企业边界方面的重要性，但是企业边界问题与集权化或分权化问题并不是密切相关的，企业也能（有些企业实际这么做了）以不同程度的分权方式组织内部的业务。在决定以集权还是分权方式进行决策时，交易费用无疑会发挥作用，但是正如我们很快将看到的，集权化决策与交易费用的关系更密切。

本章的分析试图识别集权化和分权化各自的优劣，所以，本章的中心议题简单明了：当集权化机构收集、处理和传递信息的能力不受限制时，外部性的普遍存在为集权化提供了强有力的论据。但是，任何集权化机构收集、处理和传递信息的能力都会受到限制，这些限制正是讨论分权化的基础。

本章分为六个部分。第一部分试图将不完全信息条件下，分权化决策制定中导致更好决策的意义和条件形式化。第二部分考虑分权化的几个其他方面优势。第三部分简要考察另一方面，即集权化的优势。第四部分则强调一个貌似悖论的情况，即一般情况下，决策制定的集权化优于分权化，我将揭示"集权化悖论"的基础性谬误。第五部分提出以下问题：为什么经济面对危机的时候，人们通常会背弃对分权化的信任，诉诸更加直接的控制方式？第六部分考虑分权化的非经济理由，以及几个更宽泛的社会含义。

# 人类易错性与经济组织结构

在过去五年里，拉吉·萨赫和斯蒂格利茨（Raaj Sah and Stiglitz，1985a，1985b，1986，1987，1988a，1988b，1991；Sah，1991；Stiglitz，1989d，1989e，1991a）已经研究了不同形式组织设计带来的后果，这些组织设计是为了保证组织决策的质量。我们的分析基于三个观察。

（1）个人收集、利用和处理信息的能力是有限的。

（2）信息的传递有噪声且不完全。我不能使用现代计算机的语言将我脑子里的全部信息传递给你，即使我尝试这么做，你接收到的也不完全吻合我大脑中的信息。实际上，在这个讲座中，我只能将自己大脑中信息的粗略线索提供给你。你可能会发现确实如此，因为你可能会问自己："他拥有的信息是否肯定比他所能成功传递的更多？"答案是肯定的。当然，我是否成功传递了信息是另一个问题。

（3）因此，人们时常犯错误是合理现象。正如一句古语所云："人非圣贤，孰能无过"。随着年龄的增长，我越来越意识到具有以下这种认识的重要性：至少在其他方面，人类容易犯错误。

决策制定的不同组织方式，也就是加总组织中每个成员不同、有误信息的不同方式。我们的研究特别比较了科层制组织和多中心组织。在科层制组织中，项目决策需要层层审批（在我们的模型中，是一个项目的采用），而在多中心组织中，项目决策可能由每个个体（次级组织）

进行。图 9.1 系统描绘了这两种组织形式。我们从以下三个方面对这两种组织形式进行比较：决策制定成本、错误项目（期望值为负）被采纳的可能性、正确项目（期望值为正）被拒绝的可能性。两种组织形式在这三个方面均存在差异。

存在这种差异很容易理解。假定一个项目需要通过两次审批，错误项目被批准的概率就会降低，但同时正确项目被错误拒绝的概率也会提高。当一种错误的概率降低时，另一种错误的概率就可能提高，因此，两次审批的成本很明显更高。

这种差异也反映在支持分权化的一个流行观点上：它涉及给予个人或项目的第二次机会。如果数理经济学领域只有一本期刊，一篇论文没有被递送到编辑手中，事情也就到此结束，不可能有**独立的**第二次机会。如果有几本期刊，一篇论文即使被某本期刊拒绝，也还有其他的独立机会。

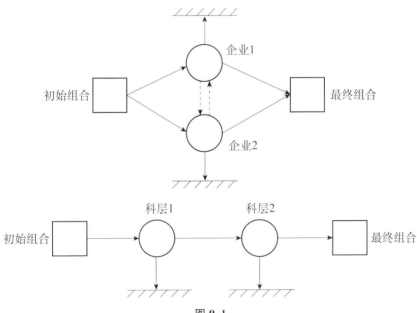

**图 9.1**

本图代表两种不同的组织结构：多中心组织（上图）和科层制组织。每一类组织都要实施给定的一组项目（称为"初始组合"）。在多中心组织中，企业 1 首先筛选一组项目，如果它审批通过一个项目，该项目将被实施（成为"最终组合的一部分"）。如果它拒绝一个项目，该项目退回初始组合，由企业 2 进行筛选。如果它审批通过，该项目也将被实施。换句话说，一个项目得到任一家企业的审批通过，均会被实施。在科层制组织中，低级单位（科层 1）首先在初始组合中筛选项目，如果它审批通过一个项目，该项目送达上一级单位科层 2，如果该单位也审批通过，项目将被实施（即成为最终组合的一部分）。换句话说，在科层制下，当且仅当一个项目得到两个单位的审批通过，才会被实施。

在出错概率（一个正确项目被当作错误项目，或者相反）给定且独立于组织形式的情况下，这种结果可能是显而易见的。但是，对于接受或拒绝的标准是内生的并对决策制定者所面对的环境做出响应的情况，也同样适用。与决策者知道他（或她）是唯一的决策者相比，知道一项决策判断会有另外的检查时，可能会导致较低的接受标准。

科层制的决策制定（任何决策均涉及多个决策者，并且决策过程是在层级中逐级进行的）会有更高成本（因为涉及更多决策者）和时间拖延，后者可以通过成立委员会来解决——当然要以更高的成本为代价。如果一个委员会由两个人组成，并且项目要求全体一致同意，那么它类似于科层制的情况，因为科层制下的项目必须在两个层次均获得通过。但是，也有不同之处，科层制下第二层级审批通过的项目只能是第一层级通过的，而不是全部可能项目之中的。

更一般地说，一个包含 N 个人的科层，如果一个项目需要所有人通过，就等同于一个 N 人委员会，因为一个项目需要所有人通过。不过，有两点不同：第一，由于在层级制中，一个项目必须在不同层级机构中逐级通过，决策时间可能较长。第二，在包括 N 个人的委员会中，每个人都必须获得必要的信息，才能对项目是否可取形成意见；而在科层制中，当项目在任何一个层级被拒绝时，就无须再花费资源来审查项目。同样，由 N 个个人组成的多中心组织，也类似于一个 N 人委员会，因为对于项目的实施，都只需要每个个人投票赞成即可。这里同样存在一种筛选项目需要耗费资源和时间拖延之间的权衡取舍。如果我们将多中心组织和科层制组织作为委员会决策的两个极端情况，很显然有许多中间情形，例如，在一个 N 人委员会中，一个项目如果有 k 个人或多于 k 个人赞成就可以实施。也存在多中心组织与科层制组织的某种混合的情况。例如，一个多中心组织中每个中心自身可以是一个层级制组织。

我曾经说过，这些不同组织形式的运转存在明显的差别。要确定在某种环境中，哪一种组织形式运行得更好，是一个极其复杂的任务。萨赫（Sah）和我对此问题进行研究时，我们有一种偏向性观点，即在一个广泛多样性的合理条件下，多中心组织结构优于科层制结构，但这种偏向性观点并没有得到数学证明。不过，经过进一步研究，我们欣喜地发现，存在这样的情况：我们在市场经济中实际观察到的并非纯粹的分权化，而是集权与分权的某种混合，即科层制企业呈现为"多中心科层"（我发明的词）的相互作用，数学能够证明的是这种混合的效率性

（这并不是说我们看到的**明显的**混合就是"最优的"）。

我们的分析有一个中心结论，就是认为，对于大型组织，这种混合型结构通常优于任何一种极端的组织形式。例如，每个中心自身是一个科层制结构的多中心科层形式就是如此。[①]

这里与市场社会主义模型相关的问题并非模型的错误，而是在于它没有强调这个中心议题：生产和决策制定如何进行组织。在企业边界内，生产按照科层制结构进行组织，只能有限地利用价格机制，而市场社会主义经济从来没有强调过企业边界应该在何处的问题。

### 自我持续的组织

关于项目决策的集权化和分权化争论，甚至更大程度上扩展到关于项目选择者的决策制定的讨论。这里存在一种强化效应：如果决策者在选择继承人问题上存在决策失误，那么，不仅涉及该继承人在位时对组织绩效的不利影响，而且这些不合格的继承者很有可能再任命无能的继任者接替自己，从而这种无能的情况可能会自我持续。

# 支持分权化的其他观点

下面我转而讨论支持分权化的其他几种观点。

### 风险多样化

决策制定的更加分权化可以降低组织系统总体质量的不稳定性。例如，上述分析发现，如果赋予顶层管理者更大权力，就是赋予其指定继任者（既包括高层继任者，也包括基层继任者）更大权力，并且管理者是称职的，在这种情况下，继任者组织的平均期望能力可能会更高。同理，如果关键决策岗位上的人不称职，继任者组织的平均期望能力可能会更低。更大的分权化意味着一种形式的风险分散。[②]

实践中我们发现，强势领导带来较大的破坏，偶尔也带来好处。这

---

[①] 这个结果背后的直觉很简单：科层数越多，通过所有必要审批的项目将越少，在某种意义上，相对于其他类型的错误（接受不恰当的项目），会导致太多的一类错误（拒绝恰当的项目）。如果将一个科层制组织一分为二，构建一个包含两个科层的多中心组织，会导致两类错误趋向于平衡。

[②] 参见 Sah and Stiglitz（1991）。

种损失大于收益的结果可能并非偶然，这里有一个一般性原则，即领导者行动似乎不会止步于净结果为正的临界点。[①] 这也解释了下述事实：强势领导者管理的企业，其价值随着他们的退休而提高。

## 竞 争

分权化的另一方面就是竞争：在前面的章节中，我讨论了来自竞争的显著利益。但是，在竞争场合，一定有至少两个单位从事相同的活动。在前面的讨论中，我强调竞争在提供适当激励方面的重要性，特别是在关于任务难度的信息可能不容易获得或者无法获得的情况下，更是如此。竞争也提供一种**选择**的基础，决定在执行一项特定任务时，谁具有比较优势。

在传统的阿罗-德布鲁范式中，或者在以其为基础的市场社会主义模型中，竞争（和分权化）的这些功能并没有被认识到，更不用说受到特别强调了。

## 局部信息

在前面的章节中我强调，经济体系中的信息问题比标准模型所展示的要复杂得多，标准模型仅仅集中于稀缺性问题。例如，我强调产品空间的丰富维度：企业不仅必须知道生产多少产品，而且需要知道何时、向何处交付产品。并且，任何一种产品均可以用大量特征来描述，生产者必须使产品符合使用者或消费者的偏好，这些信息不是由价格传递的（尽管在原则上，如果对所有商品均有完备的市场体系，这是有可能的，但是，正如我们在第 5 章中所看到的，有充分理由表明这是不可能的）。一个中央计划当局没有办法收集、处理和传递这类信息。

## 实 验

支持分权化的第四种观点是它更有利于实验。每一个分权化单位均可能进行随机试验，所有这些随机试验的结果均提供有价值的信息，成功的结果会被模仿，失败的结果可能会产生重要的经验教训。

---

① 选择理论的最近发展指出，由于存在较高的沉没性转型成本，这可能不像看起来的那样不合理。参见 Dixit（1992）。

# 集权化的优势

通常宣称集权化在两个重要方面具有巨大优势：协调和内在化外部性。

## 协　调

据称价格体系的一个巨大优势，就是能够协调企业的生产决策和家庭的消费决策。但是，正如我早已指出的，经济体系面临的一系列信息问题，比标准阿罗-德布鲁模型涉及的内容要复杂得多。阿罗-德布鲁模型并非回答与经济体系收集和分配新信息相关的经济效率问题，例如，经济环境变化的新信息。至少对于某些高度理想化的模型（我们已经构建的最简单模型，即纯粹价格模型）而言，它并不能满足"限制性帕累托效率"这个严格标准。

实践中，当企业将团队成员集中在一起设计新产品时，尽管明显存在相关的需要支付成本的信息，但它并不使用价格机制，因此，人们需要的这类协调并**不能**通过价格机制实现。

## 内在化外部性

外部性是一种重要的经典市场失灵情形。外部性问题的一种标准解决方法是外部性的"内在化"，就是构建一个大型组织使其能够考虑到各种活动的**所有**效应。

实际上，内在化并非唯一的解决办法：有时可能在一个分权化框架中解决外部性问题，例如，使用庇古的矫正税或者科斯的谈判方式。但是，每一种方式都存在相应的问题。在存在非凸性时，庇古税不能获得有效率的结果，而在存在外部性的场合，非凸性非常普遍（Starrett，1972），或者更一般地说，在存在道德风险问题时，非凸性非常普遍。[①]科斯断言，如果产权得到适当界定，相互导致外部性的各方就能够找到一种有效的解决方法。我们现在知道，在信息不完全条件下，例如，在相关各方受外部性影响程度的信息不完全时，科斯的断言就不正确。而

---

[①]　例如，Arnott and Stiglitz（1990）显示，在存在道德风险的情况下，限制一种保险税的范围可能纠正"过度保险"问题（任何个人的保险购买均不具有可观察性）。

外部性在大群体情况下，可能尤其重要（例如，参见 Farrell，1988）。

　　然而，在分权化解决方法不起作用时，有证据表明内在化方法（集权化）同样不起作用：东欧国家的污染问题属于世界范围内的最严重之列，在美国，最主要的污染来源也是公共实体。只要使用我们的信息理论范式稍微思考一下，就可以明白为什么这种情况不足为奇：原则上，组织可能有理由"内在化外部性"，即考虑自己行动的所有效应。但是，组织内的决策是由个人做出的，问题在于，如何使组织内的个人按照内在化外部性的要求行事，这就需要设计一种考虑行为所有后果的激励结构，而这是一项极其困难的工作。尽管现代激励理论已经设计出一种结构，原则上可以使任何个人的报酬依赖于整个组织的产出（从而使得个人能够内在化所有的外部性），但这种激励结构实际上从来没有实施过，部分原因在于，这种激励结构可能使任何个人处于极大的风险状态。①

　　在实践中，大多数个人的报酬与整个组织的绩效只有微弱的联系。在一个大型组织中，使用西蒙的术语来说，个人归属于某些次级团体，这时他们并不是单纯追求个人的自我利益，而是追求次级团体的利益（或者，正如他们所说，从次级组织角度来看的组织利益）。营销部门认为自己需要更多的资源，研发部门也这样认为。确实，每个部门证明自己对资源需求的主张时，也会考虑其他部门的利益，但是，没有证据表明它们会充分地整合所有结果。这是几年前我在美国电话电报公司贝尔实验室做顾问时的深刻印象和想法。该实验室中的经济学研究组除了进行一流的基础研究之外，还有给公司总部提供重要咨询的任务。但是从贝尔实验室管理者的角度看，咨询任务属于一种外部性，而实验室管理者在做出是否解散实验室的决策时，他们不需要考虑这种外部性。

　　军队提供了有关次级团体追求自己的自我利益而损害总体组织利益的有趣例子。军队的不同兵种——陆军、海军和空军——都是从自己的角度看待防卫问题，每个兵种均很少考虑自身行动可能给其他兵种带来何种利益，即使在战时也是如此。

　　当然，如果很容易设计激励方案来使每个参与者均能内在化外部性，分权化将是可行的。我们这里似乎有一个悖论：集权化仅仅为了解决分权化有效运作时不能解决的那些问题。现在我考察这个悖论的另一方面，并提供一个不完全的解决方法。

---

　　① 这种方案通常要求工人支付一笔固定费用，但作为回报，工人得到数额等于组织总产值的报酬。这样，个人的行动就能最大化组织的总产值。

# 基本的集权化悖论

近期关于政府适当作用和分权化适当程度的讨论，似乎在兜圈子。一部分经济学家一直在试图证明这一点：如果适当认识到给定的（相同）一组约束条件（信息和交易费用），政府部门能做的事，私人部门同样能够做好。还存在对另一种观点的争论不休：只要分权化系统能够做的，集权化制度也同样能够做好。正如我们在第 3 章所看到的，虽然前一种观点在特定的学术圈子内比较流行，但很明显是错的。在一般情况下，市场并非限制性帕累托效率的，存在着增进福利的政府干预措施（即使我们极大地限制政府所能做的事项，以及认识到政府面对的信息限制），并且政府确实具有私人部门不具有的效力（强制和处罚）。

## 承诺的重要性

现在让我回到上述对立的观点：只要是在分权制下能够做到的，在集权制下也能做到。这种观点的基础简单明了：原则上，一个集权化体制能够以分权的方式组织自身，因此，它能够获得分权制的好处，但是，集权制当局却可以做更多的事情（我们前面的讨论认为，也可能值得采取更多行动，以便干预外部性和处理协调）。

如果上述观点正确，它意味着不**局限于**市场机制的经济体系将具有一种特有的优势。但是，这种推理中存在一个根本性缺陷：它忽略了承诺的重要性。集权化（非市场）体制在使自己承担义务方面存在困难，例如，在一定条件下，如果中央当局有权进行干预，它就很难约束自己不干预，如果它能够提供补贴，也很难约束自己不去提供。市场体系可以被看作一种基本承诺：例如，由于如果企业不能正常支付相应开支就面临破产，所以，存在一种硬性的预算约束。

确实，这种观点夸大了集权化和分权化的差异。美国政府对克莱斯勒公司、洛克希德公司和储贷协会均进行过紧急救助。不过，不同的博弈规则意味着与干预相关的不同交易费用，这种交易费用就成为一种承诺，而与承诺相关的知识会影响事前和事后的行为：对干预可能性的预期具有真实效应。

从某种意义上说，上述解释是基于所有制的"剩余"控制权分析（Grossman and Hart，1988）。早些时候，我发现大型组织在激励其

"代理人"按组织目标行事时面临的难题，也就是一个企业按自己的目标激励另一家企业时的难题。如果存在一套完全合同，这两个问题可能是等价的，也就是说，依据绩效给自己的代理人制订报酬方案，非常类似于依据绩效给自己的"签约人"制订报酬方案，"雇员代理人"与"签约人"之间的区别非常模糊。（对试图区别征税的税务部门而言，这种微弱区别是很明显的。）合同是不完全的。在资本市场上，股票持有者获得剩余索取权，也就是说，这种收益索取权对于股票持有者而言并不是一种承诺，合同没有必要明确股东获得什么：他们实际得到的东西取决于利润与其他权利人所得之间的差异。一笔资产的所有者获得所有的剩余收益。但是，按照格罗斯曼和哈特的观点，所有权的核心不是剩余索取权，而是剩余控制权，即那些在不同自然状态下处置资产的权利，这些权利并**没有**在合同中明确写明属于所有者。也就是说，如果合同没有写明关于所有者处置资产的具体方式的**约束性规定**，则所有者可以采取任何方式处置资产。

确实，在实践中，在不同环境下，不同个人对于资产拥有不同程度的自由处置权。我估计格罗斯曼和哈特要说的是，所有权是被分享的。这并非通常用法中的"所有权"概念，我们不必受此概念的约束。

因此，当一家企业接管另一家企业时，它就获得了剩余索取权。一旦获得剩余索取权，它就在该企业中具有较大（至少是不同的）利益，这时会发现接管企业难以约束（做出令人可信的承诺）自己不进行干预。考虑这种情况对事前行为的影响，接管企业干预的可能性，远大于其他人认为它不会干预的可能性。

这就是交易成本带来的差异。假定 A、B 两家企业的股东是相同的，无论 A 企业是否收购 B 企业，B 企业股东的剩余索取权都是相同的。既然是相同的股东拥有 A 企业和 B 企业，如果我们天真地说"股东拥有公司"，那么，无论 A 企业是否收购 B 企业，所有权（在某种意义上就是剩余控制权）就是一样的。但是，A 企业是否收购 B 企业会**导致**以下差异：一旦收购，A 企业的管理者就能够更容易干预 B 企业的事务；而在没有收购的情况下，如果 A 企业的管理者认为 B 企业为了股东利益应该做一些改变，他只能直接向股东提出来，并劝说股东去干预 B 企业的管理者，但如果这种迂回方式并没有说动股东，干预的可能性就受到影响（确实应该受到影响）。正是干预成本的变化影响到行为变化，所以，组织形式是重要的。

# 集权化与危机

在现代社会中，在许多情况下，人类行为存在一种反常现象：通常崇尚民主，但遇到危机时又呼吁强有力的领导。战时人们想确定一个总指挥。分权化经济的一个显著特征就是，没有人下命令，但经济却运行得出奇地好。换句话说[①]，正如普遍性观点所认为的，如果你能承受，民主——和多中心制组织——就可以接受。不过，一旦遇到必须快速处理的事情，如遇到战争或一国处于快速发展时期，人们就会呼吁更大程度的集中控制。

可以肯定的是，大多数国家在战争期间都会采用更集权化的控制方式，但并不清楚这是因为集权化在快速决策方面更有效，还是因为人们错误地相信集中控制的有效性。也许是因为在这种情况下，如果知道有人在控制局面，人们可能会产生一种错误的安全感。从这种角度解释紧急状态下人们倾向于集权化控制的心理，更多地是基于弗洛伊德的心理学分析，而不是经济学分析。

从更广泛的意义上说，人们倾向于诉诸集权化控制似乎特别奇怪，因为在其他时候，政府官僚机构通常是拖延和非效率的代名词。为什么正常情况下如此受非议的一种组织形式，突然变得如此具有道德优势？[②]

人们声称价格体系在信息效率方面具有突出优点也是令人费解的。当现实情况变化缓慢时，一个经济体系的信息处理能力不是非常重要，甚至一个低效率的信息处理系统，也可能汇集信息以实现一种有效率的资源配置。在环境急剧变化的时代，我们会对经济体系的信息处理能力提出要求，正是在这种时候，许多社会似乎放弃了价格体系。

实际上，在危机时期，对使用市场的传统怀疑态度是有一定道理的。[③] 这种观点是基于以下观察，即时间这种稀缺商品，在组织内往往

---

① 以下段落主要来自我的 NOG 讲座，维也纳，1988 年 9 月 29 日，最初投给美国经济学会的年会，随后作为 Stiglitz（1989d）发表。

② 确实，在一个世纪之前，官僚机构并非问题的焦点［参见韦伯（Weber）的讨论］，它们被认为代表着对精英政治的权力下放，是对贵族政治的改进，对那些不太信任市场机制的人来说，也代表着商业阶级的进步。

③ 在我的 NOG 讲座（1989d）中，我对这种观点进行了更广泛的讨论。

没有得到较好配置，因为在组织内，用于配置稀缺资源的价格根本不适用于时间配置，但这并不意味着不存在时间的隐性价格：我发现，哲学系开会的时间明显长于经济系，尽管可能是因为需要解决的问题难度有所不同，但我还是认为参加会议的时间价值是更有说服力的解释。（我曾经向我的系主任建议，对于大学里各委员会或各系的主任，不仅要有财务约束，也要有时间约束。主席或主任可以召集会议，但他的时间需由教员负责。我也建议在会议室墙上挂一只闹钟，以美元为时间单位，而不是以分钟为时间单位，从而每个教员应该权衡，例如，五分钟的演讲是否值所占用的所有教员 1 000 美元的时间价值。不用说，我的建议不会被采纳。）

早先我曾指出过个人目标与组织目标的重要差异。实际上，没有哪个组织具备相应的激励措施，使两类目标完全或近似一致，其中的一个原因就是组织内的时间利用。既然其他人的时间是不标价的资源，自然会出现过多的商讨或管理者会议，这些商讨或会议并非为了有效的决策制定，而是为了"宣示"领导者自己的权力。有几项研究〔例如，Hannaway（1989）〕显示，管理者耗费在会议上的时间是相当多的——平均占管理者三分之二的时间。当然，**某**种程度的商讨是必要的，"三个臭皮匠，顶个诸葛亮"嘛，这恰好符合我们先前观点的一个推论：个人收集和处理信息的能力是有限的。问题在于，参加会议的领导，两位或者四位比一位要好多少？为了改进决策制定的质量，会议成本的提高值得吗？因为市场不能提供适当的方法来评估或协调与决策相关的时间，所以，集中协调就具有优势。例如，在许多决策制定的场合，需要若干人的共同工作。如果想提前获得信息，就需要更高花费，并且没有被利用的信息会快速贬值。决定一个最优决策制定速度是一项难事，制定一项快速决策的额外成本与较早做出决策的价值之间存在一种平衡。不存在这样的假设：市场可以对决策制定速度给出一个"正确的"决策。确实有一些理由相信，未经协调的市场均衡可能体现了过慢的决策制定。当一个人的决策需要其他人的投入，并且对"提前"获得信息没有充分的补偿时，相对于来自"释放"瓶颈带来的利益，人们更担心由于过早收集的信息变得过时而造成的浪费。管理者承受在后一种情况下所需的"重复"信息收集的成本，但在特定"一条"信息属于瓶颈的情况下，组织所享有的利益却非常不尽如人意。在战争时期，分权环境下决策协调的难度会增加（因为有大量的新问题需要解决），而快速制定决策的利益则增加，所以，市场偏差的规模会扩大，相应地，无效率所造成的社会成本会提高。

然而，放弃市场机制也有成本，并且随着时间的推移而上升。几乎所有集权化资源配置体制都会遇到麻烦，并随着时间的推移而不断增加，人们普遍将其归咎于危机条件下人们难以保持持续的"热情"：最初人们愿意做出牺牲，但最终还是自我利益占上风。还有比这更重要的事情：价格体系提供重要信息。在前面的章节中，我曾指出竞争（竞赛）为我们提供了变化环境中不同任务相对难度的信息。更一般地说，市场机制为我们提供有关适当"规范"的信息：一个邮局职员一小时能卖出多少张邮票？即使是危机期间市场机制处于"暂停"状态，以这种方式确定的工作规范也能继续适用。如果市场机制的暂停状态持续一段时间，市场机制施加、非市场机制使用的信息将很快过时。由于能够利用市场正常运转时提供的信息，非市场机制可能运转一段较长时间，但是必须更新这类信息，从而最终市场得以重建。因此，在某些情况下，危机期间放弃市场或许是合理的，但是这么做并非拒绝市场过程，而是认识到市场的不完全性，认识到**短期内**市场机制的某些优势——或者至少是它提供的信息，可以与集权化的优势相结合。

# 超越经济学

虽然迄今为止的集权化或分权化讨论涉及多方面问题，但只是集中于经济考虑和经济动机。不过，集权化和分权化问题超出了标准的经济问题。我打算简要讨论以下问题。

## 参　与

很少有什么问题像组织设计问题或者萨赫和我所称的组织结构问题那样与我们的日常生活如此密切相关。控制我们自身生活的观念、实现自我的能力以及我们的个性意识，可能在很大程度上都取决于我们所处社会的集权化和分权化程度。有些事情导致人类本性的丧失，使个人变成官僚机构的一个齿轮，也有某些东西激发个人成为企业家，他们基于新想法和新视野给市场带来新产品。在任何社会中，决定具有这种或那种经验的不同类型个人的比例的关键是社会组织——这种观点完全超出了阿罗-德布鲁模型或市场社会主义模型的范围。

## 经济后果

在很多情况下，分权化可能对人类生活质量具有深远影响，而且对经济结果也具有直接的反馈效应。前面我提到，阿罗-德布鲁模型完全忽略了管理者所关心的那些动机的微妙方面。在许多情况下，在工作性质上有发言权的工人可能会更努力、更有效率地工作，并且效率会不断提高。在教育上，选择学校的家长更有可能在确保教职员工更有效地尽职方面发挥积极作用，分权决策所提供的选择导致组织更有效的承诺和参与[①]，而不仅仅像标准模型所显示的那样，使学校与消费者的偏好更好地匹配。对学校具有更大自主权的校长和教师都可以成为更有效的教育者，例如，既然可以选择教科书和课程，他们也就更有积极性让教科书和课程发挥作用。

## 集权化、分权化与自由

正是这些政治方面的考虑以及我们对竞争（是第7章描述的广义的竞争概念，而不是基于标准模型的狭义的竞争概念）的重要性的认识均与分权化有关，最终构成了我们对分权化的信念。

无疑，经济分权化、政治民主化和自由之间存在着相互联系，特别重要的是，正是对这种关系的看法为东欧国家提供了激励。尽管看起来是分权化，但市场社会主义中的企业仍然由国家控制和拥有，这种控制使得国家对企业拥有巨大的权力，而这种权力不时会被滥用。

---

[①] 这种观点以及更一般性的关于分权化重要性的观点，得到 Hannaway（1989）的强调，其理由不同于标准经济和信息模型所给出的分析。

# 第 *10* 章　私有化[①]

所有东欧国家在向市场经济转型过程中面对的中心问题，就是目前"公共"拥有和经营的企业的私有化，我特意为"公共"一词打上引号。在不同国家，存在不同的所有权和控制权模式和形式——我将一般性地使用这些术语。尽管**名义**上所有财产可能属于所有人民，但是，"人民"并不直接实施控制，甚至在民主政府下，实际进行决策的人与"代表"他人行使控制权的人之间可能只有非常微弱的联系。在一些国家，控制可能直接来自计划"中心"或者相关产业部门；在另一些国家，一家工厂可能由某家大型"企业"控制，或者更可能被其管理者直接控制。在所有这些情况下，都存在大量影响决策的因素，包括工厂内的工人利益。当工厂的控制体系建立后，更常见的情况是，管理者在名义上代表工人行使控制权，只会有限关注作为资本提供者或"所有者"的国家的"长远"利益，"公共"企业的主旨并非为了公共利益，这也是我在本书后面要讨论的论题。

## 公共生产与公共财政

非常奇怪的是，福利经济学基本定理以及公共部门经济学相关的理论分析，都没有直接针对最近关于政府作用的大部分讨论所聚焦的问

---

① 本章内容主要来自两篇文章：Sappington and Stiglitz（1987b）和 Stiglitz（1991b）。尽管提出了一般性原理问题，但本章大部分内容探讨与转型管理相关的一些特殊问题，略去这些特殊问题不会影响本章内容的连续性。

题：公共生产和私人生产。市场失灵分析源于福利经济学基本定理关于政府干预的观点（通常是诸如政府补贴、征税和政府购买等形式的财政干预），但是，它们从来没有论及以下问题：政府何时应该生产一种特定的产品或服务。确实，以前的标准教科书很少关注、更不用说用整个章节来讨论这个中心议题，直到我的教科书《公共部门经济学》（Economics of the Public Sector，1988b）才进行了详细探讨。通过该教科书以及随后的研究，我试图识别公共生产与私人生产有什么样的区别，明确这种区别会导致什么样的后果。

# 私人生产与社会目标

对于私人生产的标准批评通常从这样的前提出发：私有企业不会追求社会目标。斯密的"看不见的手"猜想试图解释，为什么这种观点通常是不正确的。福利经济学第一定理就是为了更精确地显示，在什么条件下这种批评是正确的，在什么条件下这种批评是错误的。但是，即使在价格未能提供正确信号的条件下，也不存在公共生产的理由：因为在标准（完全信息）经济学假设下，庇古税和政府补贴将会导致合意的社会结果，并不需要公共生产。

# 公共生产与私人生产的相似性

尽管"公共"和"私人"的标签可能给人一种很清晰的经营模式区别，实际上，公有企业与私有企业的日常经营存在许多相似性，两种经营模式都涉及实质性的责任委托问题。既没有国会议员也没有股东（在大公司中，所有权具有广泛的多样性）直接控制一家企业的日常经营活动，即使这家企业原则上是属于他们控制的。相反，企业经营的监控是委托给一个委员会或董事会的，一个首席执行官（CEO）或董事长也被赋予相当大的自由裁量权来影响企业的运营。两种所有权模式通常都有许多其他管理层，当管理者使用自己精确的局部知识进行那些直接影响公司绩效的日常决策时，两种模式下的权限层级结构都将终止。

在前面的章节中，我曾详细讨论了管理者自由裁量权导致的问题：管理者具有相当大的自主权去追求自身的利益而不顾企业所有者的利益。我认为从这方面来看，大型的公众所有企业（菲纳石油公司）、私人所有企业（德士古石油公司）和政府持股占半的企业（英国石油公司）之间的差别极小。

只有"极小"差别这个事实是一柄双刃剑：有人认为国有化利益比提倡者所声称的要小，但也有人认为私有化利益可能小于其提倡者所声称的。例如，东欧国家的上市公司在处理污染的外部性方面不如西方国家的上市公司，美国大多数核电站属于公共部门，军队中的种族歧视和性别歧视（在某种情况下仍然存在）甚至比私人部门更普遍。在担任希腊首相期间，帕潘德里欧（Papandreou）认识到国有企业经常追求管理者和工人的利益甚于追求国家利益，所以，他主张国有企业社会化的必要性，但始终未能找到一种激励机制来实现这种主张。道德说教即使能起作用，也不能持续。

某些更坚定的市场机制拥护者强烈建议推行私有化，但这些一般性理论争论，也包括经验证据，都没有给出推行私有化的令人信服的理由。至少有一个东欧国家已经明确认为经济的私有化并不能令人信服［在1991年3月布拉格的知识产权/国际铁路行业标准（Intellectual Property Rights/International Railway Industry Standard，IPR/IRIS）会议上，捷克斯洛伐克的一位主管私有化工作的部长曾这样表示过］，私有化问题实质上是一个政治问题。

# 科斯定理和私有产权的作用

私有化不能保证好的经济结果，这个结论完全背离了科斯猜想（定理）。该猜想是现代经济学中经常被引用的一个结论，也是我在第1章所介绍的。科斯定理认为，政府必须做的**仅仅**是明晰产权，一旦做到这一点，经济效率自然会实现。按照科斯的这一观点，市场社会主义出现问题的基本原因就是未能明晰产权。如果每个人都通过国家拥有产权，实际上什么也没有，从而人们没有积极性保证资本品的有效使用，也没有人去主动设计有效的激励结构。用通俗的话说就是没有人有积极性"照看铺子"。这意味着市场社会主义废除基本生产资料私有制这样的一个基本优点，也成为它的一个基本缺点，从而也就无望成功改革社会。基于这个观点，东欧国家应该做的首要事情——也几乎是它们需要做的唯一事情——就是私有化。

### 关键错误：忽略信息和交易费用

科斯的错误在于假定没有交易费用和信息费用。[①] 但本书关注的中心内容是普遍存在的信息费用（可以将其看成一种特殊形式的交易费用）。如果在分析经济行为和组织时忽略信息费用，就像谈论莎士比亚戏剧而没有哈姆雷特。在完全信息和无成本信息条件下，将有许多方式达到完全的经济效率，界定产权是其中的方式之一，但集权化控制也是方式之一。在这种条件下，激励问题很容易解决。

科斯的分析并没有告诉我们，在不完全信息条件下，产权界定是否为解决激励问题的关键。

### 为什么产权/所有权可能不像科斯认为的那么重要？

最近的分析表明，所有权/产权的重要性可能超过也可能不如科斯的建议。所有权（明晰的产权）在大型组织中可能不重要，因为大型企业中几乎所有成员都不是所有者。一切都必须面对激励结构，委托-代理问题相应出现，但是，无论所有权是公有还是私有，委托-代理问题的性质差异可能极小。

有人认为，不同的人承担**最终**责任可能会导致差异。私人所有者有积极性竞相设计恰当的激励结构，所以，私有企业可能更有效率。但是，没有理论和经验证据支持这种观点。当然，公共组织运营的经济环境通常不同于典型的私有企业，例如，公共组织经常可以免于竞争，并且具有软预算约束，这些条件将会改变其行为。无论是公共组织还是私有企业，管理者只能获得生产率改进利益的很小部分，这可能意味着两类组织都缺乏积极性去设计恰当的激励结构。但是在任何情况下，设计激励结构所需的"努力"都小于设置一种主要障碍所需的努力。似乎难以想象以下情况：在任何时候，管理者都会仔细考虑是否增加少许努力，去设计一种恰当的激励结构，使组织运转得更好，并仔细权衡他们所付出额外努力将获得的回报。

### 私有化与经济转型

处于转轨中的几个国家已经提出并开始实施股权凭证计划，以实现

---

[①] 也许我应该更精确地说科斯定理的流行解读在这些方面出了错：科斯很仔细地指出，他的结论只有在不存在交易费用和信息费用的条件下才成立。

大量股东拥有企业。早些时候，我曾指出，"每个人"通过国家拥有企业，等于没有人拥有，也许应该更准确地说，在这种情况下，管理者实际上是所有者，因为他们实际控制着企业。如果社会中的每个人收到一张表明他们拥有某企业股份的小纸片，将会有很大的不同吗？可能没有什么不同。这些纸片是否能够交换其他纸片（货币）也不会有什么不同，除非交换的结果导致所有权份额充分集中，使得某些股东能够进行有效的控制。通过发行这些纸片甚至使这些纸片能进行交易的方式来"明晰"产权，不大可能对企业效率产生任何实质性的影响。

处于转轨中的许多国家已经认识到这个问题，并建议将这些企业置于控股公司的控制之下。在本章的后面部分我将讨论这种建议，也建议将企业的大部分股份置于公共实体的控制之下。那些相信明确私人产权是基本问题的人对第二种建议并不乐观，相反，我对第一种建议持保留态度。

## 中国的经验

中国最近的经验提供了最具戏剧性的证据，显示了缺乏清晰产权界定条件下的经济成功。广东省连续十几年（从 1979 年到 1992 年）保持12％以上的年均增长率，人们能够感受到快速的经济增长、生活水平的提高，这种增长速度在历史上也许是史无前例的。增长的中心角色就是公有企业（它们通常与香港、台湾的企业合资经营，尽管后者通常是小股东），大多数公有企业并不是由中央政府或部委所有和经营的"国有"企业，而是由省、市、乡镇或其他地方实体"所有"的企业，但它们均属于公有企业。在这些公有企业中，即使是最小的单位也有上万个职工。

在所有权/产权界定方面甚至比通常建议的更加不明确。许多情况下，存在一种我们在其他地方所称的**合作治理**方式，不同形式的监管可以是垂直型（同一部门的上级主管单位），也可以是水平型（通过其他主管单位）。一家企业通常有几个"股东"——每个都是一个公共组织（地方国有企业或乡镇企业），没有哪个股东拥有多数股权。

传统经济理论（包括科斯的分析）认为这种体系只会导致经济失灵，但实际上却很成功。（这并不意味着该体系是为持续的经济增长而精心设计的，并且还需要采取一些行动使产权更明确。然而，在不明确产权下已经取得成就也是不容忽视的。）这种分析以及前面引用的结果表明，对于这类大型组织而言，产权所起的作用并非像传统理论所断言的那么重要。

## 为什么产权如何分配可能比科斯认为的更重要?

在有些情况下，产权似乎比科斯认为的更加重要。科斯认为，一旦产权被明确界定，不仅总是带来有效率的结果（在相互依赖的情况下），而且这种结果**独立于**产权的分配。第3章中的基本分析显示，这**两个**结论均不具有一般性。在不完全信息条件下，它们可能不成立，而且确实可能不成立。信息成本只是交易费用的一种形式，更一般地说，交易费用意味着控制权的不同分配可能产生不同的结果。

前面我曾指出格罗斯曼和哈特关于剩余控制权分配对企业行为具有决定性影响的观点。分配剩余收入和控制权可以被看作界定产权，这样，我们又一次从不同角度发现（尽管是不同角度，信息问题仍然是分析的基础），产权如何分配可能导致不同的结果。

考虑到合同成本，无论何时，如果拥有物质资产的人必须依赖他人才能使用资产，委托-代理问题必然相伴而生，经济效率可能在两种意义上受到产权分配的影响。第一种意义的影响更多地与效率概念的日常（非经济学家）用法有关，委托-代理问题的"解决方法"通常体现在激励结构上，这种激励结构不能给予代理人完全的激励。例如，在分成制下，承租农户仅仅获得边际收益的一部分。只要存在破产保护的机会，借款者承担的就不是自己决策的全部成本：在面对破产的情况下，他们不会在意项目的收益情况。

第二种意义的影响是基于经济学家的限制性帕累托效率。我们在第3章中看到，在通常情况下，不仅市场达不到限制性帕累托效率，而且它取决于财富分配。产权如何分配决定了委托-代理问题如何出现，所以，对于上述两种意义的任意一种情况，经济体系是否有效率都取决于产权如何分配。考虑到伴随财富分配而来的委托-代理问题（例如，在农业社会，人力资源和物质资源的分配之间存在显著差别），经济体系似乎不可能具有限制性帕累托效率。

这些结果显示，科斯的产权如何分配并无差别这一观点是错误的。科斯认为，如果产权一开始时被错误地分配，将会发生交易，直到产权的持有达到效率状态。但是，这种观点直接假定不存在市场成本——产权交易的转移成本，忽略了物质资本和人力资本所有权之间的差异。

# 私有化的政治争论：弱化国家权力

一些国家加强其治理的基础是对政治和经济领域的垄断，其主要的强制力基础来源于两个方面，一方面对遵从者给予经济奖励，另一方面对违抗者进行经济惩罚。经济权力的分散化是对政治权力的一种重要抑制，这种政治权力的实施经验具有沉痛的教训，正因为如此，分散化可能促进了快速的私有化。

但是，私有化更具有经济方面的重要含义，对这方面的理解会影响到私有化项目的**设计**，包括私有化推进的速度。本章余下的内容分为两个部分：首先讨论许多理论问题——与私有化有关的一般原理，然后讨论东欧国家私有化设计中的更多特定问题。

## 私有化基本定理

几年前，戴维·萨平顿（David Sappington）和我提出了以下问题：政府是否可以通过国有企业私有化实现其想达到的任何目标？该问题的明确结论是，私有化能够充分实现平等和效率这类公共目标的条件是极其有限制性的，它确实非常类似于通过竞争市场实现帕累托效率的条件。

当然，这个问题与委托人试图使代理人（或雇员）采取符合自己意愿的行动并无二致。在某些情况下，委托人可以将工作"出售"给代理人，由代理人去做。但更一般情况下，如果代理人是风险规避型的（委托人不是），或者代理人面对资本约束，这时，委托人（或雇主）"出售"工作必然会有所损失。在这种情况下，存在一种私有化成本，即国家获得的收益小于企业利润的期望贴现值。

此外，即使采取一套复杂的庇古税，国家可能也难以引导私人产业按自己的意图去行动。简单的社会目标（如增加就业）可能容易实现，但诸如风险承担或创新的恰当数量这类更复杂的社会目标可能难以实现，诸如价格歧视（当然，企业可能声称其差异化定价是因为服务于不同顾客群体的成本差异）这类社会不期望的行为，却可能难以禁止。

在我们考察公共生产这类社会选择时，就能从直觉上认识到这些问题。例如，在美国，即使采用精心设计的庇古税或补贴，公共教育的某些社会目标也不能通过私立学校体系来实现，我们怎么能测度学校多大程度上促进了社会一体化或良好公民素质的实现呢？实际上，最近关注公立学校如何对教师提供激励的问题，也同样反映了利用价格（税收或补贴）来鼓励社会期望行为的难度。（对教师的激励是基于学生标准化考试的成绩给予绩效工资，这种制度并不一定是对良好教育的恰当衡量，因为它是促进良好教育、还是仅仅将教师的注意力转移到提高考试成绩上，并无定论。）

正如福利经济学基本定理那样，私有化基本定理有助于明确一个部门与其他部门（公共部门和私人部门）具有**潜在**优势的条件。但是，任何一个定理都没有提供政府部门的适当特征，因此，在福利经济学基本定理给出的条件下，无论政府如何仁慈和有效率，它都不可能比市场做得更好（尽管必须承认，正如我在前面章节中所认为的，市场模型对实际经济的描述并不是特别准确）。既然政府做得不如市场好，也就没有必要为政府行为建模。但是，正如我们所看到的，格林沃德-斯蒂格利茨定理提出了一个相反的假设：它认为政府几乎总是具有**潜在**能力来改善市场的资源配置，政府能否做到这一点，取决于对政府强项和弱项的更仔细的建模。

同样，萨平顿-斯蒂格利茨私有化基本定理认为，一个**理想**的政府在经营一家自有企业时，能够比私有化做得更好。这里再一次让我们更加聚焦于实际的政府行为和实际的市场，而不是理想化的政府和福利经济学基本定理与兰格-勒纳-泰勒定理中的理想化市场。

# 私有化的经济优势

我相信，存在私有化的经济论据：相对于私有企业，政府确实具有一种明显的劣势，但它不是基于通常定义的管理激励方面的差异。

### 强化承诺

私有化的优势来源于政府不能给出确定的承诺，特别是竞争方面的承诺和不给予补贴的承诺。确实，即使存在私有化，政府也不能给出这类承诺。私有企业总是不断地寻求政府帮助，试图减少竞争和获取直接补贴。在不同时期，美国政府曾救助过克莱斯勒和洛克希德这类企业，以及铁路和储贷协会这类产业，政府也曾帮助汽车产业和计算机芯片产业免受国外竞争。因此，私有化并非灵丹妙药，它不能杜绝保护和补贴的发生。

与私有化相伴随的反而是交易费用的增加，用时髦的话说就是企业为获取政府补贴和通过政府减少竞争所发生的费用。

### 强化激励

很明显，私有化能够使软预算约束转变为硬预算约束变得更可信，但这并非私有化的唯一优势。尽管我们的讨论集中于激励的**共同**问题，私人所有权和公共所有权下均存在这种激励问题，但我猜想，这个问题在公共所有权下更糟糕。主要原因是由于激励设计和薪金计划的限制，以及保证工作安全①的公众服务方面的限制，使得公有企业相对于私有企业具有明显的劣势，也由于公有企业中经常存在的无效率，从而组织和个人的激励均受到削弱。

政府面对的基本问题与市场经济基本因素的一个方面密切相关，这方面基本因素也是阿罗-德布鲁模型未能把握的（相应地，对市场与政府之间的差异也未能把握）。我在前面曾强调过不完全信息条件下租金在提供激励方面的作用（在保证声誉机制有效性方面，租金也是重要的），问题在于难以区分两类不同性质的租金：一类租金是提高经济效率的**必要**条件，另一类租金是政治过程中非生产性寻租活动的回报。为了限制后一类租金，政府对可支付的薪金进行约束，不过，这种约束在防止寻租活动的同时，也会影响政府雇用的工作人员的素质以及工作人员努力的激励。

### 选择效应

不仅私有化对硬化预算约束的承诺具有激励效应，而且预算约束也是选择机制的重要部分。选择机制不仅决定了哪些企业可以生存，而且决定了哪些企业可以获得额外资源来实现扩张。那些不能经受住市场检验的企业将被淘汰出局。

---

① 在 Stiglitz（1989f）一文中，我对这些限制条件提供了一些推导。

# 私有化的设计

设计私有化项目必须试图达到以下目标：（1）保证经济效率；（2）为政府保留尽可能多的"租金"；（3）保证其他社会目标有效实现。下面我将就这几个方面展开讨论。

## 私有化的速度

私有化设计中的一个关键问题是私有化的速度。从某种程度上说，私有化的速度是快点还是慢点属于视角问题。在匈牙利有一个关于私有化速度的笑话，那些鼓吹快速私有化的人认为，私有化应该在五年内完成，而那些鼓吹渐进私有化的人认为，重要的是保持冷静——私有化时间应该超过五年。那些鼓吹快速私有化的人发现，通过大规模出售进行私有化的实际效果是不容置疑的，具有决定性作用的正是这种实际效果，而不是适当排序的平衡考虑所要回答的诸如此类的问题：价格放开、清理资产负债表（下面将描述）、创建资本市场（参见第12章）、制定一套保证合同执行和维持竞争的法律框架等一系列工作，是应该先于私有化过程进行，应该与私有化同步进行，还是应该在私有化之后进行？压倒一切的实际问题是组织资产出售，它不仅决定了私有化的速度，而且决定了私有化的形式：那些（出于多种原因）相信快速私有化的人认为，直接分配股份或购买股份的股权凭证计划是唯一可行的实践方案。

另外，那些鼓吹渐进私有化的人也发现了实行快速私有化战略中存在的重大实际问题：在许多情况下，政府对那些名义上所有的企业，很快失去了实际控制权，它根本没有信息去防止管理者将企业资源挪为己用。随着中央部门对企业拥有的优势逐渐减弱，管理者有许多方式来使用自己获得的自主权：由于未来前景有限，他们没有积极性去有效利用企业资产，并且具有将企业资产化公为私的动机，例如，管理者可以利用转移定价实现这个目的。

当政府宣布其私有化意向时，管理者努力工作的积极性就会减弱：他们估计自己的工作很快就要结束，所以，会选择偷懒。如果不是能够"偷盗"（通常采用比直接侵占更含蓄的方式进行，尽管如此，仍然是偷盗——表现为将企业资源据为己有的形式），偷懒会更加严重。

　　在管理者不将企业资源据为己有的情况下，工人可能有效地掌握企业控制权，并为自己谋取利益。由于企业利润被用于支付工资而不是用于企业再投资，资本最终将被耗尽。实际上，管理者和工人均没有积极性考虑企业发展。正是这种"自发私有化"（因为私有化过程是在不受政府控制下实现的企业控制权转移）可能导致快速私有化的必要性。值得注意的是，在美国，一旦宣布企业将要出售，习惯上会试图尽可能快地完成交易。不稳定的过渡时期对这些企业是一种考验，因为企业发挥功能的许多长期激励因素将受到很大的削弱：关键雇员将离开企业，员工的努力会下降，至少员工会分散精力，因为他们将重点放在到其他企业寻找工作或者在企业内部寻求保护上。

## 产业的再资本化

　　私有化之后，企业在财务上继承了以前制度中的债务和资产。以前制度中的财务关系不同于资本主义下的财务关系。[1] 出于激励和选择的考虑，跟踪财务状况是很重要的。任何社会都必须了解其每个单位的经营状况，以使低效率单位被淘汰，高效率单位得到更多资源。"胡萝卜"加"大棒"——通过配置更多的资源给予奖励和通过淘汰给予惩罚——提供了强有力的激励。这种组织性激励也许像利润激励本身一样有力。[2]

　　不幸的是，财务上继承的资产和债务并未提供有关企业能力的信息，因为这些资产和债务是在一套相当不同的规则体系下积累起来的。更糟糕的是，这些继承的资产和债务反而会搅乱市场机制提供的近期企业绩效的信息，因此，企业未来的成败，可能取决于对企业声称的业绩的随机性评估，也可能取决于企业经营者的有效管理。广泛的企业间债务关系意味着所有企业的命运是紧密纠缠在一起的（除非有一种广泛的再资本化）。企业能否偿还贷款可能与变幻莫测的政府政策有很大关系，例如，政府是否允许国有企业贷款违约。如果不允许，就私有化的速度而言，将影响企业违约的可能性（因为私有企业更容易违约）。[3]

　　存在此类"噪声"的事实，使得政府在违约事件发生时不进行补贴的承诺难以令人相信。总之，如果违约不是由于企业自身原因，而是由于其

---

①　参见 McKinnon（1992）和 Stiglitz（1991b，1992e）。

②　在任一种情况下，组织目标都必须被分解为个人目标，从而要求个人激励结构的设计。

③　大量的其他政府政策可能对盈利性有重要影响，诸如保护程度、竞争政策和价格改革的速度等。

他企业不能偿还相应款项，在这种情况下，支持政府干预的说服力远远强于管理无能导致违约的情况。如果贷款规模巨大，政府可能无法有效区分违约的具体原因——即使事实上并非企业有意违约，企业也难免受到责难。

退一步说，政府在违约事件发生时不进行补贴的承诺难以相信这一点，反过来也具有真实激励效应。对于那些继承了大量债务的企业而言——可能是私有化过程产生的债务——会形成进一步的激励问题：高债务企业面临我们熟悉的道德风险问题，它们有激励过度承担风险，以破产情况下的回报为代价实现非破产情况下的收益最大化。[①] 这个问题在美国储贷协会的案例中极其明显。其中的危险之处在于，这些企业将信贷扩展至其他企业——这是一种软预算的传染病形式，我将在下一部分对其进行详细讨论。

至少有一个东欧国家已经意识到我们在这里和下一部分中讨论的问题：罗马尼亚已经提出一种局部再资本化的方案，政府用政府债务交换企业债务——这样就消除了与每家企业的净值相关的不确定性的来源。企业向政府支付一笔钱的同时，也从政府那里获得一笔钱。既然企业之间互为借款者和贷款者，重要的就是债务的净值，那些未偿债务少于债权的企业，实际上是将政府债券作为其资本的一部分，而那些拥有净负债的企业将完全失去相应的控制权。

## 金融体系的再资本化

上面讨论的问题在金融部门更加重要：它们继承的**主要**资产就是金融资产和负债。科尔奈（Kornai, 1990）曾强调了软预算约束的弱化效应和政府承诺不对企业进行补贴的难度。但现在我们认识到，软预算约束不仅来自政府，也来自金融体系。在美国，企业能够借到大量的钱，并能借到弥补亏损的钱，随后它们可以利用增加的机会，从而最终能够归还这些贷款。[②] 部分原因在于，银行认为自己摆脱负净值头寸的唯一希望是承担巨大风险。正如埃德·凯恩（Ed Kane）所指出的，僵尸机构——从任何实际意义上说，这类机构已经没有生命，尽管仍然存在着——也会为了复活而赌一把。只要社会中存在一些能够提供贷款的机

---

① 参见 Stiglitz (1972a) 和 Myers (1977)。

② 关于对贷款者"设圈套"问题的理论文献很有限：一旦贷款者提供了第一笔贷款，他就"被迫"提供额外的贷款以便收回第一笔贷款。参见 Hellwig (1977) 和 Stiglitz and Weiss (1981)。

构——它们有激励去进行大赌，并相信自己遭受的任何损失都会由政府买单——实际上就会存在软预算约束。一家企业的软预算约束可以转变为其他企业的软预算约束，具有软预算约束的机构向其他人贷款时会"更软"。如果企业间信贷十分重要，软预算约束病——以及它导致的激励弱化——可能很快会蔓延到整个经济体系。

### 转型过程中的预算约束硬化和选择机制

前面我强调了政府承诺特别是硬化预算约束承诺的选择效应和激励效应。在转型过程中，选择问题显得尤为迫切，这有两个原因：第一，资本主义经济中发生的淘汰过程，在市场社会主义下并不存在；第二，构成市场社会主义选择基础的特征——诸如官僚机构中的生存能力——与具有良好绩效的市场经济中那些重要特征之间，可能只有不完全的相关性（甚至是负相关）。基于上述两方面考虑，很显然需要有一种淘汰过程，且比通常情况下的需要更强烈。

很不幸，还存在几方面因素使得淘汰过程的问题更加严重。选择过程中会发生两类错误：一是优质企业可能被淘汰；二是劣质企业存活下来。市场检验总是一种不完全的指示器：由于运气不好，能力强的企业可能没有通过市场检验；由于运气好，能力差的企业却可能通过市场检验。尽管如此，在市场经济中，硬预算约束导致的淘汰过程是十分重要的，因为它会改进企业的平均质量，从平均意义上看，那些被淘汰的企业，其质量低于存活下来的企业。但是淘汰过程也是有成本的。

还存在一些原因，其中有些原因我们已经有所涉及，使得利润可能不是反映企业能力的最恰当指标。第一，偿债能力可能取决于私有化时的资产评估，而这又可能取决于政治决策，这种政治决策就像基础经济学一样，需要考虑如何看待债务。在任何情况下，都不存在大规模的二手资本品市场，所以，即使在更发达的市场经济中，这种评估问题也是存在的。第二，如果价格不能反映真实的稀缺价值，那么，利润可能就不是反映基础资产真实价值的恰当指标。在转型时期，市场价格可能显著偏离长期均衡价值。在目前的市场价格下，对于企业管理能力或者企业对社会经济产品的真实贡献，利润都不是很好的预测指标，所以，它可能不是选择的恰当基础。

### 作为负一次总量性转移支付的股权凭证计划

我们已经注意到，许多东欧经济正在通过使用股权凭证计划进行私有化，这可以被看作是负一次总量性资本转移——将财富从公共部门转移给私有部门的个人。研究公共财政的经济学家对这种转移有着根深蒂固的反感。传统的公共财政理论中，最优税收是一次性总量税或者一种资本税，这种税收在增加政府收入的同时不会导致扭曲。一次性总量税没有被实施的原因是人们通常认为它不公平，因为在实际征收过程中，它必须是统一的。资本税没有被实施，则是因为政府无力承诺一次性使用这种税，因此，一旦征收该税，投资者或储蓄者可能有充分的理由相信政府会再一次征税，这将对储蓄者或投资者的行为产生消极影响。在这类税收没有被预期到的情况下，对于过去行为（按定义）属于非扭曲性的，在被预期到的情况下则属于扭曲性的。

通过股权凭证计划将国有资本无偿分配给个人，必然导致未来征收更高的、扭曲性的税收。

### 大额股份的政府保留（政府控股）

即使政府通过拍卖过程将其所有权出售，它也不大可能充分占有收益流的期望贴现值。因此，私有化的一个不利之处就是政府失去了潜在的租金，政府一定会通过扭曲性税收进行补偿。私有化（如果处理适当）的一个主要好处就是强化了政府不进行补贴（硬化预算约束）的承诺，而无论私人管理能提供什么好处。如果权衡这些有利和不利之处，其最优水平并非一定是一种角点解——或者全部是私有，或者全部是公有。相反，政府似乎有理由保留大量少数股权。

#### 降低资本要求

存在另一个强有力的支持政府保留大量少数股权的理由：私人购买公司时需要的资金较少，意味着购买者只需承担较少的债务，我们已经讨论了债务过多的明显不利之处。同样的论据认为，政府保留大量少数股权有利于实现公平利益，这是政府的目标。

#### 限制政府权力滥用

政府保留大量少数股权使其能够行使有效的控制权。我们认为，私有化的动机之一就是限制政府的经济势力。问题是，在限制政府控制权的条件下，政府如何能保持公平诉求的强度？

正如多年前多马和马斯格雷夫（Domar and Musgrave，1944）所指出的，公司利润税体现了对公司的一种公平诉求，然而这种公平诉求具有某种特殊的性质。政府作为合作伙伴不承担损失，这一点〔正如阿伦·奥厄巴赫（Alan Auerbach）所强调的〕导致显著的扭曲。政府没有承诺要承担的份额，这是另一个可能造成相当大的扭曲的事实，并且政府对其"股份"不行使任何投票权。政府可以通过事后征收公司利润税的方式"复制"其公平目标，但政府事前承诺分担损失是更好的做法。

作为拥有大量少数股权的股东，政府可能施加影响以防止管理者滥用权力。问题在于，如何做到这一点的同时，又不增加政府滥用权力的可能性？一种建议是把政府利益分割为不同政府单位的利益——通过政府部门结构的适当设计，使用检查和制衡的方法来防止政府滥用权力。

例如，分别将一些股份给予工人养老基金、县级董事会、国有企业董事会、国有年金计划基金、国有医疗系统等。所有这些利益相关者会出于自己利益的考虑，督促企业追求最大化利润。尽管所有这些利益相关者都可能受到单一的"组织"控制，但这是不太可能的，而且权力的分工将使政府在所有权方面的权力不太可能被滥用。[1]

**承诺不重新国有化的重要性以及私有化设计的含义**

所有政府面对的一个基本问题是做出可信承诺的难度。没有一个政府能够约束其继任者，这是政府的主要不利之处。相应的一个含义就是，政府难以约束自己不对私有化的企业重新国有化。

我们从私有化影响交易费用这个主题开始讨论，这种交易费用主要是政府干预的费用。同理，国有化项目的设计会影响重新国有化的可能性。例如，在英国私有化过程中，股权的分散化、低于市场价格的售价，使得重新国有化的可能性很小，因为在使选民清晰地看到潜在的损失而没有看到确实的可靠收益时，政府实际上创造了一个坚定维持私有化的强大院外势力。在几个东欧国家实施的使股权分散化的股权凭证计划，也提供了同样的可信性。

另外，将企业廉价出售给外国人则存在一种未来重新国有化的真实可能性，除非给出不这么做的其他承诺，例如加入区域共同市场。西欧国家帮助东欧国家的一种主要方式，就是接纳它们加入共同市场，这将使它们在贸易和竞争政策、税收、重新国有化等方面得到相应的承诺。

## 为私有化融资

在为私有化融资方面存在大量混乱的观点。在某些情况下，人们关注的是谁会有资金来购买企业。在一个完备资本市场环境中，这个问题无关紧要：因为企业将被那些能最有效利用企业资产的个人或团体购

---

[1]　这种共同治理系统在中国似乎被证明是极其有效的。

买。但是，没有哪个国家——更不用说东欧国家——具有完备的资本市场，所以，人们有理由担心，企业不是被最有经营能力的人购买，而是被那些拥有大量资本或最容易获得资本的人购买。这些担心是合理的，不过，通过政府提供融资可能部分缓解这个问题。人们可能会问，在本来就很紧张的预算条件下，政府从何处获得资金来提供贷款？这个问题表现了人们对政府财政宏观经济作用与金融核算作用之间关系的认识混乱。政府可以贷款给企业用来购买其他企业，然后再收回贷款。① 这只是一种纯粹的账目冲销过程，并无直接的宏观经济后果（虽然出售企业没有相对的现金，但是可以减少未清偿的货币供应），但它具有真实的微观经济后果——来自控制权和所有权的变动。

在对于部分购买者缺乏足够公平的情况下，政府提供贷款会存在严重问题，那就是前面简略讨论过的一类道德风险问题。在政府筛选贷款申请人能力有限的条件下，在政府难以区分哪些潜在贷款申请人会选择使用政府信贷收购企业的情况下，这个问题可能特别严重。如果事情的结果比购买者想象的更糟糕，他们将选择放弃购买企业，也许首先考虑购买剥离的企业资产。

人们认为，在某些货币严重超发的国家，出售国有企业具有更进一步的好处：它可以吸收一些额外的货币。而选择货币改革或征税等其他方式，可能会增加扭曲，或者导致其他不合意的情况。

考虑上述理由，政府贷款项目不能完全替代私人资金，那些拥有私人资金或容易获得私人资金的购买者具有一种显著的优势，这说明向外国人开放拍卖市场以及鼓励国内企业与外国人合作投资是可行的，这可以强化竞争，可以保证政府获得总资产潜在价值的更大部分，也可以有更多机会获得国外的管理经验。②

## 公司治理

本书自始至终都强调管理权可能被滥用，这在没有任何一个股东拥有很大一部分股份的情况下显得特别重要。至少到目前，诸如养老基金

---

① 当企业由政府的一个次级单位所有时，会产生一个问题，那就是中央政府无法收回那些钱。

② 亚历山大·迪克（Alexander Dyck）在斯坦福大学最近完成的博士学位论文中曾强调指出，民主德国面临的问题是获得合格的管理者。他认为，由于存在逆向选择问题［参见 Akerlof（1971）和 Greenwald（1986）］，与联邦德国企业相比，民主德国的国有企业在获得合格管理者方面处于明显的劣势。

这样的金融机构已经不愿意干预企业的治理过程，这给资本主义提出了一个现实问题，一些东欧国家也意识到了这个问题，并试图在私有化项目的设计中加以解决。有人建议每家企业均由一家控股公司控制，由控股公司负责管理企业，个人拥有控股公司的股份，控股公司之间相互竞争以保证股份市场价值的最大化。

**为什么控股公司可能不是解决问题的方法？**

从理论上说，这种解决方案值得怀疑。雷诺兹-纳贝斯克公司可以被看作一家控股公司，它负责管理烟草、食品和其他产品生产的许多企业。存在大量独立的企业，然而管理权的滥用普遍存在于整个公司。谁来监管监管者呢？

**共同治理**

一个解决方案是相互监督或对等监督[①]——这是政治上互相制衡这一古老原则在经济上的运用。在对等监督的情况下，团队中的每个成员都对其他成员进行监督，从而有可能设计一种报酬结构来对这种相互监督提供激励。对等监督是各种类型治理结构的一个例子，它涉及多个参与者，并且参与者之间通常属于非层级的关系。

现代公司的情况是，股东、贷款提供者、供应商、顾客、员工均是企业的利益相关者，在企业的决策制定中都会施加某些影响。传统讨论只集中于股东，因为股东被正式赋予控制权。但是，"搭便车"问题的存在意味着股东只有有限的积极性去收集明智干预所需的信息，以及承担相应的干预成本。管理是企业的一种公共物品。

**银行作为监管者**

银行可能比股东和债券持有人实施更有效的控制，Berle（1926）很早以前就提出了这一点。[②] 相对于股东而言，银行的干预成本更小、"搭便车"的程度更低。[③] 因为大多数银行贷款都是短期的，如果认为企业行为不当，银行可以迅速收回贷款。[④] 大量文献认为，就银行发挥

---

① 参见 Stiglitz（1985b，1990c）和 Arnott and Stiglitz（1991）。

② 最近在 Stiglitz（1985b）一文中重现生机。

③ 关于股东有限控制和接管机制有限性的更广泛讨论，例如，参见 Stiglitz（1972a，1981b）和 Grossman and Hart（1980）。

④ 这并不十分准确。正如 Hellwig（1977）、Stiglitz and Weiss（1981）所指出的，尽管他们有权收回资金，但实际上能否收回是非常值得怀疑的。当然，他们可以迫使企业进入破产程序。与长期贷款相比，短期贷款作为一种控制机制具有明显的优势。参见 Rey and Stiglitz（1992）。

的监督作用而言，日本比美国更有效。

美国、日本和西欧国家的资本结构存在显著差异，所以，资本主义存在多种形式，东欧国家面临的一个问题就是选择一种适合自己的形式。我认为日本的主银行制将政府拥有大量股份和控股公司的重要作用结合起来，它具有显著的优势。对银行的高负债率，使得银行对企业既有监督的积极性，也有控制的手段——收回贷款的威胁是一种有效的约束手段。如果控股公司不能适当履行职责，银行将对管理权滥用具有重要的核查作用，拥有大量股份的政府部门的监控则提供了进一步的核查。问题是如何保持对管理无能核查的微妙平衡：既不会妨碍管理自由裁量权的有效行使以利用有利可图的机会，也不会给核查者提供滥用权力为自己牟利的机会。在美国，还没有为那些广泛持股的公司找到这种微妙的平衡。我们不能期望东欧国家在初期尝试中就能找到恰当的平衡，对这个问题的认识以及适应的意愿是转型过程中最重要的问题。

## 拍卖过程

为了实现价值最大化而组织企业出售，是近年来广泛讨论甚至上升到法律诉讼的话题。实际上，美国企业的每一笔大规模出售都有股东的诉讼，称如果拍卖程序有所不同，企业将不能得到应该（能够或可能）获得的回报。人们普遍认为，英国私有化过程中出售企业获得的收入远小于实际能够获得的数额。

近年来，拍卖理论取得了广泛进展，某些观点能够加以利用，企业出售的经验也向我们提供了进一步的洞察。理论文献和拍卖经验向我们提出了一个问题，即信息不对称的重要性。管理层内部掌握更多关于企业资产真实价值的知识，为他们提供了内部消息，这不仅提高了他们赢得企业竞买的可能性，而且投标的竞争程度也会降低，因为其他投标者相信存在显著的信息不对称。赢者的诅咒以一种复仇的方式发挥作用：外部投标者只有出价过高时才能击败内部人。[①]

对于追求价值最大化的出售者而言，决定投标过程成功的两个最重要因素是保持一个公平竞争的环境和增加投标者数量。在美国，人们试图通过尽职调查过程来营造公平竞争的环境，在这个过程中，潜在买家

---

① 这正是对逆向选择——柠檬问题的说明。在最初所有者拥有更多信息，并准备出售证券，而买者属于风险中性的条件下，股票的唯一均衡价格是零。更一般地说，证券市场将是冷清的。参见 Greenwald、Stiglitz and Weiss（1984）和 Myers and Majluf（1984）。

可以获得公司的账簿，并且这一过程通常由利益不相关的外部第三方（一家投资银行）来管理，投资银行也负责招徕投标者。

信息不对称的后果可以通过结构化竞标对象来减轻。因此，在油田租赁过程中，可以发现，特许权使用费和净利润竞标成功地为卖方赢得了潜在租金的很大部分，它远高于没有特许权使用费时的奖金竞标。虽然将竞标过程组织成一场纯利润拍卖（对政府增加的净利润的一部分进行投标）可能不可取①，但将一大笔预先分配的利润分配给政府（前面讨论的股份），将导致拍卖过程中政府获得更大比例的潜在租金。

### 放开价格和优先解决制度不确定性的好处

还存在几个与私有化顺序和速度有关的其他因素。投标者可能是风险规避型的，他们预感到的风险越大，参与投标的意愿就越低。政府政策制定和实施过程越不透明，他们预感到的风险就越大。竞争、贸易、金融、税收政策等所有方面的问题，均对企业的盈利能力有重要影响，并且它们在一定程度上还没有得到解决，这意味着投标者面临着更大的不确定性。如果政府没有进行再资本化，就会进一步产生影响所有企业财务资产（其他企业所欠的）的不确定性。

政府政策的一个特别重要的方面是放开价格。如果价格不是处于均衡水平，买者购买企业可能更多是出于对资产价格的投机动机，而不是为了企业管理效率的提升。拍卖中的赢家可能并非最好的管理者，而是那些对这些资产未来价格最乐观的个人。尽管这个问题在任何企业的拍卖中均会出现，但在价格远离均衡的情况下，该问题显得特别严重。

# 东欧的私有化：某些一般观点

东欧国家正在经历的经济结构变化，是已经发生的一种最令人感兴趣的经济实验，我们获得了私有化的一些有限经验，这些经验是在私有市场不占支配地位的经济体系中获得的。不幸的是，这些实验的成败将影响到数百万人的生活，所以难以用冷静的态度看待它们。最重要的是，我们从经济学中所知道的一切——理论和实践——都将被带入现

---

① 监督净利润会产生严重问题。当净利润不能被完全监控时，过高的专利使用费会导致较大的扭曲。

实，意识形态的观点——相信市场总是正常运转并能快速调整从而达到效率状态——也被搁置一边。也有必要将政治判断与经济判断分开：大多数关于私有化时间安排的争论，都是基于对政治判断的权衡，涉及对过快私有化的政治后果以及随之而来的失业的考虑，也涉及对过慢私有化后果的考虑，担心过渡期间对私有化和市场的承诺可能被削弱。

在本章的这一部分，我将提出一些中心理论问题。为了把我所说的内容结合起来，我先给出四个总结性评论。

第一，我已经集中讨论了大型企业的私有化问题，前面讨论的某些问题也会出现在小型企业的私有化过程中。但是总的来说，小型企业私有化是一项容易得多且已经在进行中的任务。

第二，私有化仅仅是达到市场经济的一种手段，创建新企业是另一种手段。为促进这一目标，需要创设相应的机构，它至少应该得到与私有化进程同样的关注。在某些情况下，诸如金融机构，可以认为，比较好的方式是建立新机构，而不是去试图改革原有机构，因为原有机构当初被设计的功能就完全不同于资本主义经济中的金融机构。中国取得的显著成功主要就是基于新企业的创立和增长，而不是对现存国有企业的私有化。正如我前面所指出的，主要是提供对工作和创业精神的激励，而没有解决大量的产权问题。当建立新企业并发展社队集体企业之后，国有企业（由中央政府控制）的相对重要性显著下降，并且国有企业面对来自其他企业的竞争压力，也提高了自身效率。此外，也提供相应的条件，使得经营状况良好的企业可能（正在）接管经营不善的企业。

有充分的理由推迟私有化决策，因为私有化问题与分配问题有着复杂的联系：如何分配现有资产？众所周知，这既是一个理论问题[①]，也是一个经验问题，纯粹再分配总是一个有争议的问题。因此，如果给予农民耕种土地的权利而不赋予全部的所有权，一方面可以对他们提供强有力的激励，另一方面可以避免或至少可以缓和人们的争论。当然，不是所有激励问题都得到充分解决：农民没有充分的积极性去保持土地的质量。从长期来看，解决这些问题是非常重要的，但是，当馅饼的规模变得更大并持续增大时，无疑更容易达成共识。

第三，改革和相关政策一旦实施就难以放弃。重要的是首次就把事情做对，或者至少尽可能做对。要快速确定产权，因为任何改革措施都可能破坏不明确的财产关系。确实，在旧体制下建立的产权关系现在成

---

[①] 在纯粹的再分配条件下，从来不会存在一种多数票均衡。

为改革的一种阻碍。在一些东欧国家，如罗马尼亚，人们排队以低于自由市场价格的价格购买耐用消费品（如汽车），实际上是一种资产，这种资产会随着价格的放开而受损，很显然这将会产生抵制放开价格的政治压力。

有时候，尽可能把事情做对也会导致一种无能为力的麻痹感。不存在唯一的最好方式，也不存在唯一的正确方式。克劳斯（V. Klaus）在世界银行的发展经济学年会（ABCDE）上的一次讲话给出了一个比喻——改革就像下棋，没有人，即使是最好的棋手，能在一开始就看到棋局的结果。不过，好的棋手能够比差的棋手多看到后续的几步棋。我希望自己的分析能够帮助那些处于经济改革实际棋局中的人把棋走得更好。

上述分析使我得到第四个也是最后一个评论：棋局的"下一步"可能要将政治改革——例如，考虑弱化国家权力——与经济改革等量齐观。从一定意义上说，这两者是相互纠缠的：中央当局强大控制权的减弱，以及伴随私有化而来的可能前景，会激励管理者在力所能及的条件下攫取他们当前职位上的租金，结果，私有化延误可能造成极高的成本。正如我所认为的，在许多情况下，这种延误的成本也许比其他任何成本都要高，这一点应该作为决定私有化速度的中心问题来考虑。

# 总　结

在本章开始，我提出了私有化基本定理。该定理显示，只有在高度限制的条件下，经济效率和获取全部租金的双重目标才能实现。确实，获取全部租金很重要，因为对政府而言，增加收益需要支出：任何放权都有真实社会成本，因为政府需要通过扭曲性手段筹集更多的资金。只要购买企业的潜在投标者是风险规避型的，只要竞争是有限的（该条件总是满足），即使是**精心**设计的拍卖过程，政府也不能获得全部租金。[1]

甚至政府可能难以保证中标者是最有效率的生产者。在有限责任和承诺执行能力不完善的情况下，出价最高、承诺与政府目标最接近的生产者，可能既不能履行这些承诺，也不能使资产真正增值：出价更高的

---

[1]　这里列出的限制并非穷尽的。Sappington and Stiglitz（1987b）讨论了第三类重要问题。当政府比投标者拥有更多关于待售资产价值的信息时，就会产生这类问题。

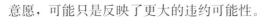

意愿，可能只是反映了更大的违约可能性。

这个定理（和本章的讨论）的道德方面含义可以概括如下：一般情况下，我们不能确保私人生产一定比公共生产更好。私有化涉及成本和收益，总是必须在它们之间进行权衡。

我曾经指出，公共生产和私人生产之间的差异被夸大了。不过，在**承诺**和激励方面，它们之间确实存在重要差异。正如萨平顿和我在一篇文章中所总结的：

> 考虑到不完全信息导致的授权困难，无论是公共部门还是私人部门的供应，都不能完全解决困难的激励问题。组织模型之间的选择，简单地定义了未来干预对这些委托关系的交易成本，从而影响这种干预的可能性。（第 581 页）

本章完成了我们对兰格-勒纳-泰勒定理的讨论，该定理断言了市场经济与市场社会主义之间的基本等价性。认识到市场社会主义经济可以利用价格的力量，这是一个具有重要洞察力的观点，但是，市场经济不仅仅是价格的使用。我的基本评论是，兰格-勒纳-泰勒定理和瓦尔拉斯模型都严重误识了市场经济的特征。无论市场经济模型还是市场社会主义模型，都没有对它们假定的经济给出恰当的描述。

当然，我的一些批评已经在前面提到过。对市场社会主义的批评是关于管理激励的缺乏，对市场的批评则是关于竞争不完全的评论。我尝试给出一种综合考虑，显示了**两类模型**的许多基础问题，实际上都是由于不适当地忽视了信息不完全问题。在本章和前面的五章中，我列出了两类模型的六方面主要失误，并且讨论了最近的理论进展——偏离瓦尔拉斯传统的主要理论——如何强调了这些问题。

所有社会都面临着重要的激励问题，它在价格和产权的标准理论中并没有得到充分强调。市场经济中存在的管理激励问题与社会主义经济是相同的，在市场经济和市场社会主义经济中，价格体系在配置投资方面的作用都是有限的。之所以如此，一是因为在市场经济中通常不存在必要的期货市场和风险市场，二是因为在两种经济体系中，企业制定决策所依据的并不仅仅是价格信息（以及一个人自身拥有的技术知识）。在所有社会中，都需要一定程度的分权化，但也没有哪个社会——甚至在完全的市场经济体系中——是完全分权的，即经济中有些企业的交易并不是通过价格进行的。没有哪个社会的产权是完全明晰的，甚至在产权明晰的条件下，实际的权利也不完全等同于法律上的权利。可以认为美国大公司领导者实际掌握的（未明确界定的）产权，并不亚于市场社会主义企业的管理者。

市场经济确实具有市场社会主义经济不具有的某些工具——如接管机制，但接管机制远非完善的。某些机构，如银行，在两种体制下均存在，但它在市场社会主义经济中的运行显著不同于市场经济（我将在第12 章中讨论）。但我认为，市场经济和市场社会主义经济的基本差别恰恰不在于这些机构，而是在于市场经济处理信息问题的广泛机制安排。正如在第 3 章和第 4 章中所看到的，市场不能完善地解决这些信息问题——市场经济通常不具有限制性帕累托效率——但市场经济确实比市场社会主义经济解决得更好。例如，市场能够通过声誉机制激励企业生产高质量产品。但是，在与创新相关的信息或知识获取方面，两种体制并不存在明显差异，这里我要再次指出描述市场经济和市场社会主义经济的标准理论的失误。实际上，我认为阿罗-德布鲁模型的概念框架不能被轻易应用于分析这两种体制。基本的经济问题是，创新起重要作用的市场具有内在的竞争不完全性，正是创新力量本身限制了竞争的程度。

所以，那些以市场经济竞争不完全为由倡导市场社会主义的人，没有很透彻地探讨为什么市场经济中竞争是不完全的。当然，当我们前面讨论的许多问题发生时，许多行业中出现不完全竞争的一个原因，就是存在显著的规模报酬（相对于当时的市场规模）。但正是创新构成了产业演化的基础，也正是创新——组织创新和技术创新——导致大企业的演变。然而，市场社会主义理论家不关注技术和技术进步这个失误则特别难以理解。

在下一章中，我将运用自己提出来的理论框架，进一步探讨市场社会主义实践中所出现的问题。

# 第11章 市场社会主义者的 实验：问题何在？

本书的大部分内容是经济学理论：关于新古典模型的失灵，关于该模型失灵与市场社会主义模型失灵之间的密切关系。新古典模型有许多正确的成分：激励、竞争、分权化、价格等。不过，该模型对这些概念所赋予的含义，在最好的情况下也是不完善的，在最坏的情况下则是误导的。市场经济体系的特征是竞争，但竞争并非完全竞争模型中的那种价格接受行为。市场经济体系是局部地分权，但决策的分散化并非只是对价格信号的被动反应。确实，决策集权化和分权化的适当混合是市场经济体系面对的关键问题之一。价格是市场经济发挥功能的核心，但价格的作用并不局限于实现供求均衡，还会传递关于稀缺价值的信息，也会影响市场上交易的产品的质量。此外，大量经济活动还受到价格机制之外的其他机制的规制。激励是重要的，但需要再一次指出，阿罗-德布鲁模型假设，每个人的报酬不是基于观察到的产出，就是基于观察到的投入。实际上，该模型对现代经济中激励作用特征的这种描述是不准确的。最后，科斯定理认为，为保证经济效率的实现，只要清晰界定产权就可以了，我们发现这是不正确的。

市场社会主义很认真地对待新古典模型，这也造成了它的致命缺陷。但是，市场社会主义经济国家从来没有认真对待过市场社会主义的理念。我们不禁要问，我们应如何解释市场社会主义经济的运行？

我前面分析中的许多结论已经指出，市场社会主义，或者至少是政府发挥更大作用的一种经济体制，应该有机会比市场经济运转得更好。例如，我在第3章中指出，从本质上说，经济从来不是限制性帕累托效率的，不完全信息和不完备市场会导致外部性效应，而这种外部性难以被企业内在化，所以，某些形式的政府干预是必要的。**经济**失灵的核心在于各种信息问题，更广义的还包括激励问题。下面我将简要分析一些最重要的问题。

# 过度集权化

也许经济方面失败的最重要原因，正是哈耶克提出的中央计划失败的原因：中央当局不可能掌握管理整个经济所需要的信息。不过，可能出于政治原因，政府仍坚持集中决策。

我们需要进一步探究的是缺乏哪一类信息。中央计划主要是要保证物资平衡方程得到满足，也就是说，中间投入品的产量要与使用中间投入品的生产部门适当协调，这类计划要求掌握每单位产量需要多少投入的信息——里昂惕夫投入-产出矩阵表。我怀疑，这类计划实施的失败并非市场社会主义实验的核心问题。确实，执行这些计划所需的信息经常是不准确的，相应地，存在某些投入品的短缺。但是，在 20 世纪 80 年代经济较为开放的时期，这些问题并不严重：投入品的短缺可以很容易通过进口解决，国内剩余产品也可以出口（如果国际市场确实是竞争性的）。所以问题的关键是**微观经济**方面。

# 产品质量

产品质量问题提供了一类重要的例子。在中央计划实施过程中，中央计划当局很难详尽地规定每种产品的精确性质，包括产品的质量。前面（第 6 章）我们看到，存在无限数量的可能商品，不可能对这些商品进行精确区分，这部分解释了为何存在不完全的市场体系——也是新古典模型失灵的原因之一，确切地说，这些因素也解释了市场社会主义出现问题的原因。

市场经济可以被看作一种和谐的控制机制。每个购买者监控每个售卖者的产品质量，如果售卖者的产品质量不稳定，购买者就会更换商家，或者迫使售卖者在价格上做出让步。售卖者知道这些情况，所以，他们很有积极性提供质量合适的商品。并**不**是只有市场社会主义经济才生产低质量商品，在某些情况下，只要提高质量的边际成本超过边际收益，企业生产低质量产品可能就是正常的选择。问题在于，企业没有激励对边际收益与边际成本进行适当的计算。既然企业有给定的生产目标，它们就会以可接受的最低质量去完成生产目标，所以，经济结构的这种性质很容易导致产品质量的下降。

# 激　励

关于市场社会主义经济问题的一系列原因解释中，不能提供有效的激励位列显著位置。也许可以更准确地说，市场社会主义经济也会提供激励——因为几乎每个社会都会对相应行为进行奖惩，所以总是存在一种激励结构——但不是那些提高经济效率的激励。

我将激励问题看作一个信息问题。如果中央计划当局拥有某些信息，可以据此确认每个个人每时每刻的行动，可以据此判断每个个人应该做何事，例如，应该最大化产量，那么，将不存在激励问题。在这种情况下，个人将根据命令去行动，如果没有完成任务将被遣送到西伯利亚（"大棒"），如果完成任务将获得工资（"胡萝卜"）。当下述情况出现时，就产生了有趣的激励问题：（1）投入（努力）不可观察；（2）产出或者不可观察，或者不是衡量努力水平（投入）的有效指标；（3）缺乏关于个人应该做什么的完全信息，从而难以直接评判他是否做事"正确"。

与西方学术界的同行一样，市场社会主义经济学家也没有充分认识到这些激励问题的重要性。如果没有信息问题，人们就可以直接控制行为。市场社会主义经济——像市场经济一样——尝试通过结构化生产来减轻控制问题。装配线的好处之一，就是提供了监控工人业绩的方便形式：当一个工人落后了，可以很容易发觉。在那些可以严密监控且产品质量范围变化很小的产业中，市场社会主义经济取得了一定成功。然而，在现代经济的许多产业，如电脑编程这样的服务部门，其效果就很有限。

## 平　等

任何激励结构的基本方面均是报酬必须随业绩（无论如何测量）的变化而变化。而报酬的变化也导致不平等范围的扩大。市场社会主义经济的意识形态对于平等的承诺，妨碍了有效激励结构的形成。

### 政治控制机制

既然传统的经济激励受到限制，就可以用其他的控制机制来替代。政党体系提供了一种替代性的奖励结构，同时也是一种控制机制。

在前面的章节中我曾指出，在许多大公司中，直接的经济激励只发挥有限的作用。企业总是试图使工人对组织产生认同感，就像革命初期工人的认同一样，这时的经济激励并不重要。同时，革命之前的工作规范也暂时保留下来。但是，随着时间的推移，革命时期的社会热情逐渐消退，革命之前形成的规范也渐渐变得不合时宜，在这种情况下，缺乏直接经济激励的后果就会产生深远影响。

### 错误导向的激励

前面我曾说过，问题不是市场社会主义体系中没有激励——有激励——而是许多激励属于错误导向的。这种情况在个人层面和组织层面均是实际存在的。

我们也遇到过这样的例子。社会主义经济体系提供的激励不足，导致人们生产的产品质量不高。因为企业从来不能确定是否能够及时获得适当的投入品，它们生产的好坏与自己的利益无关，它们有积极性储存过多的存货。

尽管行贿是一种犯罪，但总是有激励使得人们相互之间给予对方好处。一家投入品短缺的企业的经理，如果他控制着某种稀缺的产出品，那么，他就有积极性将产品优先出售给那些能提供给自己额外投入品的企业经理。

如果政治体系的行为能够部分替代经济激励，它也会强化错误导向的激励问题：如果晋升与经济业绩的相关程度小于政治标准，必然导致相应的激励和行为后果。

## 选择问题

像许多同时代的西方经济学家一样，市场社会主义经济学家也接受了我所称呼的经济学工程分析方法。正如萨缪尔森在其《经济分析基础》一书中所建议的那样，经济学无非就是研究约束条件下的最优化问题。我们已经看到这种方法如何反映在决策制定的观点中，即所有管理

者的工作，无非是在计划书的相关章节中寻找相应的要素价格。

如果决策如此简单，决策质量也就无关紧要。所以，谁应该是决策者，更重要的是，如何决定谁应该是决策者这样的问题，统统没有受到重视。实际上，在萨缪尔森的教科书中，谁进行决策和如何进行决策，甚至没有被包括在经济学基本问题的标准清单中。尽管市场社会主义经济中的决策者更加重视这些问题，但他们既没有进行正确决策所需的信息，也不具备进行正确决策的激励。

正如我所分析的，中央计划当局虽然能够轻易获得有关技术的信息（即投入-产出矩阵的性质），但不能获得有关个人的信息。没有一个单独的数字可以描述一个人将如何完成一项特定的工作。如果有这样的数字，生产单位就可以将其传达给中央当局，进而在此基础上做出知情的决策。实际上，一个人能否胜任一项特定的工作，取决于一系列复杂的特征向量，而一个人的这种特征向量又可能依赖于其他人的特征向量，并且个人之间的行动是相互联系的。这就是为什么在一个集权化程度相当高的组织内部，个人决策也经常以相当分权化的方式做出。

不能提供适当激励和有效选择是由于下述两方面的失灵：缺乏适当的核算（价格）体系和缺乏竞争。

## 核算和价格体系

在前面的章节中，我反复指出，市场经济只具有不完全的价格体系，有时，价格也不具有新古典理论认为的那种魔术般的作用。尽管价格体系可能是不完全的，但它仍然发挥某些非常重要的作用，其中最基础的作用就是提供一种核算体系。如果我们将经济活动看作一种游戏，基于价格和利润我们才能知道谁是游戏的赢家，所以，价格提供了激励结构和选择机制的基础。

在市场社会主义经济中，价格是以比较任意的方式制定的，相应地，带来的利润数字基本上没有什么意义。出于意识形态的原因，利率也是禁止使用的（尽管作为部分替代而使用其他术语）。如果这是唯一的问题，那么就会有一个不适当的核算体系，不过，这个体系仍然可以根据特殊的评分体系来评定谁做得很好。

当然，更基础的问题是政府试图直接控制企业行为，即政府直接确定投入和产出。问责制度很简单：人们实现目标了吗？企业力图不超过自己的目标（这是错误导向的激励的另一个例子）①，因为如果企业超额完成目标，下一年的目标就会被提高。

我们已经看到核算体系带来错误导向激励的其他形式，如激励企业持有超额存货，因为持有存货没有资本支出，但当企业不能肯定获得所需要的投入时，存货能保证下个时期完成生产目标。

现在人们普遍认为核算体系（包括价格体系）是市场经济控制机制的基本组成部分。人们越来越认识到，存货本身既是经济控制机制的组成部分，也是经济控制机制失灵的指示器。这可以从精益存货系统更明显地看出来。这个系统是日本的丰田公司和其他企业发明的，它使制造企业只要保持两个小时的存货即可。如果供应商不能对订单做出快速响应，企业将无法维持生产线的运转。在这种精益生产方式下，供应商的生产系统或者企业之间的沟通系统出现任何毛病，都将被迅速发觉并立即得到纠正。

庞大的存货系统对苏联体制是必要的，因为企业之间缺乏沟通，并且生产系统的问题很普遍，它也防止了供应商的问题向下游企业蔓延。但同时存货系统也使一些问题被隐藏起来，或至少没有使问题得到及时解决。在传统市场经济中，适当的存货水平能够提供一种缓冲——当生产问题的信号弱化时，可以缓解生产失灵的影响。同时，存货也发挥了一种重要的信号作用。存货水平的变化可以像价格变化一样，甚至比价格更好地向企业提供信号，引导企业增加或减少生产。

## 缺乏竞争

经济体系的基本职能就是提供适当激励和选择，缺乏竞争（国家不仅垄断政治事务，也垄断经济事务）则削弱了经济体系履行这种基本职能的能力。正如我在第 7 章中所强调的，重要的并不是新古典模型提出的完全竞争，而是我试图在那里描述的**真实**竞争，所以，我在那里提出，通过观察两个或更多企业从事相同经济活动的相对业绩所获得的信息，对于激励和选择机制的设计是非常重要的。在革命初期，有关合理的工作或业绩规范的信息，也许是从革命前继承下来的，也许是从其他国家的对比中得到的。但随着时间的推移，苏联的发展路径逐渐不同于

---

① 这种现象被称为棘轮效应。Stiglitz（1975b）和 Weitzman（1974）对此进行过讨论。

世界其他国家的道路，并逐渐脱离实际，从而失去了相应的参考价值。例如，苏联人知道自己的农业部门远远落后于发达国家，但这应该归咎于工人的懒惰、气候差异还是投资缺乏？

# 创新和适应性

也许一个经济体系最重要的属性是其适应环境变化的能力。某个经济体系在一种环境下可能做得很成功，但当环境变化时，却缺乏适应能力，从而在新环境中可能遭遇失败。某些环境变化是内生的，即由经济体系自身变化所致，有些则是外生的，即由世界环境变化所致。

在分析苏联的经济问题时，我们不应该忘记苏联曾经取得的令人瞩目的成就。面对世界的敌对、世界范围的大萧条、世界大战的废墟、薄弱的工业基础、被第一次世界大战破坏的国内经济以及国内大范围的政治骚乱，苏联在 1917—1960 年间仍然取得了公认的成就（特别是考虑到有些国家，老百姓虽然付出巨大成本，但仍没有实现经济起飞）。储蓄得到动员，工业化过程被快速推进，与以前发展实践有所不同的是，经济快速增长的同时伴随着不平等程度的减轻而不是大幅度提高。

重工业也许特别适合于市场社会主义体系所使用的控制机制。个人自主权的范围以及相应的决策权范围受到限制，技术（至少从当时的观点看）相对简单，必需的技术知识可以轻易从国外获取，或者在国内研发（利用公开可用的信息），并且相对而言，重工业的企业（工厂）数量较少。

但是，在最近 50 年里，工业结构发生了显著变化，服务业和高技术部门快速增长，而重工业则逐渐衰落。重工业本身也明显变得更加技术导向，例如，特种钢已经变得更加重要。这些部门特别不适合使用市场社会主义控制机制。

因此，传统市场社会主义体制的问题，不仅在于缺乏创新能力——这一点可以通过第 8 章的理论得到部分解释，而且在于缺乏激励、缺乏竞争、缺乏创新者与创新成果使用者之间的沟通。同样重要的是，传统市场社会主义体制不能适应世界其他地方发生的创新，也确实看不出来它已经适应了这些创新。在世界经济的发展过程中，可能存在一个较短的窗口期，在这期间，不同市场社会主义国家可以在与钢铁、汽车、煤炭等相关的重工业方面有所作为。

　　也许非常具有讽刺意味的是，马克思经济决定论可能是正确的。马克思认为技术决定了社会的性质，也决定了主导社会的经济和社会体系。但马克思没能预测到技术如何演进。不过，他没能预测到的，其他任何人也没能预测到。一百年前，没有人能预测到现代技术从计算机控制的制造到基因工程的迂回曲折的发展。正是这种变化最终决定了市场社会主义的命运。

# 第*12*章　资本市场改革[①]

如果说资本是资本主义的心脏，那么，功能良好的资本市场就是有序运行的资本主义经济的心脏。在经济体系的所有市场中，资本市场也许最为复杂，但遗憾的是，对它的理解也是最肤浅的。与产品市场和劳动市场相比，资本市场甚至更加不符合阿罗-德布鲁模型描述的竞争市场概念。本章讨论的是东欧国家面对的中心问题，即这些国家在试图设计新的金融制度时，可能发现它们离目标有多远，相应地，也发现它们多么难以借鉴传统竞争模式在思考资本主义制度中心问题时所得到的结论。

没有哪个政府会对资本市场放任自流——资本市场总是受到大量规制措施和政府政策的影响。并且，在主要资本主义国家之间，资本市场结构的一些重要方面也存在很大差别。这些差别是因为不同国家历史过程不同而显得无关紧要，还是因为每个国家的市场总是反映了对自身特定文化和经济环境的适应而显得很重要呢？这里面是否存在某些显著影响经济成功的因素呢？即能否说一些国家的良好经济表现，是由于它们精心设计的资本市场带来的结果，而另一些国家的糟糕表现在某种程度上则是资本市场错误设计所致？

---

① 本章是对向市场经济转型的特定问题的讨论。略去本章不会影响全书内容的连续性。本章内容最初曾提交政策改革研究所（Institute of Policy Reform）和制度改革与非正规部门中心（IRIS）（马里兰大学）赞助的研讨会：《向市场经济转型——制度方面》（Prague, Czechoslovakia, March 24 - 27, 1991）。后以《东欧新兴民主国家金融体系的设计》为题收录在《东欧市场经济的兴起》一书中（C. Clague, G. C. Rausser eds., Basil Blackwell, Cambridge, 1992, pp. 161 - 184）。

从发达国家的经验看，资本市场的形成在很大程度上是历史过程的结果。技术已经改变了经济的方方面面，但没有哪个方面超过资本市场。资本市场是交易密集型的，每天的银行交易涉及成千上万的债权和债务，计算机革命最主要就是降低了这方面的交易费用。对于发达国家而言，在 21 世纪的技术条件下，它们现有的资本市场是否仍然适用尚不清楚。但是变化也是有代价的，所以，即使面临相当严重的问题，金融体系的演变显然也是一个缓慢的过程。

东欧的新兴民主国家在资本市场设计方面面临艰难选择。这种选择不仅影响资本配置效率，而且影响宏观经济稳定和绩效。尽管一方面它们具有相对于其他发达国家的优势：较少受到发达国家现有制度的拖累，从而具有较为广泛的选择空间；但另一方面也存在巨大压力：它们应该知道，自己现在一旦做出选择，可能就难以轻易改变，因为制度一旦确立，就不能轻易或无成本地改变。我在本章的目标不是为理想的资本市场设计蓝图，而是提供一种讨论问题的框架，以便说明我在本书中所关注的各种问题的中心作用——这些问题的大部分是标准竞争范式没有涉及的。

在布达佩斯的一次转型问题讨论会上，主办方一开始要求我谈谈转型国家的农业经济政策[1]，我发现自己处于一种美国人所说的"讲一套、做一套"的尴尬境地。美国农业政策很难说是一种经济理性的模式。如果要求美国人评论本国的金融制度设计，他发现自己也处于同样的尴尬境地。不客气地说，美国资本市场的某些方面是相当糟糕的。储贷协会作为美国金融体系的一个主要部分已经破产，储贷协会的崩溃浪费了纳税人数千亿美元。这是一种金融损失，但金融损失背后是资源错配的真实损失。政府损失仅仅是社会损失的一部分。即使我们对损失进行保守估计，它也似乎浪费了美国全年投资的一个相当大部分，这是一个难以估量的巨大失误。[2] 尽管储贷协会的崩溃暴露了美国金融市场的突出问题，但美国银行体系的其他部分也是不健全的，即使这些问题可能不是根本性的，也至少需要几年才可能得到稍微改善。这些经验可能对我是有益的，因为我能从美国的经验中了解不健全资本市场的后果，

---

[1]　参见 Stiglitz（1993a）。

[2]　这可能高估了真实的社会损失。大多数损失发生在不动产领域，有些支出是用于购买土地。银行的借款人（由于违约，也可以说是银行自身）制造了投机错误，对土地支付的金额过高。但这是纯粹的转移支付。当然，这些转移支付对经济的实际储蓄水平会产生消极影响，从而对经济增长路径产生不利影响。

以及探讨相应的原因。

# 资本市场的功能

为了方便展开讨论，我需要花点时间来回顾一下资本市场的主要功能，它们可以分别描述如下[①]：

（1）转移资源。将资源（资本）从拥有者（储蓄者）那里转移到使用者（借款者或投资者）手中。在任何资本主义经济中，资金拥有者和资金使用者之间永远不会完全一致。

（2）聚集资本。许多项目所需要的资本远远超出任何单个（或任何小群体）储蓄者能够提供的数量。

（3）选择项目。总有许多人宣称他们对资源能高效利用，但可用资源不够。

（4）监督。保证资金按承诺的用途加以使用。

（5）履行合同。那些借款的人必须按时归还资金。

（6）转移、分摊和共担风险。资本市场不仅用于筹集资金，而且还款方式的规则决定了谁承担风险。

（7）分散风险。通过共同投资大型项目使总风险降低。[②]

（8）记录交易。特别是商业银行可以被看作从事经营的交易中介，如支票清算这类活动。

需要注意的是，上述几乎都是经济职能，它们在标准竞争范式中并不重要。因为交易费用完全不存在，所以，那些涉及转移资源和记录交易的制度也就没有引起人们的注意。[③] 因为在不存在交易费用时，个人可以独立行动，从而转移、分摊和共担风险均不需要相应的制度，一套完善的风险市场体系的存在（理论上的**假设**）确保市场能有效地做到这一点。由于不存在规模报酬，所以不需要聚集大量资本。更重要的是，

---

① 对这些功能的广泛讨论，例如，参见 Stiglitz（1985b）、Greenwald and Stiglitz（1992）、Stiglitz and Weiss（1990）、Fama（1980），以及这些文章中列出的参考文献。

② 这可被看作（像其他功能一样）"节约包括信息成本在内的交易费用"。个人不通过金融中介也能够实现多样化，但成本会更高。

③ 从某种意义上说，这只是对标准理论的微小反对意见，因为很容易扩展标准理论，使其至少包含某些交易费用。例如，参见 Foley（1970）、Hahn（1971）。其他方面的反驳比这要严厉得多。

不存在信息问题，因此，选择项目和监督中至关重要的信息问题根本不会出现，同时还简单假定合同履行中不会存在问题。

资本市场不仅涉及跨期交易，而且涉及风险，这两者不可避免地联系在一起，部分原因是，因为跨时交易涉及今天承诺的金钱在未来兑现，总是存在这种承诺不被充分兑现的可能，所以，即使我们试图将两者分开也不可能：作为一个实际问题，在所有资本市场上，这两者都是结合在一起的。

我所描述的资本市场各种功能是联系在一起的，但在某些方面也并非必然。例如，商业银行将交易功能与选择和监督功能联系在一起，但利用现代技术，交易功能很容易被分离。在美国，现金管理账户（CMA）由各种经纪公司经营，资金可以即时转入或转出"银行"，经纪公司类银行执行交易职能，但不保持结算余额，相应地，也不执行贷款方面的功能（如选择和监督项目）。

某些投资银行承担选择功能，实际上，它们只是担保债券或股票发行，而在随后对借款人的监督中却只有十分有限的作用。当今的互助基金提供分散风险的服务，但很少履行其他资本市场功能。

许多金融机构都认识到自己的优势既来自专业化，也来自范围经济的可能性。① 所以，关于商业银行交易中介功能与贷款功能相互联系的一个传统观点，就是银行在媒介交易的过程中得到了相应的信息，这种信息对于贷款审查和监督很有价值。尽管出现了改变交易过程的大量新方法，使得某些信息内容受损，这种观点仍然相当正确。但是，对潜在借款人的一小部分交易进行观察，可能几乎没有任何信息价值。

资本市场各种功能之间的相互联系，也来源于信息的特殊性质。当做出判断的个人或组织愿意提供资金时，判断某个贷款候选人是否值得信任，就要比只愿意提供建议时高得多。当借款人归还借款的目的是获得额外资金时，就需要对其加强监控。

同时，明确各种金融机构的区别以及相应的不同作用也很重要。尽管资本市场作为一个整体，其功能是筹集和配置资金，但债券和股票市场的大部分活动却是交易现存的资产。特别是在美国和英国这两个证券市场最发达的国家，相对而言，股票市场并不是特别重要的筹资渠

---

① 这个有关技术的方面，在标准竞争范式中又一次被假定，因为在该范式中非凸性被排除了。

道。[1] 新创企业筹集资本的典型方式是通过合资或来自企业家的亲友，已成立的企业则通过留存收益自我融资。如果需要外部资金，则主要通过银行贷款或借债。尽管股票市场为股东提供的流动性可能影响企业利用留存收益再投资的积极性，但是证券市场在筹集和配置投资资金方面并未发挥主要作用。

# 资本市场的特殊性和政府作用

在几乎所有国家，由政府监管的资本市场有哪些独特之处呢？资本市场不同于进行商品即时交易的普通市场，正如我所指出的，资本市场是用今天的钱交换承诺（经常是不确定的）在未来兑现的钱。这种区别很好地解释了为什么资本市场不能被看成是传统的拍卖市场，实际上也不是按拍卖市场运转的，也很好地解释了为什么资本市场会有信贷（和证券）配给这个结果[2]，并且很好地解释了前面所描述的金融制度在诸如监督和选择方面所起的重要作用：在传统市场上不需要选择，总是出价高的人得到商品。

我们可以从考察政府已经承担的主要职能开始分析政府的作用。政府有五个方面的不同作用。

## 消费者保护

政府关注的是投资者不被欺骗。如果一家银行承诺按要求偿还一定金额，那么政府就要求它确实履行这一承诺。提供信息这种公共物品是政府干预的优点：关于企业财务状况的信息就是一种公共物品。[3] 确实，企业也有积极性披露信息（至少那些经营状况较好的企业会如此）。[4] 并且，在很多方面，私人评级机构也发挥一定作用，诸如保险方面的贝斯特（Best），债券方面的穆迪（Moody's）和标准普尔（Standard and Poor's），其他投资方面的邓恩和布拉茨里特（Dun and Bradstreet）等。问

---

① 参见 Mayer（1989，1990）。

② 参见 Stiglitz（1988b，c），Stiglitz and Weiss（1981），Greenwald、Stiglitz and Weiss（1984），Myers and Majluf（1984）。

③ 另外，在实施反欺诈法律和相关规制之间可能存在一种范围经济。如果有明确的（或强迫性的）信息披露标准，反欺诈法的执行会更容易。

④ 例如，参见 Stiglitz（1975c）和 Grossman（1981）。

题在于，是否有私人评级机构就够了？大多数政府对此持否定态度。

政府试图采取四种方式保护消费者利益[1]：（1）通过保证金融机构的偿付能力[2]，使其能信守自己的承诺（例如，使银行按要求归还存款人的资金，使保险公司在投保人发生事故时能支付承诺的赔付金）。（2）在金融机构失去偿付能力时，存款保险和政府经营的担保基金保证向消费者支付。（3）通过财务公开方面的法律，保证投资者在进行投资时更有可能了解相关企业的情况。[3]（4）通过规制市场的方式确保特定个人（内部人）不能通过欺骗他人来牟利。在美国，有许多这类法律，从禁止内部交易到禁止囤积居奇这类不良行为，不一而足。

政府在资本市场上保护消费者，其作用超出单纯的投资者利益保护。政府也关注这样的问题：如果没有这类保护，资本市场可能无法有效运转。如果投资者认为股票市场不公平，他们就不会进行相应的投资，市场相应地会遭到削弱，企业筹资可能更加困难。从 18 世纪的南海泡沫以及随后的其他事件来看，随投资者受骗事件而来的通常是证券市场的萎缩。由于资本市场可能存在害群之马，那些试图通过资本市场筹资的诚实企业也会受到损害，这里存在着外部性。政府保护投资者的政策，其目标就是确保资本市场更好地发挥功能。

## 政府增强了银行偿债能力

在美国，曾周期性地发生过银行挤兑事件，也许比其他国家更加频繁。政府已经出台三类措施来提高银行的偿债能力。[4]

（1）保险。政府对储户提供保险是维持对银行信心、防止挤兑的一种举措。政府履行这种保险职能是出于两方面考虑：一是通过增强消费者信心，减少可能的挤兑，来提高银行机构的生存能力。这种保险降低了以下可能性：那些基本上有支付能力的银行，由于出现流动性不足而导致违约。这里存在的问题是，是否有其他的机制（见下面的描述）也能发挥同样作用？政府保险是否具有更多的附加价值？二是对消费者的

---

[1]　这超出了反欺诈法的范围，是禁止一切欺骗。

[2]　后面我们将讨论政府如何试图做到这一点。

[3]　在美国，有相关的法律确保借款人了解他对贷款支付的实际利率，债券购买者了解他对一项投资承担的实际风险。

[4]　政府在保障其他大多数金融机构的偿债能力方面很少发挥作用，一个可能的例外是保险企业。保险企业受到高度规制，并且大多数州政府都设立担保基金，以便在保险企业出现兑付危机时使投保者受到保护。

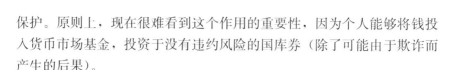
保护。原则上，现在很难看到这个作用的重要性，因为个人能够将钱投入货币市场基金，投资于没有违约风险的国库券（除了可能由于欺诈而产生的后果）。

假定政府确实提供了保险功能，那么像其他保险人一样，确保保险的事故不发生，符合政府既得利益。也就是说，作为保险者，政府有一项至关重要的利益，就是保证被保险银行的偿债能力。这也提供了政府干预的一个（不是唯一）理由。

（2）最后贷款人。防止银行挤兑的另一种机制是建立联邦储备系统，它发挥最后贷款人的作用，保证银行一旦遇到短期流动性困难能够获得资金。人们希望这种保险能够减少银行挤兑的可能性。很明显，如果银行真正出现无力偿付的情况，这种方式也不能解决问题，因为这种机制只是为了防止导致银行倒闭的短期流动性问题。

（3）规制。政府也设计了各种规制措施来防止银行出现无力偿债的情况，这些规制措施（或应该）基于以下原则：监督银行是有代价的，也必然是不完全的。相应地，设计的规制措施应该使银行控制者的决策更有可能提高机构的偿付能力，并尽可能在银行发生实际偿付危机之前就能够察觉到问题。规制措施也必须基于以下认识：在银行与银行规制者之间存在严重的信息不对称。银行的"账簿"是由银行控制的，相应地，银行规制者得到的信息完全有可能是扭曲的，银行可以出售价值被低估的资产，但在账簿上保持以账面价值记录的被高估资产。当银行在实践中系统性地对资产进行低卖高估处理时，银行资产的账面价值会系统性地高于其实际价值。[1]

首要目标是使那些控制银行的人更有可能做出提高偿债能力的决策，这可以通过以下方式达到：一方面要求银行必须具备足够的净资产，因为如果出现亏损，银行将蒙受巨大损失；另一方面限制银行可能进行的某些贷款和投资，例如限制内部人借贷或限制购买垃圾债券。

## 政府试图增强宏观经济的稳定性

政府关注银行挤兑的一个原因，是银行体系的崩溃可能导致严重的宏观经济后果。银行与其他金融机构是其大量借款人的特有信息库，一旦银行倒闭，随之而来的是经济体系中信息组织资本的减少，这又转化

---

[1]  税收方面的考虑在某种程度上可能会限制它们这么做。但是，当银行处于困境中时，管理方面的考虑会胜过税收方面的考虑。

为可贷资金的减少。我们注意到，如果资本市场具有拍卖市场的性质，银行倒闭就不是什么问题，但实际上不是。信息减少不仅损害资金配置的效率，而且可能导致更广泛的信贷配给，最终导致资本市场实际成本的大幅提高。

银行（和其他金融机构）所执行的一个功能，就是鉴别谁可能按时归还贷款，即谁的还款承诺比较可信。如果有太多的人得到鉴定——如果有太多的人有资格获得贷款，并且银行决定实施——很容易出现资金的需求超过供给的现象。既然价格体系（利率）难以发挥市场出清的功能，就意味着市场体系中不存在自动的市场出清机制，这时，中央银行就将发挥重要作用。

### 竞争政策

也许在美国比在其他国家存在（至少已经）更大的担忧：如果没有政府干预，银行可能会导致经济势力的过度集中。对银行实施的许多限制，诸如各州之间的银行业务规定（在美国，银行只允许在一个州之内开设分行），以及那些与银行业务活动相关的规定，都是为了限制银行操纵经济的能力。

### 政府干预的合理性

通过对政府规制金融市场作用的长篇讨论，读者也许现在熟悉了，这是我们讨论政府监管问题的一种方式。另一种方式是考虑是否有理由相信自由、无约束的资本市场能够导致资源的有效配置。直到 15 年前，这个问题的回答简单明了：斯密的"看不见的手"定理指出，竞争市场能够保证有效的资源配置。但是，过去十几年的研究，已经深入分析了资本市场的功能，资本市场之所以令人感兴趣且十分重要，其原因在于信息不完全。正如我在第 3 章中所解释的，考虑到不完全信息，一般而言，市场不能达到限制性帕累托效率，没有理由崇拜自由市场。这里没有必要回顾相关原因，我只是简要提出前面讨论市场经济无效率时没有充分强调的一点：资本市场的大量收益包含寻租成分。你比其他人早一分钟知道埃克森发现了一块大油田，于是你乘机购买埃克森股票而大赚一笔，但这并没有改善社会资源的配置从而提高效率。[1] 金融部门的大

---

① 参见 Hirschleifer（1971）。关于"信息和寻租"原理的更一般讨论，参见 Stiglitz（1975c）。

多数创新只是提高了交易速度，其结果真的使社会得到改善了吗？某些人可能获得了本该由其他人得到的利益，但是有更多的物品被生产出来了吗？或者说，这样使得配置效率提高了吗？[1] 简言之，没有先验的基础认为政府不应该对市场进行干预，相反，似乎具有很强的理由要求政府干预。不过，政府干预的**潜在**价值必须与政府失灵的可能性加以平衡。既然某些政府干预是可能的，就需要回答：需要建立哪一类金融机构？政府应该发挥什么样的作用？[2]

# 东欧国家的前景：转型问题

前面讨论的大多数问题具有普遍性：实际上，它们在任何经济体系中均可能发生，尽管不同国家的严重程度不同。这些问题在东欧国家表现出特殊的情况，我想集中讨论的就是这些特殊性质。

我们可以区分为两类问题：一类与金融机构的形式相关，这类问题最终将在这些国家出现；一类与目前经济向市场经济**转轨**的特定问题相关。从某种意义上说，这两类问题是不可分的：关于最终目标的观点会影响对某些短期问题的重视程度，而关于短期转型问题的解决方案无疑对最终目标也具有重大影响。实际上，在本章的前面我已经提醒读者需要注意这种相互关系：短期决策可能难以轻易逆转。

我从讨论转型问题开始，特别需要注意的是，如何解决这些问题，关键取决于如何定义最终的金融体系结构。这部分将从资本市场的角度，回顾前面讨论私有化时提出的几个问题。

这些处于转型过程的经济体将面临五个相关的重要问题：（1）最明显的问题是确立**硬预算约束**，其他四个问题的重要性是被逐渐认识到的。（2）从历史上看，银行和其他的所谓金融机构，没有行使过正式金融机构应该行使的主要职能（除了交易中介的职能）。实际上，必须创立全新的机构。但是，大多数转型国家只是力图适应旧机构而不是去创立新机构，它们的**历史制度遗产**在多大程度上产生不利影响还有待观察。旧的思维模式会阻碍它们认识自己的新经济职能吗？看来，至少需要一个再教育过程。（3）在旧的制度下，不仅银行没有履行其应有的职

---

[1] 参见 Stiglitz and Weiss（1990）为此建立的正式模型。

[2] 关于金融市场中市场失灵问题的更广泛讨论，参见 Stiglitz（1994）。

能（如审查贷款候选人），而且那些贷款的银行也不是把自身当作银行。确实，当政府同时拥有银行和企业时，似乎是左边口袋欠右边口袋的钱，两边都将相互的交易简单看成是一种记账操作，这导致一个重要问题：我们如何处理金融机构的历史**遗留贷款资产组合**？如何对待这些遗留债务对私有化过程具有明显的后果，很显然，反过来它也受私有化过程的影响。（4）在东欧国家中，国家垄断经济，没有将竞争作为一种政策工具。强化有效竞争可能是一项困难的任务。（5）金融与**公司控制**之间的关系越来越受到经济学家的关注[①]，东欧国家决定通过广泛的股权分配计划进行私有化，这可能形成东欧国家中的特殊问题，这些问题对金融机构的作用和设计具有影响。下面我将详细讨论前面三个问题，后两个问题放到后面关于金融体系最终形式的讨论中进行分析。

关于转型国家金融体系设计的讨论，其更深层次的问题是，在多大程度上应该依靠现有机构的改革和重组，在多大程度上应该依靠新机构的创立，在多大程度上可以宣布核销旧的债务和债权，在一个完全不同的经济制度下创立一个全新的体系。构成上述争论基础的许多问题都涉及政治学和预期，超出了经济学的范围，但还是属于基本的经济问题，也是我打算讨论的重点。也许讨论过多集中于现有机构的改革，而不是建立新机构的特殊问题。

# 软预算约束、银行偿债能力、选择过程和遗留资产与负债

许多金融机构在软预算约束下经营：其亏损由政府弥补。金融部门的软预算约束可能会给整个经济体系带来灾难性的后果。软预算约束像是一种病：它可能具有高度传染性。如果银行存在软预算约束，它们也不会对借款者严格约束。如果借款者的净资产价值只是零或为负，他们可能不会在意自己的经营是否会亏损：即使政府不弥补差额，他们也能借款维持经营。存在一种更直接的机制，使得软预算约束的疾病得以蔓延：企业不断地扩大与供应商和顾客的贸易信贷。如果某些企业没有紧约束，它们也可能不会对供应商和顾客施加紧约束。如果人们普遍相信国家始终会支持国有企业并负责其债务，那么任何国有企业都处于能够

---

① 例如，参见 Stiglitz（1985b）。

创造信用的位置。

如何最有效地硬化预算约束是一个难题，这里没有简单的答案。在此，我打算对一些经常被推荐的解决方案提出一些问题。私有化似乎是最简单的解决方法，一旦一家企业属于私有部门，它就没有权利向政府要钱，它必须自主生存。

## 估值问题

私有化问题已经得到广泛讨论（参见第 10 章）。这里我集中讨论由金融部门私有化所导致的某些问题。假定在某个时刻，政府决定以公开竞争的方式出售金融机构，那么中心问题是如何对金融机构的资产进行估价。与评估这些资产相联系的风险意味着，面对风险规避型投标者，政府所得可能大大低于资产实际的公平价值，这确实是所有私有化过程中的实际情况。但是，与金融机构私有化相联系的风险根本不同于工业企业。与银行资产估值相联系的风险，其关键方面是如何处理这些拥有银行资金的"企业"在私有化过程中的负债。金融机构提供给国有企业的贷款（即国有企业的债务）应该由政府承担，还是应该坚持由那些购买国有企业的主体承担？到目前为止，这些问题仍然悬而未决。因此，主要的评估风险实际上是一种政治风险，政府有代价地将风险转嫁给私营部门是没有意义的。

并且，估值出错的后果可能特别严重。一方面，如果投标者高估了净资产的价值，金融机构可能会资本化不足，这些机构有很强的激励去承担过度的风险，这就是我们熟悉的道德风险问题，其后果在美国储贷协会破产的事件中显露无遗，正如濒临破产的银行孤注一掷地寄希望于经济复苏。这种资本化不足越普遍，政府救助的可能性也越高。金融机构知道这一点，从而会采取相应的行动：私有化不会硬化预算约束。另一方面，如果投标者低估了净资产的价值，将会面对政府事先泄露招投标信息的指控。政府可能很难抵御夺回利润的诱惑，例如，对产业征收特别的税收。

## 金融机构的破产

在资产被显著低估或高估的情况下，金融机构的成功或失败，除了显示出投标者有（或没有）运气或者投标者具有（或缺乏）政治风向的预估能力这样的信息之外，并没有传递更多的信息。如果一家银行显示出具有偿付能力，可能并非因为它进行了恰当的贷款决策，而可能仅仅因为其资产价值被低估了。同理，如果一家银行出现流动性危机，政府需要决定如何处理，这时政府面对着严峻的问题。首先，必须明确银行是否真正失去了支付能力。这又涉及前面讨论的资产估值相关的基本问题，银行贷款资产的价值在很大程度上取决于政府的政策。如果银行确实出现了支付危机，就应该断定银行缺乏经营能力从而应该让其倒闭吗？就像政府如何对待银行贷款一样，这里也可能出现相同的政治误判：非私有银行的失败可能并非仅仅因为其缺乏经营能力，诸如经济环境剧烈变化这类因素毕竟难以被合理预期到，并且国营银行的贷款几乎不遵循标准的商业原则。正如前面所提到的，与资本主义经济不同，市场社会主义经济中的银行并不履行对贷款申请人审查和监督这样的中心职能。

假如人们能得出银行支付危机并非缺乏经营能力的标志这样的结论，这意味着什么呢？如果银行被宣布倒闭，（也许）意味着有价值的组织资本[①]的丧失。为获得这种组织资本我们需要一种一劳永逸的注资，但是没有一种方法保证这种形式的注资将不会被重复，从而激励再一次被扭曲。

### 股份的公共分配：一种负资本税？

如果银行被私有化，但其股份向公众分配，就会产生我所描述的问题——甚至以更尖锐的方式被提出来[②]，也就是从效果上看，是一种负的一次性补贴，或者说是一种负的资本税。传统税收理论认为，对于合意的资本税而言，预期被重复征收时不会导致扭曲性结果。这种负资本税的支持者认为，由私有化的管理者激励所带来的收益大于由税收扭曲所导致的成本，这种税收对于政府增加收益是必要的。但是，实施政府保持控股的部分私有化可能效果更好。任何管理者激励计划都可能被有效使用。确实，正如在第 3 章中所看到的，在美国的绝大部分大型私人公司中，管理者报酬与管理者对企业绩效的贡献之间只有较弱的相关性。[③]

---

　　①　我早期的观点是，可能存在负的组织资本：与市场社会主义下银行相联系的过时思维方式，可能会影响到新的经济环境中的银行，从而削弱其履行新的、不同的且更重要的经济功能。

　　②　这与出售银行发生的情况不同，因为已经没有对资产和负债的外部评估（尽管这种评估可能不可靠），也没有来自外部的额外资本注入（而这在银行私有化中通常可能会发生）。

　　③　并且，评估金融机构现有资产方面的困难，使得人们难以断定金融机构是否运转良好。

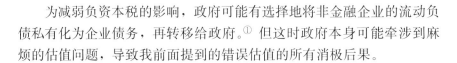

为减弱负资本税的影响，政府可能有选择地将非金融企业的流动负债私有化为企业债务，再转移给政府。[①] 但这时政府本身可能牵涉到麻烦的估值问题，导致我前面提到的错误估值的所有消极后果。

## 金融机构私有化的时机

简言之，任何新近私有化银行的潜在存活能力，可能同样取决于它对旧资产估值的能力或者运气，就像依赖于不可预测的价格和市场价值变化，也像依赖于机构持续履行其职能的能力（如本章前面所描述的）。特别是在转型的早期阶段，影响私人部门的政府法律、规制与政策不是很清晰，市场估值的可能变化很难预测，例如，政府可能将某些企业的高债务看作持续经营的障碍，或者拒绝这类债务，或者假定作为自己的义务，这些不同态度对于债务人显然具有天壤之别。[②]

在市场社会主义经济中，不同类型的金融结构并无差别，至少 MM 定理大体上成立，尽管其理由可能相当不同：所有义务都是政府一个部门对另一部门的义务。[③] 企业简单按照指令生产，金融也只是简单适应这种"秩序"。[④] 在市场经济中，金融结构则非常不同[⑤]，但同样没有激励或相应的理由将企业继承的财务结构强加于企业持续经营过程，正如我在第 10 章中所认为的，这里需要某些类型的资本重组。虽然私有化代表了资本重组的一种可行形式，即政府对债务（正如美国储贷协会的重构）和债务互换（正如某些发展中国家对债务的重新安排）的设想可能是政府重新审视与私有化相关的一些更根本问题时采取的临时措施。这些资本重组，尽管可能是可取的，但会深刻影响企业对金融机构的未偿债务的价值，在对金融机构实行私有化之前，似乎有理由消除这些不确定性。如果推迟私有化，可能需要采取硬化预算约束的其他临时性方法，McKinnon（1992）提供了一种深思熟虑的方案。

---

① 值得注意的是，我在前面曾提到，罗马尼亚的债务国有化代表了一种有意思的妥协：不评估实物资产，而是将一家企业对其他企业（以前属于政府所有）的金融债务转换成企业对政府的债务。

② 转型过程中的一个重要问题是，如何更广泛地处理遗留债务。通货膨胀显然是弱化该问题重要性的一种方式，但这种方式也有明显的不利之处。对这个问题的详细讨论超出了本章的范围。

③ 这无疑过度简化了问题，特别是在如匈牙利这样的国家。在这些国家中，企业具有某种程度的自主权，也存在破产法，政府也不是作为所有贷款的最终承担者。

④ 对这个问题的更广泛讨论，参见 McKinnon（1992）。

⑤ 例如，参见 Stiglitz（1988c）。

暂时撇开金融机构私有化的时机问题，在可能被视为"一揽子私有化方案"的设计中，需要考虑一些重要的注意事项。

## 硬化预算约束的其他问题

执行严格的预算约束具有显著的宏观方面和微观方面的好处，很明显，过度的信贷扩张可能导致通货膨胀压力。我想提醒的是，不要过于迅速地硬化预算约束，或者，也许我应该说，不要用错误的方式过快硬化预算约束。正如第 10 章所解释的理由，在转轨过程中，当前的盈利能力可能是一种不可靠的信号，不能在此基础上做出淘汰企业的决策。

### 信贷约束和总供给

标准宏观经济模型关注货币（信贷）约束对总需求的影响，但货币约束对总供给也有影响。如果企业不能获得重组的运营资本，生产规模将会缩小[1]：如果利率急剧上升，并且没有资本重组的机会，高负债企业可能陷入破产境地。但是，这些问题与企业目前的经营效率并无关联，只是由遗留下来的金融结构所致。[2] 如果总供给的下降超过总需求的下降，货币（信贷）约束实际上会导致通货紧缩。更广泛地说，重要之处在于断绝对那些回报率最低企业的贷款，但转轨过程中恰恰难以确定这一点。

### 宏观控制机制

在控制信贷配给和信贷总规模方面均存在问题。如果只有一家银行，原则上容易控制信贷总量，但是建立市场经济的一个中心内容是形成至少有几家银行或其他金融机构相互竞争的局面。在美国和其他资本主义经济中，政府通过间接控制机制控制信贷规模，包括公开市场业务、贴现率和法定准备金等政策工具。即使在美国，如果面临经济衰退从而经济面对重大的不确定性，这些政策工具与信贷规模之间的关系也会变得脆弱。在新建立的金融体系中，政策工具与信贷规模之间的关系可能更加不确定，所以，对于控制信贷规模而言，间接控制机制可能被看成是一种风险过大的方式。另外，中央银行可能无法在各银行间有效

---

[1]　参见 Greenwald and Stiglitz（1993）为此建立的模型。模型中同时分析了资本市场状况对总需求和总供给的影响。Calvo and Frankel（1991）已经强调了转轨过程中供给效应的作用。

[2]　虽然在关于破产成本的意义方面存在某些争论，但是在转轨过程中，当所有社会资源被重组时，与破产相伴随的资源使用的破坏，可能代价特别巨大。当某种商品只有唯一供给者时，这在中央计划经济中是常见的情况，破产的外部成本会特别高昂。

地分配信贷目标，一种建议是采取"可市场化的数量限制"，中央银行控制信贷数量，要么拍卖发放贷款的权利，要么授予各家银行发放贷款的权利，附带条件是银行可以自行交易这些权利。这种可市场化的数量限制能够将数量限制的确定性与市场机制的配置效率结合起来。[①]

# 东欧国家的前景：金融体系的最终形式

存在一些与金融体系设计有关的基本问题，它既是转轨过程必须面对的，也是形成金融体系最终形态需要考虑的。我的讨论分为三个方面：首先涉及竞争的作用；其次讨论与银行体系的偿付能力或流动性有关的一套规制措施；最后集中讨论公司控制问题。

## 银行和竞争

第 7 章强调了竞争的重要性——那里的竞争概念的含义比标准竞争范式中的价格接受行为要宽泛得多。在银行与竞争的关系方面，涉及两个相互联系的问题：一是银行之间的竞争；二是影响企业间竞争的银行实际行为。美国已经清楚地认识到限制企业间竞争的银行行为可能带来的有害影响，所以，美国制定各种法律和规制措施以鼓励银行体系内的竞争——美国银行体系的竞争性本来就比其他国家更强——同时，也有人建议取消某些打算限制银行经济势力的规制措施。

在东欧国家确立可行竞争机制的问题是某些争论的重点，有些人相信，只要允许国外竞争就万事大吉了：只要允许国外企业进入国内竞争，国际市场上就有足够多的企业使国内竞争得到强化。有些人则看到在资本主义经济中已经被充分采用过的各种形式的进入壁垒，从而使得竞争最多属于不完全竞争。第 7 章解释了为什么我倾向于后一种观点。

银行能够而且实际也被用于限制产品市场的竞争，银行在协调决策方面处于理想地位。并且，即使从银行作为贷款者这个狭隘利益的角度，它也会限制竞争：因为竞争越激烈，市场上低效率的企业越可能面

---

① 在美国，这种可市场化的数量限制已经被用于某些类型的污染控制。Weitzman (1974) 分析了在利润函数和成本函数不确定条件下，运用数量或价格作为控制机制的各自优点。这种分析也可以扩展到这里分析的问题。

对于利用价格体系配置信贷的各类批评［参见 Stiglitz (1988d)］也适用于这里的分析，因为这里是使用价格体系在金融机构之间分配信贷的配置权利。

临破产，从而越有可能使得某些贷款无法收回。尽管资本主义的活力并不依赖于存在教科书意义上的完全竞争，但一种高水平的竞争还是必需的，这样才能既保证经济效率，也保证消费者享受经济效率的成果。如果农民不是将产品低价卖给政府，而是低价卖给如食品加工企业这样的垄断买方，他们也得不到什么安慰。在任何一种情况下，低价格都会抑制生产从而阻碍农业部门的发展。

有一个普遍的假设认为，银行间的竞争与经济体系中其他部门的竞争同样重要。然而，尽管银行间的一定程度的竞争具有合意性，但过度竞争可能也有问题。银行也许比其他机构更依赖于自身的声誉，声誉是一种值得保持的资产，因为它带来了经济收益。正因为存在经济收益，才使得竞争必定受到限制。这种限制可能来自自然的经济力量，即建立一种声誉可能形成进入壁垒。[①] 尽管这种观点在某种程度上也适用于许多其他市场，但它在金融机构中更有说服力，因为金融机构的交易是用今天的钱交换**承诺**未来支付的钱。一台电视机的购买者可以很快发现自己所买到的东西状况如何，如果电视机两年就用坏了，生产者将很快失去声誉。而在金融市场上，机构所做出的承诺经常涉及更长的时期。值得注意的是，在美国，存款保险机构的效果之一就是减少或消除这种进入壁垒，鼓励进入和竞争。但是，竞争强化和声誉租金减少也会鼓励银行追求短期行为，这也是导致储贷协会破产和相关银行危机的原因。

似乎存在以下实际可能性：或者是过度进入——这将导致声誉租金降到零，从而摧毁维持声誉的积极性，或者是不充分进入——这将导致金融部门的不充分竞争。我们没有任何把握断言政府有能力保证"恰当"的进入水平。观察到的利润水平恰好是一种保持经济效率所必需的租金吗？除此之外还有垄断利润的因素吗？这里没有明确的答案，不过，有一句简单谨慎的话：需要仔细监视金融部门，以便及时发现上述两种可能情况的重大"错误"。

### 对银行体系的规制措施

现在有一种广泛的共识（鉴于前面的理由），那就是，即使在运行良好的资本主义经济中，银行业也需要适当的规制。前面我讨论了这种规制的一般形式和目标，将其转换成东欧国家金融机构建设的具体建议，将超出本章的范围。不过，这里我想细谈几个与"市场失灵"和

---

① 参见 Eaton（1986）、Shapiro（1983）、Schmalensee（1982）和 Stiglitz（1989b）。

"政府失灵"相关的关键问题，这两种失灵在美国储贷协会破产和银行危机所面对的问题中得到了很好的诠释。标准分析将美国金融机构面对的问题归纳为八个因素：

（1）存款保险。它使存款者没有积极性去监管银行。

（2）不适当的资本需求。它导致资本金不充分的机构有很强的动机去过度冒险。如果按照市场价值评估，某些金融机构发现自己处于负的净资产状态。低资本净值的原因，部分是错误的投资决策，部分是大部分固定利率的长期债务面对利率变化时资产贬值。负的或低的资本净值企业抱着赌一把的心态，试图使自身复活。

（3）对金融机构如何投资基金的不适当约束。这些基金持有者通常信任这些金融机构。这种不适当约束使得那些抱着赌一把心态的企业有机可乘。确实，为了**帮助**陷入困境的储贷协会，里根政府在20世纪80年代初的救助实际上导致了规制的放松。

（4）缺乏适当的激励使银行不参与冒险。它们的存款保险费用不随所承担的风险大小而调整，确实会导致格莱欣定律的效果：那些提供高利率的机构能够吸引更多的资金（因为存款者只关注利率——有存款保险，所有存款均同样安全），金融机构需要支付高利率，所以不得不承受高风险。

（5）监管者的不适当监管。

（6）不适当的核算程序。资产不是按目前的市场价值评估，所以，资产净值低或为负的企业尽管有过度冒险的激励，但没有破产关闭。

（7）监管机构的不作为。监管者即使注意到问题，也有充分的动机去尝试"修补"，而不是直面危机。

（8）银行人员腐败。

上述最后一个问题与其说是原因，不如说是一种结果。在一个社会中，银行人员通常属于更守规矩和更讲原则的一类人。正是20世纪80年代美国金融环境提供的激励和机会产生了相应的吸引力，如果吸引的不是腐败的个人（在大多数账户中，他们只占总损失的一小部分），至少也是更多的"冒险"活动。银行人员利用经济体系提供的激励机会去追求自身利益在一定程度上无可非议，即使在政府必须承受更大的风险同时银行获得更大潜在收益的情况下，也是如此。

规制机构面临问题是必然的：它们拥有的信息不如银行，所以总是处于不利地位。这个问题又被规制机构人员的低薪酬所强化。无论从绝对量还是相对量上来说，他们的薪酬都低于被其规制的银行人员。但这种薪酬限制是政府内在局限性的一部分，前面我曾提到过这一点。

关于存款保险对监督的影响是一个与事实不相关的论点：因为个人既没有能力也没有积极性去实施有效监督，即使没有存款保险也是如此。实际上，监督是一种公共物品，个人无法获得相关信息，也不具备监管机构应有的那种判断能力。评级服务只能起到微小作用，在 20 世纪 80 年代后期的危机中，它确实没有显著的效果。

任何保险企业都知道，一旦提供保险，就可能引起道德风险问题：保险减弱了投保人防范投保事件发生的积极性。承保人则试图附加一些规定来降低道德风险，例如，火灾保险公司为了减少可能的火灾损失，要求投保的商业单位安装喷淋系统。在设计规制体系时，应该设法降低政府必须支付存款保险的可能性，并且考虑到政府和储户对银行只有有限的监督能力这一事实。规制体系应该按以下要求设计：能够改变激励机制，在容易观察到的地方进行控制，并且能降低政府承担的剩余风险的规模。任何承保人都试图降低自己的风险，政府对存款保险账户的规制也可以看成相同的情况：资本要求、对吸引资金的利率的限制以及对风险性投资的限制等，均会减少违约可能性，而这种违约必须由政府支付保险赔偿金。所有权限制、潜在利益冲突的限制以及银行信托责任的广泛运用，均会减少违约的"诱惑"，从而再一次减轻监督的负担。

如果将资本要求确定在一个足够高的水平，许多其他问题会得到缓解：既然政府承担较小风险，根据风险调整保险金的结果就变得不太重要。[①] 不能正确评估银行资产价值的后果也变得不太重要[②]——在结果无可挽回之前，也就是说，在政府风险增加之前，问题将会被察觉，银行过度冒险的激励将会减轻，银行体系对喜欢冒险的企业家而言，吸引

---

[①]　在任何情况下，政府都难以通过调整保险金来反映风险水平：联邦政府能够宣称，根据自己的测算，一个州比另一个州的风险大，所以，将在该州收取更高的存款保险金吗？

最近有许多人建议，政府可以采用市场机制的方式对适当保险金水平给出"客观"的决定。例如，政府可以在再保险市场上"出售"部分保险，然后使用这种价格作为征收存款保险金的基础。

[②]　既然在实践中并非所有资产均按市场标价，那么银行会抱怨对市场上资产的标价不公正。某些资产，例如银行拥有的实物资产通常就不需要进行再评估。但是，仔细考察就会发现，这种抱怨并不像初看起来那样正当。在目前的实践中，实际上银行可以自行决定重新评估资产的价值，对那些增值的资产进行市场评估，于是产生资本收益，而对那些贬值的资产则按初始价值保留在账面上，相应地，账面价值与企业资产的实际价值存在较大偏差。

力似乎会降低，而他们在 20 世纪 80 年代的储贷协会事件中却发现了自己的避风港。

我在上面提到过一种可能有效的间接约束措施，就是对银行所有权的限制。但对这一点，我并无十足把握，下面我讨论其中的原因。

## 银行和公司控制：两种观点

前面我已经提到过，在经济体系的金融部门与生产部门之间设置坚固防火墙的意愿，与许多观察家看到的日本和德国非常成功的金融结构模式背道而驰。这为设计金融体系提供了多种可供选择的模式，这些模式对经济转型国家来说尤其具有吸引力。我认为，从一方面看，并非只有一种可行的金融结构，从另一方面看，就意味着也有许多不可行的金融结构。美国的金融体系就存在明显的问题。

日本金融体系特征通常涉及与生产集团的关系，每个生产集团均以一家银行为中心，这些银行与生产企业具有密切的关系。例如，当马自达公司遇到麻烦时，与其关系密切的银行就介入公司，通过改组管理部门成功挽救了公司。这些生产集团之间存在竞争，而生产集团内部则有合作。

日本模式已经受到相当大程度的关注，因为它解决了困扰美国管理型资本主义的问题，这些问题我们已经反复提到过，即因为股权高度分散，管理者拥有相当大的自主权。优良的管理是一种公共物品：如果企业经营状况好，所有股东均会受益，并且没有哪个股东可以被排除在受益者之外。但在这种情况下，每个股东也没有适当的激励去监督企业，实际上，小股东也很难发挥有效的作用。至于所谓的控制机制，其运行也非常不完善——很少能够通过投票机制实现管理者的替换，并且接管机制也存在根本性问题。[1]

尽管名义上银行对企业没有控制权，但实际上可以对企业进行有效的控制，因为它有收回贷款这个可信的威胁。而信息问题意味着信贷市场具有内在的不完全性，一家银行收回贷款时，其他银行一般不会介入。[2] 并且，信贷通常比证券更加集中（通常有一家主导银行，一个贷

---

[1] 对这个问题的进一步讨论，可以参见 Stiglitz（1972a，1982d，1985b）和 Grossman and Hart（1980）。

[2] 对于为什么会如此的理论分析，以及信贷终止的激励效应的理论分析，参见 Stiglitz and Weiss（1983）。

款辛迪加中的银行数目是有限的，而且它们之间有各种形式的相互关系，从而有助于减轻"搭便车"问题的严重性），因此，银行既有积极性也有相应手段进行实际的控制。[①]

依据上述观点，看待企业的适当方式是将其看作一个多重委托-代理问题，各种委托人是那些向企业提供资本的人，也包括工人（实质上是那些因企业破产而遭受不利影响的人）。从这种观点看，管理者是所有这些委托人的"代理人"。尽管银行可能不会诱导企业采取行动从而使其他集团的利益最大化——银行要确保企业的破产风险相对较低，这可能不会使股东的期望收益最大化——但银行实施的控制至少确保了企业的偿付能力，使之不至于破产，这确实给其他集团也带来了外部利益。人们也许会认为，如果银行也是企业股东，就更有可能采取行动增加资本的总收益，这正是日本模式的一个突出优点，因为银行也是企业的所有者，它就有积极性对企业行使关键性监督职能，它的这种行为方式既有利于贷款者的利益，也有利于股东的利益。

人们也许会设想，如果转型国家中大企业的股份被广泛分配，将导致管理者的实际控制问题，最坏的那种权力滥用——曾经出现在雷诺兹-纳贝斯克公司的案例中——可能成为普遍现象。日本模式有可能能够限制这种现象——当然以大量公司权力的集中为代价。如果要限制这种权力滥用，需要保证有几个类似的企业集团，并且它们之间存在竞争。因此，人们对这种合意的金融结构的评价，可能受到他相信反垄断法会如何有效实施的影响。国际竞争可能提供进一步的约束。然而，人们不能忽视这种可能性，即大量集中的资本由相对较少的个人控制（即使他们并不"拥有"这些资本），可能使他们获得政治影响力，从而有可能限制竞争（当然总是以其他更神圣原则的名义）。

也许一种混合体系能够提供一种必需的制衡。[②] 在这种混合体系中，控股公司在集团成员中充当管理者的角色，同时也有独立的金融机构。金融机构的一种重要作用就是对监督者进行监督，同时，集团中不

---

[①]　参见 Berle and Means（1932）和 Stiglitz（1985b）。债务集中化的部分原因在于，给定有限的风险程度，债务风险分散化的重要性不如股票风险分散化。

[②]　有人认为控股公司在转型过程中只扮演一个角色。尽管实际上股份是广泛持有的，但他们认为有一个集中过程，最终，某些所有者拥有的股份会足够大，从而能发挥有效的控制作用。不过，没有证据显示这种集中过程发生的速度有多快，或者说，集中最终是否会发生，在这种情况下，控股公司将成为持久性的角色。

同成员各自独立，可以在一定程度上限制经济权力的过度集中。①

在近年来的美国，风险资本在提供资金方面发挥了重要作用，特别是在高技术产业中（尤其是在计算机和生物制药及其相关领域）。在这方面，监督和选择功能与资本提供密切联系。不过，这类企业是否具有更大的适用范围？这类企业的变种是否适用于私有化过程？这些问题并不清楚。

## 证券市场

在前面的分析中，我重点关注的是银行而不是证券市场，这种选择是经过仔细考虑的。证券市场在很大程度上是一种有趣的杂耍，而不是行动的主体和中心。即使是在美国和英国，通过证券市场的筹资规模也相对较小②，人们不可能期望证券市场在转型国家的资金筹集中发挥很大的作用。证券市场在资本配置中也只有次要作用，正如我的同事罗伯特·霍尔曾提出的：只有将金融部门与生产经营部门分开，《华尔街日报》才能最终把事情做对，金融部门与经营部门之间只有松散的联系。也正如我前面所指出的，管理者不能指望股票市场来决定是否应该另建一座高炉，或者是否要进一步勘探油田。股票价格确实有关——管理者确实希望自己的决策能够影响股票价格。但是，股票价格不能、也不应该决定管理者的行为，因为对于指导投资决策，股票价格只提供了十分粗糙的信息。在东欧国家的转轨过程中，就提供投资决策的相关信息而言，甚至更不可能指望证券市场发挥重要作用。

尽管股票市场会增强流动性，而流动性增强使得证券投资更有吸引力，但股票市场并非全然是幸事。如果股票市场作用重要，它的不稳定③就会导致宏观经济的不稳定，这一点我们现在已经很熟悉了。这方面的政策（例如，对股市征收交易税）含义仍然是一个备受争议的话题［例如，参见 Stiglitz（1989c）和 Summers and Summers（1989）］。

---

① 在某种程度上，如果东欧国家想尽快实现与西欧的一体化，设计出像西欧国家那样运转良好的金融机构，与我们前面列出的那些因素一样重要。

也许值得注意的是，美国相当明确地限制一家企业能够拥有或控制另一家企业的程度（至少在相关产业内），因为它担心这会导致潜在的合谋行为。另外，让一些企业拥有另一些企业（正如日本流行的那样），则可能提供一种更有效的相互监督体系。参见 Arnott and Stiglitz（1991）关于在缓解道德风险问题上相互监督作用的讨论。

② 对近年来有关数据的评论，参见 Mayer（1989）。

③ 一种可能的不稳定来自投机泡沫。

也有人担心，在某种程度上管理者特别关注股票价格，会导致管理者的行为过度短期化（这可能是因为股票价格对短期收益过度敏感）。持这种观点的人——至少可以追溯到凯恩斯——希望有办法鼓励证券方面的长期投资，也许可以通过税收体系抑制短期交易（如征收营业税）。尽管这里不适合深入讨论这种争论（在征收这种税收的过程中，这些方面都出现了实际问题），但应该注意到，从几个国家的实际情况来看，几乎没有证据显示，这种税收对市场波动性或市场发挥其他功能的能力产生了任何不利影响。

# 总　结

金融市场在任何形式的资本主义经济中均发挥中心作用。资本市场设计影响到经济体系筹集资本的能力，也影响到资本的有效配置。不仅如此，资本市场设计还影响经济的所有部门中企业的效率。即使人们很少相信公司控制权市场的效率或有效性，但金融机构的监督功能提供了对管理者的必要约束，这种约束在股权高度分散的经济中特别重要。

虽然有一系列金融结构可供转型国家选择，这些金融结构存在于不同形式的资本主义经济中，但是没有证据显示哪一种代表了最优的金融结构，或者很难说哪种金融结构确实能够充分适应新技术，这些新技术导致了信息处理过程的革命性变化。就某些资本主义国家的情况而言，金融体系的缺陷十分明显。摆在转型国家面前的是一种微妙的平衡：一旦建立了一种金融结构，它们就会发现要加以改变将十分困难并且代价高昂，既得利益阶层会很快形成并且产生相应的政治和经济影响力。操之过切地建立金融结构，其危险性似乎显而易见，但是私有化过程和建立一套功能良好的市场经济均需要有效的资本市场，所以，无限期推迟建立金融结构是有代价的，也许是不可能的。至少我们希望本章讨论的内容，对于金融市场和金融机构设计过程中需考虑的某些关键问题有所帮助。

# 第13章 探讨正确的问题：理论与证据[①]

　　传统上，关于市场社会主义和资本主义的争论通常被表达为不同经济体制的选择，我倾向于认为，这不是提问题的正确方式。真正的问题是，国家（政府）的经济职能应该是什么？如果这样提出问题，人们就可以直接认识到国家（政府）发挥作用的一系列可能性，从无所不包的作用到只有极其有限的作用。政府可能扮演一个干预者的角色，例如，征收恰当的庇古税，进行大规模的再分配，但这时政府在生产上可能只发挥非常有限的作用。对于保证平等，甚至对于特定精英的政治权力的限制，政府拥有生产资料所有权既不是必要的，也不是充分的。

　　因此，问题不在于政府应该发挥多大的作用，而是在于政府应该发挥哪些特定的作用，什么样的作用应该留给市场，政府干预应该采取什么样的方式。即使在最彻底的市场导向型国家，政府也在生产中发挥积极作用：尽管政府从私人承包商那里购买军事装备，但并没有将提供"作战"服务的实际合同外包出去。在本章中我们简要探讨为什么会这样。

　　早些时候，我认为对于市场体系的信念，部分是基于分析结论和理论，部分是基于经验证据。对市场经济体制的支持，主要是基于这样的事实，即在许多方面，这种体制都运转良好。不过，对许多人来说，这种观察是不充分的：因为他们希望得到确切保证，不是偶然，也不是运气，而是经济结构的基本结果。提供这种确切保证的论证正是理论的目

---

　　① 本章是提交给一个研讨会论文的一部分，该研讨会由中国社会科学院和美国国家科学院联合举办，于 1980 年 12 月在威斯康星州的温斯普瑞德斯召开。

标。在前面的章节中我曾试图证明标准理论，即那些近年来上述确切保证所依赖的理论，在更仔细的考察下，并没有为"看不见的手"的广泛结论或有关权力分散的相关结论提供知识基础，也没有为区分效率和公平问题的能力提供知识基础。

# 历史记录

现在我想仔细考察一下经验证据。遗憾的是，历史并不提供控制实验。我们有大量的历史事件，可以基于这些历史事件给出某些一般性概括，问题是如何从特殊中概括出一般性。确实，那些不研究历史教训的人注定要重蹈覆辙，但历史教训并非总是清晰的，就像数据那样，它本身不会说话。我们观察世界的角度以及试图推出的结论，经常会影响我们如何解读历史记录，有时候似乎我们的集体记忆都具有选择性。

因此，正如我先前曾经说过的，仅仅十年前的教科书中，我们读到的历史记录是拥有"强政府"的经济体能够比市场经济更快增长，至少在其早期发展阶段是如此。而在今天的教科书中读到的则相当不同。是否因为贝叶斯先验的可信度太低，以致仅有的十年经验导致我们解读历史记录发生了相反方向的变化呢？如果真是如此，那么在最好的情况下，历史记录只能为未来发展趋势提供不可靠的基础。

历史向我们提供了一个巨大范围的经验，经济的成功和失败发生在各种可能的情境中，并不存在简单的秘诀，使得没有它必然失败，有了它就能保证成功。

# 无所不在的政府作用

我试图大胆地对目前的问题给出四个一般化描述。第一，在几乎所有的重大成功故事中，政府都发挥了重要的作用。在美国早期的铁路建设中，政府通过土地赠予和资金融通发挥了主要作用。日本政府（特别是通产省）和韩国政府在它们成功故事中的中心作用，现在已经举世公认。

近年来，发展经济学家中流行的观点是，政府必定阻碍进步，特别是政府活动会导致社会中的非生产性寻租行为，但这种观点最多只能得到有限的支持。确实存在这样的情况，就是政府活动没有取得日本和韩国那样的成功。即使在日本和韩国，也有政府做出明显糟糕决策的情况，这使得某些批评者声称：假如没有政府干预，增长可能更好，最著名的例子就是日本政府曾试图阻止本田公司进入汽车产业。但这种观点忽视了我在第 5 章中所强调的 "人类易错性" 的性质。每种体制都会出错，问题不在于是否会出错，而在于出错的普遍性和后果。尽管日本没有通产省是否会做得更好这一问题属于反事实历史分析的范畴，但人们的共识是，如果没有通产省，不会做得更好——我也赞同这种共识。简言之，尽管在许多情况下政府活动导致了适得其反的结果，但是没有政府的帮助，私人部门依靠自身获得成功的情况也几乎不存在。

# 政府无效率吗？

这是我的第二个一般化描述：尽管存在不少政府企业无效率的例子，但也存在一些明显有效率的政府企业。法国的国有企业就是典型的例子，也有其他的例子，如新加坡。同理，也存在着大量无效率的私有企业。

## 理论困惑

我们已经注意到，公有和私有大型企业之间的区别可能经常被夸大了：两者都是多级委托，都是有限激励。因为对理解组织行为做出贡献而获得诺贝尔经济学奖的赫伯特·西蒙（Herbert Simon），最近对此问题做出了以下阐述：

> 许多生产者都是雇员，而不是企业的所有者……从古典经济理论的角度看，他们没有理由追求企业利润最大化，除非在某种程度上他们被所有者控制……并且，从这方面看，营利企业、非营利机构和官僚组织之间没有差别，它们恰好都面临着同样的问题，就是诱导雇员朝着组织的目标努力。没有理由解释为什么具有利润最大化目标的组织，会先天地比具有其他目标的组织更容易（或更难）产生这种动机。[1] 从新古典假设来看，在一个有组织的经济中，利润驱动型组织比其他组织更有效率的结论是不成立的。如果这一点

---

① 参见 Simon（1991），第 28 页。

**在经验上正确，就需要引入其他公理加以解释**。（着重号是引用者所加）

### 相关比较：管理行为的非效率

难以找到可信的经验证据[①]来证明政府是相对无效率的，其原因就是，总体而言，公共部门和私人部门生产不同的产品，从事不同的经济活动。尽管对那些可以直接比较的少数例子进行详细研究——例如垃圾收集——具有一定的意义，但它们并不能直接证明，政府在其主要从事的那些服务中相对有效率。众所周知，大多数这类服务很难获得合适的产出测度，不仅对许多政府官员的行政活动是如此，而且对教育甚至国防这类服务也是如此。

私人部门在管理方面的表现也经常因为缺乏效率而饱受批评：尝试从一家航空公司索取赔偿或者为丢失的行李领取补偿就能感受到这一点。我猜想国家税务局的受理流程会快于许多航空公司。

为什么在公共部门和私人部门的管理工作中均可以发现广泛的非效率，以至我们可能见怪不怪了？这有理论上的理由。标准经济理论已经强调了激励的重要性。在管理活动中实施激励并非易事。

尽管设计激励结构过程中的某些问题对两者是共同的，我们还是要区分组织水平上的激励和个人水平上的激励。我们要问的是，对于公共部门从事的那类活动，组织将如何因其成功而获得奖励，因其不成功而受到惩罚？同样，对于个人而言，又将如何获得相应的奖惩？

### 多重目标

第一个问题是确定成功意味着什么。组织的目标是什么？个人需要承担的任务是什么？之所以提出上述问题，是因为通常存在**多重目标**。一所学校不仅要传授知识，而且要塑造公民精神。一位雇员不仅要生产产品，而且要培训新雇员。传统上，企业有一个明确的目标，即最大化利润。假定有一套完备的价格体系（对所有时期和所有自然状态），将会很清楚有什么样的结果，但实际上并没有一套完备的价格体系。企业

---

① 如果想引用相关的证据，参见 Stiglitz（1988b，1991c）。许多更好的研究做出了更大努力，根据提供公共及私人服务领域的不同情况而做出调整。但是这些调整（依我的判断）并不具有充分的说服力。私人部门选择的服务提供领域，经常与其他领域在很多方面不同。并不是所有方面都可以使用经济计量学研究中的统计调整加以处理。相应地，可能存在显著的样本选择偏差。并且，在这种情况下可能出现霍桑效应（Hawthorne effect），公共服务的私人提供被尝试作为一种试验偏差。这样，经常引用的亚利桑那州斯科茨代尔（Scottsdale）地区防火工程有较大效率的结果，很显然会受到上述两种偏差的影响。

（更精确地说是企业管理者）必须就短期利润和长期利润、风险和安全进行决策。一般而言，对于组织追求的各种目标所附加的权重，不会达成一致意见。[①]

## 测度产出

第二，由于在测度产出方面存在困难，从而难以弄清楚组织或个人在实现目标方面到底做得如何。就企业而言，有一些定义良好的标准——对企业市场价值或利润的影响。企业市场价值和利润不是同义语，二者之间的冲突显示了多重目标问题。管理者可能通过释放误导性信息增加企业目前的市场价值，但这对长期的企业市场价值和利润具有不利影响。这种冲突的实例，我在前面章节讨论税收悖论时曾提出过，在这种情况下，企业采取行动增加现期报告利润和现期市场价值，但同时也增加了税负的目前贴现值。

对于企业而言，最大化价值或利润这样的组织目标比较容易用数量表示，但对许多公共组织而言，测度其目标的实现情况就不太容易。我们如何衡量一家教育机构的成功？可以肯定的是，标准化考试的分数甚至不能恰当衡量如个人挣钱能力（人力资本）这样狭义的目标。

在次级组织的情形中，如一家企业的管理部门或政府机构的某些单位，同样没有很好的测度产出的方法。处理文件的数量并不能恰当代表组织的实际目标的完成情况。

### 测度个人和次级组织对组织产出的贡献

问题还不止于此：即使有可能测度组织的绩效，但要弄清楚个人或次级组织对组织绩效的贡献通常也几乎是不可能的。每家企业都需要管理者，但我们如何评估管理者的边际贡献呢？有些研究显示，当一个组织的首脑去世，企业的平均价值会提高，这是否意味着他或她的边际贡献为负？在私人和公共部门中，最重要的行政职能就是我通常所称的**管理**，即选择组织的成员、以有效方式组织他们、基于比较优势给他们分派任务、激励他们努力工作（或者通过激励结构，或者通过其他手段）等。正如我前面所指出的，企业增加值中能够被管理者获取的部分——体现为管理者激励的强度——相当低，尽管这种测算涉及的范围较广，但比较一致的认识是，管理者最多只从其努力中获得几个百分点的回

---

[①]　正如我在第 2 章中所指出的，对于企业而言，一般情况下，如果缺乏完备的市场体系，则股东不会认同这些目标。

报。考虑到所测算的产出（短期市场价值的增加）只是衡量企业目标（可能与长期业绩更相关）的一个有噪声的指标，并考虑到管理者行动与企业价值之间的微弱联系，这一点也许很容易理解。

**测度投入**

最后，需要考虑管理性活动。正如产出难以测算，投入也是如此。我们能够测量时间，但不能测量努力程度，产出与努力之间的联系并不是很紧密，所以，产出不能作为反映投入的恰当指标。即使行动可以观察，但也难以确认每个行动的可信度，有些任务的执行难度较大并且耗时较多，另一些任务则比较简单。即使在制造活动中，尽管产量通常很容易定义，计件工资体系也会遇到困难，因为随着时间的推移、技术的变化，生产一个给定产量所需要的努力也会随之变化。这就需要改变计件工资率，至少可以说，这个调整过程是有争议的。

## 寻租行为：私人部门和公共部门

有大量文献集中讨论了公共部门的寻租行为，并且将公共部门活动的非效率归咎于这种寻租行为。公共部门的寻租行为显然存在[1]：特殊利益集团和官僚有动力利用国家权力将公共资源攫为己有，雇佣实践中的许多约束性措施，可以被看作试图对寻租可能性和寻租活动程度的限制。但是，现在我们认识到，私人部门同样存在寻租行为。传统理论认为，企业所有者能够完全监控那些为其工作的人，从而不会发生寻租行为。试图将企业资源攫为己有（即获取大于自身边际产品价值的利益）的工人或管理者将立即被解雇。新的企业理论强调所有者对管理者的控制具有不完全性，管理者能够并且确实使企业资源服务于自己的利益，他们从事的也是寻租活动，以牺牲股东利益为代价获取私利。[2]

信息约束不仅限制了股东控制部分高层管理者寻租行为的能力，也限制了高层管理者控制部分下属人员寻租行为的能力。一位中层管理者准备一份报告必须花费的时间到底是多少？在多大程度上致力于获取信息？虽然这种信息对公司具有边际价值，但也使这位管理者相对于其他管理者显得更好。管理者用于开发客户的努力和资源在多大程度上被用于增加自己的工作机会？私人目标与组织目标之间具有错综复杂的关系，在许多情况下，两者并不冲突。但在边际上它们经常是冲突的，并

---

[1]　例如，参见 Bhagwati（1987）、Kreuger（1987）和 Buchanan（1986）。

[2]　参见第 5 章、第 6 章的讨论。

且似乎没有理由断言私人目标一定会胜过组织目标。[①]

## 公共部门行为的显著特征：缺乏竞争和难以做出承诺

目前的争论焦点在于：（1）关于私人部门和公共部门不同生产模式的相对效率，我们所掌握的有限证据是模棱两可的——特别是考虑到活动的**性质**时更是如此；（2）理论上有理由认为两种生产模式具有相似性。两者都面对代理问题，都只能有限度地使用激励计划，都普遍存在寻租问题。不过，我确实认为流行的成见在某种程度上是正确的：**私人部门的活动，尽管并不必然更有效率，但总体上是有效率的。**为什么问题是这样的？我想说的是，私人部门的显著特征是政府部门不具备的，这解释了政府活动效率通常（如果不是一般性地）较低的原因：

（1）公共部门的竞争较弱；

（2）组织解体的威胁较弱，而私有企业始终面临破产的威胁；

（3）政府企业面对一些额外约束，这些约束不会强加于私有企业；

（4）政府经常面对做出承诺的问题。

### 竞争的作用

我们在第 7 章中讨论了竞争的重要性。无论在公共部门还是私人部门，垄断通常都是无效率的。[②]也许最有说服力的例子，就是我在前面章节提到的加拿大国有铁路公司和加拿大太平洋铁路公司的比较研究，前者是公有企业，后者是私有企业，它们相互竞争。没有证据显示，国有企业的效率低于私有企业。依据前面章节关于激励重要性以及竞争对于激励的作用的讨论，可以不出所料地得到这种结果。

### 硬化预算约束的承诺

我们已经反复提及政府在做出可信承诺方面存在的问题，也许最重要的承诺是关闭无效率的企业。在私人市场经济中，企业面对硬预算约束：如果它们不能有效地竞争，并以高于平均生产成本的价格出售产品，就面临破产，这样，无竞争力的企业就会被淘汰。但公共部门中缺乏这种自动选择机制。确实，在许多公有企业中，经济目标和社会目标是混淆不清的，从而难以知道该企业是否有效率。如果为了避免失业，

---

①　这种观点在 Hannaway（1989）的论文中得到强调。

②　当然，标准理论认为，一种私人垄断是完全有效率的，因为它可以通过成本最小化来实现利润最大化。对垄断的批评并不是针对其无效率，而是因为其产量太小。对垄断的因果分析证明，上述结论是完全错误的。Leibenstein（1966）提供了一种解释，他称之为 X - 非效率。现代信息经济学依据管理者自由处置权理论，为理解这种非效率提供了严格的基础。

一家钢铁企业接受政府指示继续经营，但出现亏损，这时，企业就不会将这种亏损归因于缺乏效率，而是归因于强加给自己的外部约束。如果我们用硬预算约束替代软预算约束，企业就会要求政府承担所有损失。

### 激励的含义

前面我曾提到组织激励的重要性，即绩效好的组织获得"胡萝卜"，绩效差的组织则要挨"大棒"。市场经济中的一种有力的"大棒"就是破产。对于政府企业而言，由于存在软预算约束，所以缺少类似的激励设计。

### 承诺能力有限导致的进一步后果

政府在做出承诺时面临的困难会带来进一步的后果。合同的作用——在订约双方之间形成有约束力的承诺——对资本主义经济发挥其功能至关重要，否则，跨期交易根本不可能进行。政府保证其他人遵守契约承诺，但是谁来保证政府遵守自己做出的承诺呢？并且，民主政府的一个基本原则是，每个政府均具有自己的主权，它们都有权做出自己的决策。[①]

### 这些局限性是固有的吗？

我认为，人们广泛观察到的政府的某些局限性并非固有的。政府能够允许甚至是鼓励竞争，或者是公有企业与私有企业之间的竞争，或者是政府单位之间的竞争。政府可以建立具有硬预算约束的政府企业，可以建立一套程序，至少使得与软预算约束相关的交易费用提高，政府也可以出台一些程序和规则来有效地增强政府企业做出承诺的能力，还可以使政府企业具有与私有企业相同的法律地位，只是在谁拥有股份上有所不同。尽管这些变革不会消除私有企业与公有企业的差异，但确实能够减少差异，使得两者的行为趋于一致。

## 政府的显著特征：信用约束和公平约束

至此，我强调了公有企业缺乏私有企业面对的约束，即来自竞争和破产威胁（硬预算约束）的约束。更糟糕的是，公有企业还要面对私有企业不会遇到的某些约束，正如我前面简要指出的，这些约束来自政府过大的权力：政府具有强制性的权力来要求个人纳税，这个事实意味着为了使这种权力不被滥用，必须对权力进行约束，这些约束包括试图保

---

[①]　在前面章节讨论私有化过程时涉及这一问题，参见第 10 章。在那里我指出，政府能够影响继任者的交易成本，进而影响其行为。

证公平、保证政府适当履行其信用职能。

### 信息和公平约束

在很大程度上，这些约束所产生的问题来自不完全信息。在新古典经济学的世界中，很容易确定政府是否滥用权力。但在不完全信息的世界中——这正是我们生活的世界，也是我这里集中讨论的世界——就不是那么容易确定了。

### 失　误

首先考虑失误的问题。在出现失误时，公众发出责难是可以理解的：因为他们的钱被浪费了。（他们甚至可能怀疑这种失误不是一种偶然事件，而是为了转移资金，一个不称职的承包商因为支付费用而得到相关项目。）投票人看不到为减少失误可能性而必然发生——和实际发生——的成本，企业可以更冷静地看待这类事情，它们会平衡与失误相关的成本和收益。在某些情况下，它们会采取相当明显的折中方案：以更高的成本获得更可靠的产品。而市场对消费者权衡取舍的评价会做出反应。但是，在公共领域，这种联系很难看到，部分原因在于，成本和收益是由不同的个人来承担的。

在一次对一家主要航空发动机制造商的采访中我得知，制造完全相同的发动机，为政府生产时报告的成本明显高于为私有企业生产时报告的成本，高出 30%～50%，而发动机的型号相同。但是，由于政府想保证发动机没有任何失误，并保证用于发动机的钱不被挪用到任何其他用途上，于是，政府对私有企业严密监控，并制定许多规则来防止浪费和失误。这里的教训似乎是为了省钱必须付出代价：人们为了节约一美元，却可能花费了多于一美元。因为很难区分失误是由于能力不胜任，是由于监督过程没有把握最优决策，还是由于实际违反信用责任。也因为当失误被察觉后，失误的代价不是由政治家承担，而防止失误发生的成本却由大众来承担，所以，我怀疑，人们可能会过分关注公共部门内的失误。

### 不公平

最容易引起公愤的失误是与不公平相关的失误，任何人只要不是孩童，都知道公平问题的重要性。没有什么话比"这不公平"更经常受到指控了。确实，我回忆不起来我曾听到"这没有效率"这样的抱怨。我们大多数人——都到了为人父母的年龄——都会下意识地发现，就像美这个事物一样，公平的概念也是因人而异的，所有人都可能同时理直气壮地宣称自己受到了不公平的对待。

在一个民主社会中，政府的更大权力——征税权力——也导致它有更大的责任去公平地使用筹集到的这些资金。没有人愿意——或容忍——这种情况：相对于其他能力相似的孩子，自己的孩子被差别对待。为保证资金能够被公平使用，我们会对政府施加有效的约束，这些约束在许多情况下可能极大地妨碍经济效率。

**竞争与公平**

缺乏竞争会增强人们对公平的关注。以航班选择为例，如果一个人认为航空公司对他不公平（例如，被指派一个他不想要的座位），那么他可以选择另一家航空公司。这种不公平也可能发生在一家私有企业。这个事实告诉我们一个重要的经验：感觉到的（也许是实际的）不公平是不可避免的。但是，如果政府在某些活动中实施国家垄断，人们遇到不公平待遇时，将没有其他选择。

**限制工资**

对薪酬施加限制就是政府面临公平驱动约束的一个例子，而政府面临的约束是由信息不完善导致的。对于普通公众而言，很难确定一个特定个人的生产率，是否高到值得政府每年支付其 50 万美元的年薪，这种薪金水平立即使人们将其联想为租金——这种租金甚至超过了效率工资理论为确保这个人付出很高努力所要求的最低水平，这种薪金水平甚至使人们怀疑是否包括回扣、贿赂或其他不法行为的收入。

当一名政府官员决定给某人支付如此高的薪酬时，这笔钱并非出自官员个人钱包，而是出自公共部门的钱包，这是看待公共部门和私人部门高额薪酬的根本不同所在。当一家私有企业付给雇员高薪酬时，前提是他确实值得企业支付这么多，因为这笔钱是直接由企业支付的。如果企业判断失误，企业将承担损失，这与强迫纳税人承担损失是相当不同的。[①]

要对薪酬进行限制可能有较高的成本，例如，现在我们认识到，企业支付的工资经常超过机会成本（按照效率工资理论）。[②] 更高工资导

---

[①] 最近几年，在美国，那种认为付给高层经理高报酬反映了他们具有较高生产率的观点已经大幅走弱了。在前一节中，我将企业看作人类，例如，我说钱来自企业的钱包。正如我重复强调的，股东对企业管理者的行动只有有限的控制能力。当董事会（管理者通常能对其施加有效控制）决定付给管理者该报酬时，钱是来自股东的钱包，股东们是被迫这么做的。不过，这里的根本区别是，没有人会被迫成为一家特定企业的股东，但每个人都必定被迫纳税。

[②] 在第 6 章曾有过简略讨论。

致更大的努力，激励工人更努力地工作，至少使得解雇的威胁更加有力，因为高工资意味着被解雇的成本更高。更高的工资也有利于减少劳动力的流动，可以吸引更多求职者，这使得雇主能够选择更适合企业需要且具有更高能力的雇员。

效率工资是考虑到支付高工资的好处时，使总劳动成本最小化的一种工资。问题是没有一种简便的方法确认政府机构支付的是否属于更高工资，因为（1）可能雇员的机会工资高，（2）可能效率工资高，或者（3）可能雇员只是获得纯租金。因此，公民服务条例限制政府机构确定工资的能力，这意味着即使政府愿意也无法支付效率工资，从而即使雇员的高生产率足以保证其获得高工资，政府也不能以高工资雇用个人。

同样，担心权力滥用的可能性也导致公民服务条例限制政府解雇雇员的能力。这样，政府就不能提供有效的激励——不论是对高绩效支付高工资的"胡萝卜"措施，还是用于惩罚低绩效的"大棒"措施。[①]

尽管考虑到公平关注和信用责任滥用问题，使得对政府的约束在所难免，但约束强度不能确定。这里存在权衡取舍的问题：如果我们在某种程度上对可能的不公平迁就一点，即允许一个人薪酬比其他人多一点，这时有可能显著提高经济效率吗？对这一点我们没有确实的证据，但是我倾向于相信我们的确走得太远。正如对失误更容忍一点（或者更精确地说，认识到失误不可避免且避免失误需要成本）能够提高效率和增强公共组织的有效性；对不公平更容忍一点（或者更精确地说，认识到感知到的不公平难以避免且避免不公平需要成本）也能够提高效率和增强公共组织的有效性。

# 政府与资本市场

第三个经验性的一般化描述是，几乎所有政府都在资本市场中发挥中心作用。前面我曾提到这样的事实，即资本市场几乎总是不完全的。资本市场涉及资本的配置，准确地说，由于信息不完全，资本配置是一个重要且有趣的问题。如果我们确切地知道每个投资项目的结果，准确

---

① 观察到的政府雇员某些类型的低生产率，也许不能看成是社会损失，而是一种形式的再分配。这些人可能在任何工作中都是低生产率的，只是在私人部门，他们的工资才反映其低生产率。

地了解每个企业管理者的能力，那么关于资本配置的决策就是无关紧要的事情。资本市场涉及信息，而信息市场是不完全的，至少不是以标准新古典模型的方式运转。

# 政府与直接生产

最后，正如我在前面所指出的，几乎在所有国家，政府都在生产中发挥着某些直接作用，也许过去十几年中，关于国家职能的最引人注目的反思就与这些作用相关。

### 规制失灵和放松规制

一方面，放松规制运动对政府有效地间接调控私有企业的能力提出了质疑。在一段时间里，经济学家认为这种间接调控是没有必要的：因为潜在竞争可以产生有效的结果，而在没有政府壁垒的条件下，潜在竞争基本上总会存在。现在看来，这些结论值得怀疑：第 7 章的理论分析（甚至是很小的沉没成本也会推翻这个结论）和美国航空业放松规制以来的经验均显示，无规制的市场可能面临严重问题，同时经济利润也不会降到零。但是，人们仍然怀疑政府进行有效规制的能力，并且从总体利益出发，这种怀疑足够强烈，以致放松规制运动的失败也没有导致人们（经济学家）迫切意识到应该重新进行规制。我们生活在一个不完美的世界中，总是面对两害相权取其轻的选择。

### 关于公共生产的范围

在过去的半个世纪中，人们对私人市场有效率的信心可能已经有所减弱，同样，对政府规制私人生产者的能力也出现信心下降，特别是对政府作为生产者的能力更是信心大减。所以，在过去的十多年里，我们目睹了一股大规模的私有化运动。最终，我在前面反复提到的问题——由于软预算约束、缺乏合适的补偿、解雇政策和缺乏分权化与竞争等造成的不适当激励——导致了政府企业的失败。但是，在这些问题中，至少最后两项不是政府行为所固有的。

到目前为止，尽管人们普遍反对政府拥有基本生产资料所有权具有明显优势这个观点，但仍然一致认为，政府不应该对军工服务采用合同外包方式。在此期间，关于政府的范围仍存在争论，即政府在教育和卫生这类活动中应该发挥什么样的作用。在美国，出现过一种有影响的运动（得到乔治·布什总统的支持），即在教育中实行代金券制度，政府提供一种担保，向私立和公立学校支付教育服务的费用。假如这种制度被采纳，可能导致中、小学教育从公立学校向私立学校的大规模转移。

## 一般性原则

赞成由私人提供上述服务的观点，其主要论据是政府缺乏效率；反对由私人提供上述服务的观点，其主要论据是私人生产不能适当地反映社会目标。我曾仔细研究过政府无效率的具体情况，所以这里简要讨论第二个问题，即适当反映社会目标的问题。

我想再一次强调政府适当作用的观点与一直用来描述经济的理论模型之间的联系。**如果**存在一套完备的市场体系，**如果**可以无成本地实施合同……那么政府利用市场来实现社会目标就不存在问题。在**自由**市场解决方案与社会期望结果之间可能确实存在差异——不受约束的市场可能产生过多的污染，但是通过征收庇古税可以轻易纠正这种扭曲，不需要改变经济组织。

我们如何使用价格体系来指导一家私人承包商去完成国防方面的国家目标呢，尤其是在战争期间？我们已经解释了为什么不存在针对所有风险的完备安全体系。可以肯定的是，政府不可能建立一套完备的状态依存型安全体系，并通过价格体系传达政府对于社会面对的各种风险的态度。同理，政府也不可能签署一份完备合同，来规定承包商在每一种意外情况下如何行动。或者考虑一下责任限制带来的问题。如果生产者提供合同规定服务的成本远远超过估计的成本，这时会出现什么情况呢？生产者可能就是简单地不履行合同（市场失灵）。由于不能提供适当国防可能导致的社会损失是无法估量的——远远超过任何私人生产者可以想象的保证业绩的数量。由于相比失灵导致的社会损失而言，对失灵的可行惩罚相形见绌，所以不能通过货币手段引导私人生产者投入适当水平的努力来防止失灵。

当一种失灵发生，很难说清楚是因为一部分承包商努力不够，还是因为存在不可控的外在因素。只要避免失灵的激励遭到削弱，人们就会怀疑是缺乏努力。但是，只要努力不能被很精确地监控，在设计合同时，就不可能基于努力来奖励承包商，而只能依据业绩进行奖励。更精确地说，给定风险厌恶，过度依赖带有噪声的投入或产出信号，对公共部门而言，代价过大，所以只能有限地依赖所使用的投入或产出测度。

到目前为止，列出的有关政府生产和私人生产的相对优势与劣势清单并未穷尽。经常提及的另一个问题是监督：通常认为，在私人生产条件下，监督体系更有效。当家庭直接与垃圾处理企业签订服务购买合同时，它们有积极性配合企业确保把工作做好。如果这种服务由公共部门提供，那么很可能就是统一提供，在这种情况下，就会出现"搭便车"问题。如果这项服务对我改善了，那么对每一个人均会改善，每个人都希望其他人付出努力去要求改善服务质量。然而，在大多数情况下，监督方面的差异更多地是与所生产的商品的性质有关，而不是与如何提供商品有关。当通过公共方式提供诸如垃圾收集这样的私人产品或服务时，私人监督是可行的，甚至在公共提供条件下，也经常存在从服务接受者到服务提供者的强有力反馈。当通过公共方式提供诸如国防这样的公共物品或服务时，至少可以说，私人监督更加困难。

这将我们带回到本章前面讨论的问题：公共部门和私人部门效率方面的差异，在很大程度上与所提供的服务的性质有关。管理活动中更有可能产生效率问题，因为这时监督更困难。在公共物品提供中也更有可能产生效率问题，因为这时会出现监督中的"搭便车"行为。

不过，公共部门和私人部门各自面对的约束还是存在差异，所以，不足为奇，约束的差异必然导致行为上的差异。我们的主要关注点，首先是理解哪些属于政府可能具有优势的领域，其次是了解政府的劣势何在，再次是考虑如何设计政府项目以避开这些劣势，最后是尽可能从政府干预的优势中获得利益。

对于国防这类公共服务而言，采用合同外包（即由私人部门生产）方式存在的基本问题是在范围上受到限制。有些公共生产是不可避免的，但这并不意味着现在的任务分配是正确的：私人生产的范围可以进一步扩大（目前估计，大约四分之一的国防支出可以进行合同外包），或者可以想象，更多的生产在公有企业内部进行也许更有效率。

## 教育：一项案例研究

我在本节中提出的许多问题都可以用教育来很好地加以说明。无论是在公共部门还是私人部门，金融激励对工人（教师）和管理者（校长和学监）所起的作用都相对较小；无论是在公共部门还是私人部门，几乎没有一种报酬是与业绩直接挂钩的。

因为教育机构的产出难以观察，"错误"和非效率——在传统意义上使用这些术语——难以察觉，资源配置上的不公平随处可见，所以，人们的注意力通常被引向这方面。

前面我曾提到，美国曾经推行的代金券计划，其努力虽小，但有的放矢——代金券既可以用于公立学校，也可以用于私立学校——允许个人进行选择。支持者认为，这个方案发挥了市场的作用。反对者声称，教育市场不同于其他产品市场，这一点无疑是对的。具有完全信息的消费者在完全竞争市场上购买同质产品这样的假设，对于教育市场是完全不贴切的，这个假设只是为了得出与竞争市场相关的标准效率结果。

我相信竞争会使得教育受益。但是，在讨论竞争时，我并不依赖于教育与其他商品之间的牵强类比，尽管对其他商品而言，竞争可以保证其效率结果。相反，我把竞争看作解决传统术语中的所谓市场失灵的一种方法，例如，不能设计合适的金融激励方案来从投入或产出方面进行有效的奖励，或者缺乏技术方面的信息从而难以知道一个组织是否有效率。

现在，我们清楚地理解了公共资助与公共生产的区别。尽管有很好的理由对教育进行公共资助，但认为公共资金应该被公立教育部门集中使用（就像在美国）的观点，似乎远没有那么令人信服。即使出于这样或那样的理由，限定这些资金只能用于公立教育，我们也能够通过重组教育系统，允许更多的校际竞争和家长选择。

# 总　结

在本章中，我试图深入探讨政府在生产中的作用问题。将市场社会主义与市场进行对比的争论，并不是提出问题的恰当方式。要问的正确的问题不是哪种生产模式更好，而是公共部门和私人部门各自的比较优势是什么，两个部门各自的适当范围是什么。在确定每个部门的恰当范围时，我们需要考虑政府规制私人生产的范围和限制，以及规制公共生产的限制（这看起来很反常）。

政府不同于私人组织，它具有私人组织所没有的权力，这些权力的存在导致约束的必要性，而这些约束对私人部门而言是不必要的。这些权力以及相应的约束为政府带来了天然的比较优势：将特定活动指派给某个部门比指派给其他部门更有效率。公共部门经济学的一个重要目标就是发现那些比较优势。

同时，我已经指出，公共部门和私人部门的**某些**差别可能被夸大了——只是从事的活动有差别，而不是从事这些活动的部门有差别。作为组织的私人部门所面对的激励问题（委托-代理问题）并不比公共组织少。

某些差别并非固有的，而是普通实践的结果，其中最重要的是缺乏竞争和集权化。政府组织和私人组织同样不喜欢竞争，不同之处在于，政府有权禁止竞争，而私人部门则没有——实际上，政府认为其职责之一就是遏制旨在减少竞争的不公平行为。

我曾描述过针对政府权力过大而对其进行的约束，如何自然而然地导致将注意力集中于公平和避免失误方面，然后依次导致对官僚主义繁文缛节和非效率的关注。因为制度不能适当地考虑到保证公平和避免失误的成本，我认为对于公平和避免失误的关注有些**过度**了。我怀疑单纯口头上要求公共组织更加平衡、兼顾成本和利益的劝告，不太可能产生很大效果。为了改变个人和组织行为，公共组织赖以运转的经济环境必须改变，我认为那些有效且急剧的环境改变能带来更激烈的竞争。即使在缺乏竞争的条件下，也有办法改进效率和公共部门的有效性。更广泛地理解我在本章中提出的权衡取舍问题，将是一个很好的起点。

# 第*14*章　关于市场和市场社会主义的几个迷思

在学术界，至少在美国，在过去的几十年里，人们很少争论市场社会主义的必要性和作用。既然资本主义经济被证明是成功的，并且这一信念又得到经济理论最惊人的智力成果——福利经济学基本定理——的强化，为什么还要浪费时间去尝试回答上一代思想家关注的问题呢？不过，在学术圈子之外，仍然保留着对市场的怀疑，在某种意义上，对于这种怀疑，早期的定理几乎没有解决问题。正如我已经强调的，如果我们希望帮助那些为其经济寻找新基础的人，在这个问题上就不能简单诉诸意识形态。

在此，如果我直接讨论某些广泛流行的迷思可能是有用的，这些迷思对我们试图界定政府的适当作用造成了混乱。在讨论这些迷思的过程中，我希望人们更好地了解新信息经济学范式如何解释经济体系的功能。这里的讨论将会重复前面已经分析过的一些观点和主题，但我希望这种复述集中于几个影响广泛并且被深信不疑的迷思，这将有助于深化我们的认识。

## 价格迷思

第一个迷思，我已经在前面简要提及过，就是认为资本主义中的经济关系基本上是由价格支配的。从几种意义上看，这个观点都是令人困惑的。第一，它忽略了发生在企业内部的大量经济活动，这些活动只是在有限程度上受价格支配。我们要知道，有些资本主义大型企业的规模甚至超过许多国家的经济规模。第二，它忽略了企业大量使用的非价格信息，企业也关注数量方面的数据——如本企业和其他企业的存货情况。第三，它忽略了不相关各方主体之间经济交易的许多非价格因素，例如，我在前面章节强调的声誉和合同因素。

此外，还有更进一步的理由说明为什么经济关系不可能简单由价格支配。前面我曾讨论过各种非分权化的结果，这些结果显示，事实上经济关系不能通过线性价格体系得到（最优）控制。例如，一般而言，激励计划必须与报酬挂钩，而报酬并非产出的线性函数。这类非线性激励计划通常难以实施，并可能难以很好适应基本环境因素的变化。因此，非价格（数量）关系可能比价格关系更可取。①

## 社会化产业迷思

前面我讨论了对私人所有权的反对意见，这种反对意见认为，私有企业以牺牲公共目标为代价追求自己的利益，福利经济学基本定理就旨在有针对性地纠正这种错误观念。与上述意见相关的一种迷思就是，国有企业总是追求社会目标，在这里，意识形态（理想）和现实之间存在巨大鸿沟。前面我曾指出，国有企业经常更关心改进员工（和管理者）的福利，而不是追求国家目标（然而，这可能要进行定义）。所以，毫不奇怪，在美国，最不安全的原子能发电站正是政府经营的那些，有时，正是国有企业（包括国防部）极力抵制更严厉的反污染法。

我前面提到的委托-代理文献，为我们理解这些问题提供了理论框架。那些参与决策的人总是最大化自己的利益，而这种利益很少能够与人们广泛认为的社会利益相一致。当然，有些问题是由于这样的事实，即设计一种恰当反映社会目标的管理者报酬制度是一件难事，甚至是不可能的。如果可以很容易将社会目标转化成可量化标准，就能将它作为报酬补偿的基础，这时，政府就不需要诉诸公共所有权，而只要通过庇古税就可以实现社会目标。但是，某些问题，例如与污染相关的问题，

---

① 这个观点在 Weitzman（1974）中得到最有力的证明，它给出了配额优于价格的条件。Dasgupta and Stiglitz（1977）同样证明，在相当不同的国际贸易中，配额可能优于价格（关税）。

在这种基础上就无法解释清楚。

# 计划迷思

对市场经济（在市场社会主义传统中）的另一种通常批评是，市场不可能有计划，而没有计划，人们就不能实现有效的资源配置。在早期，经济学家可能做出回应，指出价格提供了协调机制。但新范式则不再这样回答，而是指出：由于没有一套完备的期货市场和风险市场，在最好的情况下，市场也只能不完善地履行这些任务。

然而，对市场的这种批评在很大程度上是不恰当的。在市场经济中，实际上存在计划和协调——计划发生在企业内部，企业之间也存在广泛的协调。问题不在于是否存在计划，而是计划什么。当美国钢铁公司决定在密歇根湖南岸建设工厂时，它进行了广泛的计划，它预测未来需求，它协调铁路建设、铁矿开采、用房建设、采石场扩建、航运设施建设，等等。

在一个开放经济中，作为旧式计划模型核心的实物平衡方程，在很大程度上已经变得无关紧要。在任何情况下，国家层面计划模型所要求的总量数据，对于特定项目的开发而言，其作用有限。企业不仅需要知道从哪里获得钢材，而且需要知道是哪种特殊类型的钢材。（这与第6章提出的观点相对应，即股票市场上价格信号所包含的信息，对于投资决策仅具有有限作用。）

在产业部门内，生产者、供货商、客户之间通过非正式网络（有时通过正式合同）协调各自的决策。当计划被集中于一个非常"局部"的水平时，那些对生产能力和潜在需要具有详细知识的人会以某种方式相互影响，这种方式根本不同于国家层面计划框架的情况。

# 集权化迷思

在某种程度上说，经济体制选择问题的核心是，做出决策的方式是集权化还是分权化。我们比较了市场社会主义经济中的集权化和市场经济中的分权化。

与计划迷思一样，集权和分权的区别可能被夸大了：所有社会均涉及**某种程度**的分权化。各种决策所需要的全部信息不可能集中在任何单个人手中，甚至在高度集权化的社会，某些决策也会以分权的方式做出。

同理，即使在高度分权的市场经济中，企业在其内部也需要相当大程度的集中控制。因此，问题不在于**是否**应该分权，而是分权到何种程度，以何种方式实现分权。当然，这不是说决策结构的不同形式之间没有区别，关于这一点，我曾在第 9 章进行了有说服力的分析。

我前面的分析强调了关于集权化的许多传统争论。那些赞成集权化与等级决策结构的人担心，分权化可能导致多头管理（分权管理）的重复浪费，他们也担心协调问题，担心不能使外部性内在化，担心对那些不合格项目缺少"检查"。（最近的信息经济学文献证明，只要存在信息不完全和市场不完备，广泛的外部性效应就不可避免。[①]）

不过，分权化具有的特有优势构成对上述观点的反驳：分权化可以实现风险分散，消除官僚浪费；分权化条件下多中心组织提供多种机会（再给一次机会的机会）；分权化带来的竞争能力提高构成选择和激励的基础。

市场经济中观察到的大多是分权组织与等级组织的混合体，它反映了不同组织决策模式各自的优缺点。（当然，我不是说我们观察到的特定混合体就是最优的。）企业与政府似乎总是适应自身面对的特定环境，努力寻找一种平衡。

# 产权迷思

也许在经济学中，没有哪一种迷思像我所称的**产权迷思**那样具有如此大的影响力。这一迷思坚持认为，人们**唯一**要做的就是正确界定产

---

① 这是第 3 章和第 4 章讨论的经济非分权化基本定理的一种延伸。在那里我们注意到，外部性意味着政府干预的必要性。在某些情况下，外部性可以被内在化，这也为解释观察到的欠发达国家中信贷、土地和产品市场之间的相互联系提供了理论基础，正如 Braverman and Stiglitz（1982，1986）所观察到的。除此之外，信息问题提供了两个进一步的理由，说明分权化为何行不通。首先，福利经济学第二定理要求凸性，而一般情况下，信息问题导致非凸性，特别是在存在道德风险时更是如此（参见 Arnott and Stiglitz，1988）。其次，在存在信息问题时（特别是在道德风险场合），交叉补贴是必要的，也就是说，通过向一个部门征税，然后补贴另一个部门，可以增加福利（参见 Arnott and Stiglitz，1989）。

权，这样就能保证经济效率。而产权如何界定是无关紧要的，只会影响福利的分配。如果人们对产权界定不满意，可以很容易通过一次总量税的形式进行修正。这个迷思是有害的，因为它对许多转型国家形成误导，使得这些国家在转型过程中将注意力集中在产权问题上，即进行私有化，而不是关注更广泛的问题（下一章将会讨论）。在前面的章节中，我已经解释过，为什么单纯关注产权，对解决转型问题既不是充分的，甚至也不是必要的。

# 两条道路迷思

我要提出的最后一个迷思在最近的讨论中引人注目。正如我前面论述过的，市场社会主义表面上的失败导致许多人得出结论：在市场和国有企业这两个极端之间没有第三条道路。正如一个流行笑话所说的，你不可能只是有点怀孕！我想说的是，这种考虑问题的方式是误导性的。事实真相是，在所有社会中，政府都发挥重要作用。问题不在于政府是否介入经济活动，而在于政府应该扮演什么样的角色。

并且，这种提问题的方式使人们忽视了两个极端之外的其他制度安排。让我提出几种中间性制度安排来说明这一点。

近年来出现了大量文献，研究地方性公共物品或俱乐部物品，追求公共利益的个人自愿组织起来。在美国，非营利性组织发挥了重要作用。在其他许多国家，合作组织很重要，在美国，合作组织甚至在联合投资进行研发方面也发挥越来越重要的作用。

一些国家在工人合作（自治）方面遇到的问题，也许打击了人们对这些中间性制度安排的热情。但是，这不应减损这些机构在经济中可能发挥的作用。地方性社区可以有效率地提供地方性公共物品。[①] 组织这些中间性制度本身经常就是一种公共物品，所以，促进（而不是强迫）

---

① 人们曾经希望能够找到一系列条件，在这些条件下，对应于福利经济学基本定理，能够为不同社区竞争性地提供地方性公共物品建立一系列定理。社区间竞争总是导致帕累托效率，并且地方性公共物品的任何帕累托有效配置都可能通过社区的竞争获得。在一系列论文（Stiglitz，1977a，1983a，1983b）中，我建立了相应的条件，在这些条件下，这些定理能够成立，并且它们比标准福利经济学定理更加严格。如果这些条件得到满足，人们能够对社区投票模式和构成做出确定的预测，并且能做出容易被反驳的预测。然而，我相信，蒂伯特（Tiebout）关于地方社区有用性和社区之间竞争作用的观点仍然具有价值。

这类组织成长可能是中央政府的恰当职责。

东亚国家和地区提供了中间性组织方式的另一些例子。在过去的 20 多年里，这些国家和地区取得的显著经济业绩令人瞩目。人们形成了一种广泛共识：在这些国家和地区中，政府发挥了积极的作用，并且这种作用远超出大多数发达国家。在大多数东亚国家和地区，它们创造了一种类似市场的制度，比如银行。在某些国家，例如韩国，政府控制着大量的资本分配。甚至直到今天，所有私人银行的主管还是由政府指派。政府鼓励私有企业从事某些活动（使用经济手段，包括"胡萝卜"和"大棒"，去获得私人部门的合作）。如果私人部门不愿意承担某些活动，政府就自己承担。例如，韩国就由政府建设了高效的钢铁企业。这些国家和地区的政府挑选企业家去承担某些项目，并贷给他们必要的资金。① 即使政府不采用高压手段，至少可以说政府干预无处不在。

我们逐步认识到资本主义制度的多样化。前面我曾指出过美国、德国、日本之间金融制度的显著差异，它们在教育体系和立法体系方面同样存在差异，这种差异也表现在福利体系、政府进行的再分配程度、政府提供的安全网、公共部门的规模以及政府活动的范围等方面。这些不同的制度结构对于经济体系如何发挥作用具有深远影响，目前还不清楚这些制度哪一种更好，我们需要做出切实的选择。

---

① 佛穆萨（Formosa）塑料公司就是一个例子，它已经成长为同类产品的世界级主要生产者。

# 第15章　一些尝试性建议

在试图做出道路抉择时，东欧经济体面临的问题是如此引人入胜和如此重要，以至一个人被要求提供建议时，很难抗拒诱惑——或者去猜测一旦被询问，将会提出什么样的建议。我也抗拒不了这种诱惑。（但是，这些建议的价值大概相当于这些国家为之付出的代价——一无是处，或者几乎一无是处——这或许是向市场经济转型的第一个惨痛教训。）

在第10章和第12章，我已经讨论了与私有化和金融体系改革相关的一系列问题，这里我想进一步扩展视野。我做这些讲座的主要目的，就是从信息理论视角解释传统范式的不足，并指出传统范式提供的关于经济体系比较的观点基本上是误导的。这里我想突出某些更实证性的观点：要确定从新的信息经济学中可以得出哪些教训（如果有什么教训的话）。我尝试性地、谨慎地和推测性地提出如下各个方面的问题。它们属于经济学中的非正式问题，不是经济学中推导出来的一般命题或普遍概括，这些问题在很大程度上重复了该讲座中已涉及的内容。

## 竞争的极端重要性

首先强调的是竞争的重要性——不是纯粹的价格竞争，而是古老传统的竞争。企业之间为满足消费者和生产者的需要而展开竞争，其手段就是提供价廉物美的产品。正如我在前面章节中所讨论的，最重要的差异是竞争与垄断之间的差异，而不是私人所有权与国家所有权之间的差异。当然，这两个问题不可能完全无关：当政府"拥有"国有企业并且有权排除竞争时，它可能很难承诺自己参与竞争。但这属于政治经济问题，我很快会谈到。

垄断和竞争之间的区别，可能比允许和不允许自由贸易的区别更加重要。自由贸易对小国很重要，因为它提供了一种竞争环境，由于国内企业数量过少，国内市场本身不能形成充分的竞争。但是，也可能存在充分的内部竞争，并且除了政治经济的考虑之外，我认为可能会存在幼稚产业保护这样的情况。[1][2]

因此，一国经济政策的首要目标是保证竞争。在涉及私有化进程或国有企业重组，以及制定有关企业、合作和合伙关系的法律时，都必须考虑到这一点。政府必须设法减少进入壁垒。

在美国和其他西方国家中，政府征收多种税收并制定各种规制措施，这些均严重限制了中小企业的发展，也使这些国家付出了惨痛的代价。对于东欧国家而言——实际上它们一开始就没有相应的竞争结构——采用这类限制竞争的措施的代价可能更大。

同时，重要的是，东欧国家在起草有关企业未来活动的博弈规则时，需要包括有效的反垄断政策，一定不能屈从于这样的观点：需要有大型企业才能有效参与国际市场竞争，所以，反垄断政策可以放在一边。中国台湾的经验显示，一个地区可以不依赖大企业而实现快速增长。韩国的经验则显示，**如果**具有建立大企业的优势，也可以通过建立大企业获得相应优势，不过，这些大企业之间应该有竞争。在未来几年，在任何情况下，大多数东欧国家都难以单纯依靠国内生产形成像OECD 国家那样的、能获得规模经济的大企业。不过，正如我前面所强调的，也存在另一种危险，那就是过分关注垄断问题，将所有利润都归于垄断行为，在保护消费者不受贪婪的垄断者剥削的名义下恢复国家控制。

---

　　① 反对幼稚产业观点的标准推理（除了基于政治经济学的理由——就是政府在实践中不能区分那些实际值得保护的产业和那些不值得保护的产业）典型地忽略了以下事实：幼稚产业争论背后的信息问题如此严重，以致其市场均衡一般都不能处于限制性帕累托效率水平。我在上面讨论的资本市场不完全性意味着，如果企业不能获得有效竞争所要求的技巧，它就可能无法借到所需要的资金。参见 Dasgupta and Stiglitz（1988b）。

　　② 政府可以在提供保护的同时鼓励国内生产者之间的竞争。许多人认为，日本的汽车市场得到政府的有效保护，但同时国内汽车企业之间的竞争也很激烈。

# 建立和实施博弈规则的重要性

如前所述，讨论问题的适当方式不是将市场与政府对立起来，而是实现两者的适当平衡。在任何经济体系中，政府都必须履行的一个关键职能就是确定博弈规则——这些规则既决定私人部门之间的相互关系，也决定私人部门与公共部门之间的相互关系。

博弈规则的重要性既可以从前面分析的理论中获得支持，也可以从历史经验中获得支持（尽管我没有将其包括在重要历史的简短概括中）：在许多国家中，不适当的法律体系已经并且继续是发展的障碍。

我前面的理论分析强调了合同在市场体系中的重要性。绝大多数交易都不是即时性的，交易中的一方今天放弃某种东西是为了得到另一方承诺的未来回报的东西，最关键的是要保证这种承诺得到执行，以及关于合同的争端得到适当且有效的解决。我也强调了竞争的重要性，这里需要再一次重视博弈规则，即反垄断法。

另一套相关的规制制度是关于金融市场方面的。不同经济体系选择了不同的规制其金融机构的方式，其效果也显著不同。美国考虑到反垄断问题，所以对银行和类似控股公司这样的机构进行严格约束，但这些约束在日本就不存在。不过，尽管有大量规制措施（当然某些人认为恰恰因为这些措施），但 20 世纪 80 年代美国的金融机构大部分时间都处于一种不稳定状态，同时，有可靠证据显示，在资源配置方面同样效果不佳。同理，智利的经验——也如基于不完全信息的一般金融理论所揭示的——清楚地显示出，缺乏对银行体系的规制绝对是一种灾难。

某些偏好经济快速转型的人认为，比确定**哪组**规则更重要的是锁定一组规则：人们对于博弈规则的不确定性会阻碍经济运行。我认为这个结论相当正确。但同时，存在与建立规则相关的沉没成本。规则一旦建立就难以改变，如果要改变，不但涉及巨大的交易成本，而且可能导致较大的再分配后果。所以，重要的一点是，在颁布规则之前，至少要考虑到博弈规则的某些主要方面。

另外，不可能预期到各种偶然事件：我们总是生活在不完全合同的世界中。东欧经济正经历一个变化过程，而不是处于一种新的均衡，这一点也是需要牢记于心的。

# 承诺的重要性

1985 年，美国在讨论税制改革时，当时的财政部部长唐纳德·雷甘（Donald Regan）宣称，所有建议均是纸上谈兵，这意味着里根（Reagan）政府对这些建议缺乏承诺。法律能够改变，并且这种改变会影响人的行为。主权政府不能约束其继任者，我已经呼吁人们注意这种承诺问题的后果。正如我们所看到的，若缺乏这种承诺，集权经济可能取代市场经济。

然而，尽管政府不能约束其继任者，但它可以采取行动来减少不确定变化的可能性，例如，通过改变交易费用，或者通过改变政治选区以支持特定的变化。在第 10 章中我们看到，如何设计私有化项目会影响到再国有化的可能性。如果处理得当，将会形成抵制再国有化的一种有效承诺（没有重大的、不可预期的政治环境方面的改变）。

实际上，正如所有相关观察者所强调的，一种至关重要的承诺就是不补贴那些亏损企业。尽管处理这一点的标准方式是进行"私有化"，但应该认识到，对于硬化预算约束而言，私有化方式既不是必要的，也不是充分的。因为在许多国家，政府对私人生产者也进行补贴（例如，对钢铁企业），而在某些国家，政府却可能对国有企业提出硬化预算约束的要求。

# 价格和制度改革

硬化预算约束的一个前提条件是利润测度必须有意义，但遗憾的是，这一点经常难以做到。价格经常形同虚设：价格改革是重要改革的第一步。企业继承了相应的资产和债务，要评估企业经营状况是否良好，必须以有效的方式评估这些资产和债务。如果一家企业拥有一大笔不需要支付费用的资本存量，它就有巨额的正现金流，但是从经济意义上说，它可能经营状况很差。另外，如果一家企业只有很少的资产，但它有需要支付高额利息的债务，那么它就可能有负的现金流，不过，其经营状况可能相当好。正如我在前面章节中所指出的，要使利润数据有意义，企业资产负债表就必须加以调整。

私有化最多只是部分解决了上述问题，采用代金券而没有资本重组终究解决不了问题。在企业面临有限竞争的情况下，通过出售企业实现私有化的方式可能会低估企业资产的实际价值，相应地，基于这种企业资产低估的良好绩效，不能真实反映企业的效率状况。

正如我在第 12 章中所强调的，软预算约束不仅可能源于政府行为，也可能来自金融机构的行为，因此，转型过程中的一个重要方面就是必须改革金融机构，并且由于金融机构在市场社会主义经济中扮演的角色与在资本主义经济中大相径庭，所以这一点尤其重要。

# 宏观稳定和微观转型

一种稳定的记账单位也是很重要的，为此必须关注通货膨胀。导致通货膨胀的两个罪魁祸首是过度的信用扩张——部分原因是未经改革的金融体系——和政府税收体系的无效率。

McKinnon（1991）曾强调过在转型的早期阶段政府收入如何遭到侵蚀。在转型经济中，政府征收隐性税收，即生产者价格（生产成本）与消费者价格之间的差额，政府企业的利润归政府所有。随着价格被放开，这些利润很快消失，而这时政府却没有适当的收入来源，所以，税收体系改革也是转型过程中必须首要考虑的。

通货膨胀带来的问题似乎很麻烦，以致许多国家在转型早期都特别注意宏观经济的稳定。尽管紧缩的政府政策导致了高失业率，但那些推荐休克疗法的顾问似乎对转型国家经历的痛苦无动于衷，有时这被看作转型必须经历的过程。

一般的观点认为，作为转型过程的一部分，资源必须从一种用途转变为另一种用途。对于为什么转型过程中必然会出现高失业率和异乎寻常的低工资，通常有两种解释。第一种观点认为，在将资源配置到更具生产率的用途之前，必须首先将资源从生产率低的用途中撤出来，这种转换需要时间——这就是失业的调整期。第二种观点认为，必须引导低生产率部门的资源向外转移，这必然导致这些部门的企业解雇工人，工人需要去寻找生产率更高的工作。而引导工人这么做的唯一方法是降低其原来工作的工资，引导企业解雇雇员的唯一方法则是硬化其预算约束。

上述观点可能有些道理，但需要从两个重要方面加以限定。第一，许多东欧国家的基本问题可能在于资本结构，因为投资模式可能有误，从而就业结构也相应有误。但是，给定目前的资本品存量，劳动力配置可能不像看起来的那样无效率，资本品存量不能一夜之间加以改变，所以，劳动力重新配置的利益，在短期内可能不像长期内那么显著。

第二，近年来我们已经知道，工人的生产率对其工资可能比较敏感，降低工资可能导致低生产率。这在短期内可能不太明显，因为可能存在特殊的心理因素。例如在战争期间，出于保卫国家的热情，工人可能愿意特别努力地工作。同样，建设新社会的高昂热情迸发时也是如此。但是，在长期内，随着这种热情的消退，生活逐渐恢复正常，效率工资的作用将逐渐居于支配地位，这种效率工资的作用非常接近我们所理解的宏观经济调整的核心内容。

关于调整速度的许多讨论中，在宏观经济问题与微观经济问题之间存在混乱。可能确实有必要制止通货膨胀和控制政府预算，但是解决这些问题并不等于重建经济。在转型经济中，资本市场几乎不发挥作用。由于缺少房地产市场，劳动市场的流动性也受到阻碍，所以，转型经济的宏观经济学可能显著不同于标准的凯恩斯主义宏观经济学。正如我在第 12 章中所强调的，供给方面的反应可能更重要，至少是不同于需求方面的反应。紧缩信贷可能导致供给减少，同时也导致需求萎缩，对于缓解通货膨胀只有有限的效果。当然，如果信贷扩张不能增加适销对路的产品数量，而只是使企业支付的工资提高，上述结论就不成立。无疑，1993 年俄罗斯快速的信贷扩张是导致其高通货膨胀的主要原因。

## 鼓励创建新企业

有关转型过程的大量讨论，主要集中在改革和改变旧制度方面。但也许建立新制度和创立新企业是同样重要的，甚至更重要。在这方面，中国提供了一个很有意义的案例研究。中国不是将注意力聚焦于现存国有企业的私有化，而是随着合资企业、乡镇企业、地方企业和私有企业等新企业的成长，现存国有企业的重要性逐渐下降。当然，促进新企业成长也需要制度改革，所以，中国依据当代工业化条件对国有企业进行了适时的改革。

# 关于私有化[①]

　　某些自由市场主义者认为，转型成功的第一步是国有企业的私有化。这种观点是对还是错，我并不十分清楚。但我知道的是，这种观点并无科学基础。

　　正如我前面所提出的，竞争远比私有化重要。我看不出英国石油公司与德士古石油公司在行为上有什么差异（前者显然经营得远比后者好，但我不愿意将其归因于英国政府持有公司的大量股份），并且（也许更有争议）英国电信公司和英国航空公司的效率改进主要发生在私有化之前。

　　理论告诉我们，两种情况下我们都面临激励问题（委托-代理问题）。最重要的是改变管理者的激励结构，这对公共部门的企业来说也是可行的。

　　我本来想说，企业的第一项业务是安排新的管理者，但是这些管理者从何而来，对管理者如何选择，均没有定论。在任何条件下，必须认识到，短期内可能缺少称职的管理者。在挑选管理者方面，由股东选择的董事会一定胜于通过国有企业系统内的某种选择机制选择的董事会吗？例如，国有企业系统内控股公司通过其他程序产生的董事会（也许可以由国内外银行、国内外商界领导，甚至可能是学院的相关领域专家共同参与）？在私有化过程的某些阶段，进行一些制度结构的改革可能很重要，例如，使国有企业脱离原来经营它们的部门的控制。

　　我在第 10 章中曾提到，许多国家已经通过代金券计划开始推进私有化。我在这里的劝告是保持谨慎。一个大多数人已经铭记于心的问题是：关注公司治理。但是，尽管人们意识到了这个问题，还是有太多的人似乎相信，建立控股公司和股票市场将为有效率的管理提供相应的信息和激励。在第 10 章，我对这一点是否为充分条件表达了某种怀疑。

　　最后，在推进私有化进程方面，政治经济方面的问题可能比至今讨论的所有因素都重要。私有化将削减行政部门（及其官员）的政治权力，同时还会形成新的阶层，他们会基于自身的利益支持改革过程。

---

　　[①]　参见第 10 章关于私有化问题的更广泛讨论。

# 改革时序

至此，我们已经理解了改革时序的重要性。没有价格放开，很难形成基于市场的激励。如果出现恶性通货膨胀，价格体系将不能发挥相应作用，相应地，市场导向的改革将无法成功。不过，并非仅限于此，很显然还存在其他的自由处置空间。

中国的经验已经显示，没有私有化过程，甚至没有清晰界定产权的过程，市场化改革照样能够成功推进。中国的改革过程特别重视竞争，同时也对金融体系进行改革。在短期内，这些改革的重要性如何并不清楚：因为大多数投资是通过留存收益进行融资（跟其他国家类似），尽管有许多关于建立股票市场的宣传，但是在 1979—1992 年的高速经济增长中，股票市场并未发挥重要作用。中国高度重视改革时序问题（正如我将在下面评论的时机问题）。在进行全面的价格改革之前，中国先引入价格双轨制，从而在没有同时和即刻打破经济体系的条件下，使得价格体系的"浮动"部分向企业发送信息，而这些信息（信号）又可以促进进一步的价格改革。[①]

中国将广泛的激励结构或市场化改革放在私有化之前，同时也意识到，如果要在长期内维持投资，产权问题迟早会提上议事日程，于是开始进行企业的公司化改造过程，股份首先向企业员工发行，一旦目前的所有权结构清晰之后，进行公开发行就是比较容易的事情了。

将私有化问题放在次要考虑具有很好的理由，因为产权分配问题容易引起争议，并且没有一种简易方法来解决如何公平分配馅饼的问题，尤其是在存在历史性产权这一长期问题时更是如此。当馅饼快速增大时，分配问题的争议性就会减少，既然得到了比预期更大的馅饼，人们就会感到相对满足。但是，由于各国存在急切的自发私有化倾向，所以问题可能不是何时进行私有化，而是如何进行私有化，以及应该由谁来控制私有化过程。

---

① 在改革的最初阶段，我曾经与来自中国的经济学家进行过讨论，他们很关心如何才能计算出均衡价格。他们知道当时中国国内的价格是错误的，但是通过建立可计算一般均衡模型来解决问题也是行不通的。并且，由于这种模型具有严格的假定条件，所以，它提供的信息也只有有限价值。

# 转型速度

没有什么问题比经济转型速度和方式更容易引起争议了。有人鼓吹休克方式——因为他们认为不能两步跨过一个峡谷，有人主张渐进式转型——因为只有十月怀胎才能一朝分娩。对于究竟什么是快速转型或什么是缓慢转型，也是一个有争议的问题。

这种争议中的许多重要问题超出了经济学的范围，而是涉及政治判断。一国的政治力量是否倾向于为实现对市场化不可逆转的承诺，坚持的唯一途径就是继续向前推进改革？或者，一国的政治力量是否会出于反对休克方式而威胁到对市场化改革的承诺？无疑，对这些问题的答案会因国而异。某些东欧国家也许出于某种原因，对市场化改革态度是如此坚定，以至无论什么代价都在所不惜。

标准经济理论对上述问题确实难以置喙，阿罗-德布鲁模型——正如我已经指出的，它不适合用来分析均衡——甚至也不能作为转型经济的模型。虽然稳定性分析不时在数理经济学中颇为流行，但其基本模型（具有明显的动态学性质）似乎完全不适用于对转型问题进行建模。

但是，经济理论对上述问题还是能够有所作为。除非一个人是在一种以苦为乐的价值观传统中长大——没有理由相信大多数东欧国家具有这种传统——否则，受苦只能是为了获得某种利益而必须承受的代价，这种利益无法通过其他方式获得。我在前面的讨论中曾指出，在某些情况下，人们在宏观经济和微观经济调整之间关系的认识上存在混乱：经济结构微小调整的取得，在短期内都要付出相对高的代价。

另外，还有两种观点认为渐进式转型具有优越性。**第一种观点**强调的问题是，政府承诺不会使改革半途而废。如果没有这种承诺，投资者就会认为改革不会持久，他们也就不会进行必要的投资；如果他们不进行必要的投资，就更有可能使人们认为改革不会持久。渐进式改革的好处，是使政府能够选择容易成功的领域进行改革，投资者会对此做出理性预期。如果预期成功，他们会进一步投资，而这种投资又有助于强化他们的预期。（这种观点在斯坦福大学方星海的博士学位论文中得到深入探讨。）

**第二种观点**集中于学习问题。在由传统计划经济转向市场经济的过程中，既有个人学习，也有组织学习。个人必须学会如何对市场信号做出反应，社会必须知道哪种制度最有效率，组织必须学会如何适应新的环境。渐进式转型可能从以下两个方面促进这种学习过程。

**首先**，它可以避免"信息过载"问题。当某一系统处于过度需求状态时，其有效性会受到不利影响。教师都熟悉的一般性原理是：学习必须循序渐进，明天的学习必须以今天的所学为基础。确实，没有前面的阶段，不可能（至少是不容易）解决后面阶段的问题。这一点可以用定价问题来说明。在中国转型的早期阶段，人们讨论最多的问题是，如何制定正确的价格。他们意识到自己面对一个巨大的一般均衡问题。他们知道许多物品（包括煤炭这样的初级产品）的价格是远离均衡水平的，也不相信（我有充分的理由做出判断）可计算一般均衡模型能够提供帮助。因此，他们实行价格双轨制：高于基本配额的"计划外"产量可以在市场上销售，配额本身"计划内"的产品由政府定价，计划外产品价格是浮动的，这种价格开始成为稀缺性的信号。他们在边际上操作，所以没有导致大的混乱，而如果所有价格同时放开，就可能导致大的混乱。（一般均衡理论的大量文献均对价格趋向均衡时的稳定性表示怀疑，这种理论上的怀疑也许强化了人们对实践中激进式价格改革的质疑。）这种边际价格为进一步的价格改革提供了信息，所以几年之后，价格双轨制就被单一的浮动价格体系有效替代了。

**其次**，渐进式转型避免了信息损失，这种信息损失在激进式转型中随着组织遭到破坏必然会发生。从这方面看，演进优于革命。这样，组织就储存了不同个人执行各种任务的相对能力信息。尽管在转型过程中，任务分配可能发生变化，但是一个阶段的信息对后续阶段可能仍然有用，拥有**某些信息**比一切**从头开始**要好。上述观点并非结论性的。[①]它只是表明经济学观点能够被用来讨论转型速度问题，尽管还没有得到广泛应用。

# 扩展公平

东欧经济在取得财富所有权的一定程度公平方面，也许无出其右

---

① 使用一个类比可能使问题变得清楚。例如，重建房屋有两种方法：有时人们认为拆除旧房子，然后在原地盖新房子，这样会更好；有时人们建议把房子的一部分改造一下，然后再改造另外一部分，直至逐渐改造全部结构，到最后，原来的建筑几乎没有了。当需要使用房屋时，通常首选后一种方法——因为目前需要使用较长一段时间，不能没有原有建筑。

者，其他的市场经济没有达到，也不可能达到。确实，它们实现了人们经常提及的分权化目标，而这在许多其他国家是不可能达到的，因为这些国家的财富已经高度集中。它们不应该失去这样的机会：既然"财富"改革的损害已经造成，现在就是充分利用这种改革能提供的好处的良机。（在前面的讨论中，我曾反对将公平与效率分开考虑的观点，而是主张更公平的财富分配所可能带来的好处。）

我觉得，从一种严格的政治观点来看，如果能够保持一种更加公平的财富分配，民主政府的长期合法性将会得到加强。

不过，已经发生的自发私有化过程，以及企业家利用转型经济的许多机会进行套利所创造的私人财富，已经创造了一个财富集团，使得维持公平变得更加困难。

如何以公平的方式对土地、产业资本和房产进行私有化，仍然是一个难题。但是，存在困难这个事实并不意味着人们就应该放弃尝试。像几个国家所做的那样，退回到早期某个时期的土地产权——这种产权通常只是存在于某一短暂的历史时期——既没有效率，也缺乏公平。过去曾发生过大规模的财富再分配，它也许是错误的。但更大的挑战是抓住现在的机会，去努力建设一个更公平的社会。

# 民主和经济进步

早期教科书的一个结论通常是社会快速进步与民主存在冲突。在战争时期，政府几乎无一例外地进行直接控制和限制市场。要么将市场看成紧急状态下不实用的奢侈品，要么认为市场是一种不能适应新形势的机制，显然，这两种对市场的谴责性批评都是恰当的。不过，前面我也曾论述过，迷信中央集权也是错误的。

集权主义政府可能擅长于抑制消费，但是在促进效率提高方面的作用却乏善可陈，高储蓄率在很大程度上只能补偿大规模经济无效率所带来的损失。当经济发展到需要更多由个人做出决策的阶段时，限制自由的弊端就特别明显。为实现产品有效交换和市场相关观念的有效交流，必须具备自由交往的条件，而阻碍这种自由交往的因素，可能就是其他形式的社会交往受到限制。[①]

# 正确地提出问题

最后的劝告是"正确地提出问题",不要简单地把问题看成"市场"与"政府"的二元对立,而是需要在市场和政府之间进行适当平衡,因为可能存在许多中间形式的经济组织(包括基于地方政府、合作社等的中间组织形式)。

不完全和有成本的信息、不完全资本市场、不完全竞争等构成现实的市场经济,那些正在进行经济体制选择的国家,必须考虑所有这些方面。竞争不完全和资本市场不完全的事实,并不意味着市场体制不应该被采用,只是意味着在进行选择的过程中,不要被那些基于不恰当市场经济模型的定理和思想所迷惑。最重要的是,它意味着在决定采用哪种形式的市场经济时,在确定政府应该发挥何种作用时,他们需要考虑的是实际市场经济是如何运作的,而不是不恰当的完全竞争范式中的市场是如何运行的。

---

① Drèze and Sen(1989)曾强调了民主在形成政治约束机制方面的作用,而政治约束可能阻止大规模饥荒的发生。

# 第16章 哲学思考

自基督教改革以来，在人间建立美好世界的梦想，始终是西方文明发展的中心议题。在19世纪，某些乌托邦设想被付诸实践，并取得了有限的成功。但是19世纪也伴随着意识形态的发展，它替代了长期统治人类的宗教教义，成为类似于宗教的激情，而且这种激情受到一种错误观念的强化，这种错误观念认为上述意识形态具有科学基础。在长达一个世纪的时间里，马克思主义意识形态对许多人的思想和生活产生了较大的影响，这种现象值得我们思考，这也是我在本书中已经强调过的。同时，我认为，对于自己确信的观点要保持谨慎，对于所谓的经过"科学"辩护的社会组织信念同样要保持谨慎。并且，不能仅限于此，我们还需要探究一些思想之所以产生深刻而广泛影响的更深层原因。

新古典模型和相应的意识形态没有涉及上述许多基本论题，它只涉及市场效率（尽管是帕累托效率）。这种观点对经历25％失业率的大萧条社会，或者对长期陷于滞胀的社会，是没有吸引力的；对于生活在美国和西欧富裕国家的那些生活贫困的人也缺乏吸引力；同样，这种观点也难以吸引这些国家的年轻人，因为他们怀有的公正社会理想还没有被自身走向成熟过程中对自我利益的追求所冲淡。

市场效率是世界各种可能情况中的最美好境界吗？也许是。但从个人的角度来看，人们不相信，也不愿意相信。从社会的角度来看，我们同样不愿意相信。我们不能接受这样的观点：仅仅解决市场效率问题的创造性努力本身就有价值，哪怕毫无进展。

# 塑造个人

马克思主义意识形态成功流行的部分原因是对一个更有效率经济的希冀，人们期望这种有效率经济将给更多的人带来丰富的物质产品。但是，这种意识形态得到知识分子的认同则不仅仅是上述原因，而是部分基于经济体制影响个人本质的信念。这种关注具有深厚的基础，例如，对"传统"社会主义实验最尖锐的批评就是它对于人类精神的影响：官僚主义和缺乏创新精神。

同样，我们不能简单漠视马克思所关注的市场经济导致工人劳动异化的问题。在下面的讨论中，我将简要评论一些广泛因素的效应：竞争和合作；信任、自利行为和慈善；异化；分权化。

## 竞争和合作

竞争是重要的，不仅因为它能促进经济效率的提高，而且因为它会带来生活的激情。我们对于市场经济特征的认识存在一种矛盾心理：一方面，我们认为竞争是好的；另一方面，我们又质疑过度竞争。我们鼓励团队内的合作，但也希望有竞争。我们不赞成个人之间的过度竞争，而竞争性市场环境又可能引导和导致个人人性方面的过度竞争。如果采取冷酷竞争的个人总是成功，这种行为就会被模仿。同时，那些更具合作精神的人可能会经常被人利用，并被贬损为缺乏阳刚之气，相应地，这类行为就会受到抑制。

## 信任、自利行为和慈善

我们看不惯过度竞争的个人，原因之一是我们对自利行为的矛盾心态。亚当·斯密可能是对的，他认为诉诸个人自利行为，比依靠行善更能导致公共利益的实现。当然，需要具备一些特定条件，自利行为才会带来经济效率。

信任是我们生活中的基本要素。为了获得信任，我们通常需要在行动上较少考虑自利性。在资本主义市场的早期发展中，信任也是基本要素。在不完全市场中，特定的自利行为会损害经济效率。确实，我们知道，必须提供具有高昂代价的激励措施，才能使自利的个人以守信的方式行动（例如信任工资）[1]。

这里的讽刺意味在于，资本主义一方面鼓励自利行为，另一方面又有可能导致低效率的环境。资本主义繁荣取决于一种奇特组合的环境：自利行为与非自利行为的恰当组合。自利行为引导个人追求利润；非自利行为意味着人们一诺千金，依靠社会约束而非经济奖惩保证合约的执行。

当然，对于资本主义助长自利行为的批评，超越了对资本主义本身自利行为的批评。长期以来，东西方共同的文明信条就是每个人都需要关心他人，但是资本主义却鼓励自利行为。关心他人真的有必要吗？

我们将慈善看成一种美德[2]，但是，强迫别人进行慈善施舍仍然是美德吗？自愿给予穷人金钱而不是被迫这么做，对于慈善施予者和慈善接受者而言均是有区别的。随着关心焦点的变化（不仅关心穷人，也关心自己、父母和孩子），以及从个人到政府责任的变化，社会和我们自身都经历了改变。我们再次面对的一种讽刺意味是，试图通过促使政府在再分配中承担更大作用来改进社会，即通过政府影响个人和社会契约的性质，但结果却可能事与愿违。

## 异 化

马克思及其追随者特别关注工人与其劳动的异化以及与其产品的异化。今天我们谈论工作的满意感和工人在企业中的参与，也是出于对上述问题的关注。现在我们已经知道，生产资料所有权的改变，不仅不能解决这些问题，反而可能使问题变得更糟。至少在资本主义体制中，工作满意度和工人参与在某种程度上会影响工人的生产率，所以，企业有很强的激励去改善生产管理，以提高工人的工作满意度。但企业应该做到何种程度呢？必须明白，上述效应是基于以下假设：工人的偏好和个性不受企业内部活动的影响。

## 分权化

我已经强调过，竞争效应远远超出标准模型所涉及的对狭义利益的影响，这同样适用于理解分权化。我曾强调分权化对效率的狭义影响，

---

[1] 这种观点在声誉模型中得到强调（包括我前面讨论的效率工资理论）。
[2] 我们应该注意到，更多的文献提到，某些形式的利他主义在进化过程中具有存在价值。（相关的质疑是，这种进化过程的分析单位是什么？）

但它也可能极大地影响个人关于自身影响力和控制力的感知，这种感知本身可能影响生产率，甚至可能产生更广泛的影响。

个人对现代社会的一种常见抱怨就是个人的无力感。如何组织经济才能有助于减轻这种无力感？可以肯定的是，分权化会给更多的个人带来他们有所作为的感觉。我猜想，哪怕是在一种有限小范围内的控制感，也胜于在一个大系统中充当一个齿轮的感觉。

同时，对人类容易犯错特性的分析（第 9 章曾讨论过）表明，在一个组织良好的社会中，某种无力感也是不可避免的。我们不能、也不应该依靠单个个人去做出重要的集体决策，这些决策几乎总是由委员会或官僚组织内部做出，任何个人对决策结果只能起边际性的微小影响。只是在无关紧要的事情上（这里犯错只有微小的后果）才能把决策权下放给单个个人，这也许是尽可能限制集体决策范围的理由。

## 人性的内生性

我已经谈到经济体制设计可能如何强化个人的某些特性，包括自利性和竞争性。用现代的表述来说就是，人性的某些方面内生于体制。斯密在其著作中论及的经济体制对人类精神的影响，在现代经济中却消失了。[①]

> 大多数人的理解能力必须在其日常工作中形成。终身从事简单工作的人……通常会变得像通人性的动物一样愚笨和无知，思维迟钝不仅使他难以进行和欣赏理性的谈话，也使他难以具有任何慷慨、高尚或温柔的情操，从而不可能对私人生活的日常责任做出正常的判断。……在这种情况下，他在某些活动中的敏捷性，是以牺牲智力、社会和体能方面的素质为代价的。但是，在每个进步和文明的社会，除非政府做出努力加以防止，否则，作为人口大多数的穷困劳动者，他们的精神状态必然会下降。

传统经济理论将个人作为始终不变的主体（不变的"偏好"和技术是模型的基础），尽管这个观点是明显错误的，但我们还是没有科学依据来判断某种道德准则是否优于另一种道德准则，或者人类的某些特性是否优于另一些特性。因此，哈耶克强调市场的道德维度也许是有道

---

① 引自海尔布伦纳的文章，Heilbroner，"Reflections：Economic Predictions," *New Yorker*，July 8，1991。

的（也是我描述的市场在塑造人性方面的作用），但他没有提供研究这些问题的系统方法（参见哈耶克 1989 年的著作）。

# 新古典人的狭隘性

对新古典经济学的批评，不仅是因为它没有考虑经济组织影响社会和个人相关特征的广泛后果，而且是因为它过于狭隘地局限于人性的自利、理性行为方面。确实，这种行为模型对我们理解经济行为大有帮助，对我们理解市场社会主义实验的挫折也大有裨益。但是，正如我所提到的，应该弄清楚激励的作用，关于经济行为的许多方面我们还不甚明了。为什么许多个人会尽其所能地努力且有效工作？我已经阐明了狭义的激励对此问题只能提供不充分的解释。我强调了合作、忠诚和信任的重要性，这些品德能促进经济关系更加和谐，它们经常（很幸运地）导致单纯自利行为无法达到的效果。①

# 演化论方法②

新古典经济学家试图基于狭隘的经济效率理由为资本主义辩护。我已经证明，一旦引入不完全市场和不完全信息这样的更现实假定，帕累托效率就不能成立。

也有其他的经济思想分支关注市场过程，但却认为新古典经济学的辩护过于狭隘，甚至有所误导。我曾提到过哈耶克关于市场的"道德"

---

① 乔治·阿克洛夫（George Akerlof）在一次谈话中提出一种可能的解释。因为这些品德具有经济价值，雇主和其他人会甄别不同的个人是否具有这类品德。那些"相信"自利行为的父母，可能也会培养自己的孩子看起来具备合作、忠诚和信任这类品德，而实际上却是出于自利动机。但是，要做到这一点比较困难，因为伪装不是一件容易的事。使孩子看起来具有合作精神和诚实可靠的唯一有效的办法是使他们真实地具有这些品德。确实，一旦这样去培养孩子，他们就会确实具备这类品德。

也有其他情况下标准经济人模型失效的情况。例如，有证据表明，内在奖励比外在奖励能更有效地激励个人。经济学研究中的自利行为鼓吹者不考虑上述情况，而是将其看作特例或基础理论中的缺陷。他们认为，总体而言，大多数经济行为都能基于"人是自利的"这一简单假设得到解释。

② 这一部分大量引用了 Stiglitz（1992c）。

维度的观点。长期以来，也存在一种强调市场演化观点的经济学传统，包括哈耶克及其追随者和阿尔钦（Alchian）等。

　　物种之间的竞争与市场中个人之间的竞争具有天然的相似性。斯宾塞和其他人将达尔文的自然选择和适者生存理论扩展到人类社会。"适者"这个术语大致具有一种规范含义，很明显，"适者生存"的含义不是指观察到的那些生存下来的生物就是"适者"，其本质是指生存下来的"适者"比其他没有生存下来的不适者更优越。演化过程具有目的论的含义，19 世纪关于进化的观点反映为一种恒定的运动，尽管速度缓慢，但演化的力量终将使得物种和社会得以"改进"。政府实施的无视穷人遭遇的冷酷政策，正是在这种社会达尔文主义名义下得以推行的。

　　在经济学理论中，更狭义的演化论观点也长期发挥着重要作用。[①]针对企业似乎不是有意识追求利润最大化这种异议，演化经济学给出的解释是，不论是有意识还是无意识，长期内似乎只有追求利润最大化的企业才能生存下来，这就证明了企业确实在追求利润最大化。利润最大化和竞争确实是市场经济有效率这个观点的两个基本要素。

　　演化力量不仅对经济中的企业选择发挥作用，对制度选择同样发挥作用。随着社会的演化，简单的社会交换演变成复杂的市场，所以，从某种意义上可以推测，演化来的市场经济逐渐替代其他社会安排，意味着市场经济是"更好"的制度。

　　与这种理论观点同样重要的是，该理论缺少一种正规的动态理论作为基础，也缺少一种明确的关于演化力量"合意性"广泛信念的规范基础，或者说，对于演化过程中政府干预的通常政策结论，要么是政策无效，要么是政策更糟，所以，似乎是不合常理地建议我们简单接受演化过程的自然结果。"自然"的意思是什么？我们如何知道可能实施的干预（诸如政府政策）所产生的任何特定扰动，是不是"自然"演化过程的一部分？如果一项干预措施没有生命力，我们是否只能依据事后诸葛亮的方式得知呢？过去几个世纪的演化过程已经涉及大量的变迁，所以

---

　　① 这类文献的更早贡献者包括 Farrell（1970）、Alchian（1950）、Winter（1971，1975）、Nelson and Winter（1974；1982）。至少有三个较大的、更近期的文献分支：一是来自尼尔逊和温特的工作，其研究中心是技术演化［也包括 Dosi et al（1988）和 Hanusch（1988）］。二是来自社会生物学的最新研究成果［包括 Maynard-Smith（1976，1982）和 Hirshleifer（1977）］，这些成果基于演化稳定均衡的概念在博弈论中得到进一步完善。三是来自组织方面的文献，例如 Hannan and Freeman（1977）、McKelvey（1982）和 Pelikan（1982，1989）。

我们不能简单拒绝变迁是演化过程最基本的要素。

确实，只有依据后见之明，我们才有可能得知一项政策是否具有生命力。政府是演化过程中的一种积极因素这一假说，可以被以下观察所支持：有政府的社会才能生存，没有政府的社会不能存在。同理，从演化的观点看，市场中某种类型的政府干预可能使社会境况变好。虽然我们从社会主义在东欧遭受挫折的事实可能得出它在东欧没有生命力的推断，但我们不能由此得出市场制度更优越的结论，因为社会主义的支持者同样可以争辩说，只是我们尝试的社会主义特定形式缺乏生命力。同理，人们也可以从东亚经济体的成功证明"有管理市场"和强政府干预比有限政府干预的市场经济更有生命力。

从更广泛的意义上，我们现在认识到存在多种形式的资本主义。例如，我们认识到日本经济体系中的行为、结构（组织）和绩效——包括私人部门和政府与私人部门的关系——在许多重要方面不同于美国，但是演化理论没有告诉我们更多关于制度选择的基础。

同理，那些赞同演化过程的人也走得太远：没有理由相信演化过程具有任何的最优化性质。实际上，有充足的理由证明演化过程是远离最优的。生物学家强调，演化过程具有随机性，可以经常观察到表面的冗余，以及导致问题的发育不全（如人的阑尾）。

经济学家注意到，如果没有资本市场，一家具有良好长期前景的企业（物种），就不能通过"借贷"来应对暂时的环境变化。具有良好适应能力的一个物种——或一家企业——可能在竞争中被另一家能更好适应特定环境的企业淘汰。因此，更具竞争性的环境——其中竞争非常残酷，以致除了最有效率的企业之外，其他企业均被淘汰——在长期内可能实际上生产率更低。

人们可以将自然选择看作一个筛选过程，它试图将"好的"（生产性）个体（物种、企业）从"坏的"（非生产性）个体中筛选出来。但是，像任何筛选过程一样，这里的筛选也是不完全的。某些好的企业可能消失了：在残酷竞争条件下，一家有效率企业可能由于遇上坏运气而导致破产，某些不好的企业反而可能存活下来，至少维持一段较长时间。例如，通用汽车公司在效率低下多年后仍然存活的故事已经成为一个传奇，在这个过程中，公司的浪费估计超过1 000亿美元。

正如任何的筛选过程一样，这里也存在一种权衡取舍：人们通常只能以增加其他类型的错误为代价来减少某种类型的错误（例如，降低坏企业的生存概率）；允许亏损企业存活较长一段时间，人们可以积累信息，从而能更确信该企业亏损的原因是由于自身的能力不足，进而使得错误清除有效率企业的可能性减小。但与此同时，允许效率低下企业存活较长时间可能会导致更糟糕的资源错配。

重要的是，没有理由相信市场经济能够"自然地"做出正确的权衡取舍，或者说，特别是没有理由相信，竞争过于残酷的市场经济一定比竞争温和的市场经济更有效率。并且，既然特定品质（物种）能否存活下来取决于所处环境，也就是它具有内生性，那么，就没有理由相信系统作为一个整体具有任何的最优化性质。这种系统只是保证在其创造的特定环境中，那些能适应环境特性的人能够存活下来。因此，人们可以设想这样一个社会，其中有官员和创新者这两类个体，官员使创新者生存困难，而创新者则使官员生活不如意。这种社会将存在多重均衡，可能是官员主导社会，这时创新者难以发展，官员创造的环境一定对自己有利；相反，也可能是创新者主导社会，他们创造的环境也是对创新者自己有利。尽管从不同的初始条件出发，该经济可能向任意一种均衡演化，一种均衡结果（依据某种福利标准判断，例如长期经济增长）可能优于另一种均衡结果。（只有当这两种社会直接发生冲突或者相互比较时，官僚主义的坏处才能显露出来。）

一种好的突变（新的社会制度）可能难以依靠自身存活下来，因为它需要其他社会制度的相应变化。这里可能存在协调失灵，因为许多变化必须同时发生，而市场过程可能难以提供必要的协调。因此，没有理由假设演化力量自身具有任何期望的福利性质。并且，如果我们严肃对待本章第一部分的观察，考虑到偏好内生性，我们就会发现，即使想弄清楚判断演化过程的标准是什么也很成问题。

当然，如果演化力量"自然"导致令人满意的结果（无论其含义是什么），经济学家的任务将很简单，即观察和评论这个过程。但是，作为经济学家，我们被要求分析各种拟议的政策变化和制度变革，并且随着分析工具的改进，我们能够更好地分析这些变化以及这些变化的效应。使用演化论的术语，我们可以问：它能生存下来吗？我们甚至可以从事社会工程设计，并提问：我们设计的制度和政策改革措施能够改善社会福利吗？或者，再一次使用演化论的术语：这些制度和政策改革措施可能有生存价值吗？

判断某一特定的社会创新——包括政府职能的转变——是否具有演化合理性属于一件难事，而且历史能够提供的经验也很有限。对于许多创新而言，我希望本书提供的洞察能有所帮助。

# 第**17**章 结 论

美国诗人罗伯特·弗罗斯特（Robert Frost）的一首诗写道：

> 林子里本有两条路可走呵，
>
> 而我选取了鲜有人走的一条，
>
> 因此而有了这迥然相异的一切。

东欧国家开始它们新的旅程时，面对着多条分岔的路，而不仅仅是两条。在这些路径中，许多是鲜有人行的，也不知道终点在何处。过去70年实验的巨大代价之一是排除了对许多其他路径的探索。东欧经济最终在旅途中无功而返，希望人们记住，这不仅是因为我在本书中提出的一系列狭义经济问题，也是因为一系列广泛的社会道德标准，这些道德标准曾激励东欧的许多社会建设者。也许他们中的一些人将继续探索鲜为人知的路径，这也将使他们的一切与众不同。这种探索不仅能造福他们自己，也能造福我们所有人。

# 参考文献

Akerlof, G. 1970. The market for "Lemons": Qualitative uncertainty and the market mechanism. *Quarterly Journal of Economics* 86:488–500.

Akerlof, G. 1991. Procrastination and obedience. *American Economic Review* 81:1–19.

Alchian, A. 1950. Uncertainty, evolution and economic theory. *Journal of Political Economy* 58:211–221.

Amsden, A. H. 1989. *Asia's Next Giant: South Korea and Late Industrialization.* Oxford University Press, Oxford.

Arnott, R., B. C. Greenwald, and J. E. Stiglitz. 1992. Information and economic efficiency. Paper presented at AEA annual meeting in New Orleans.

Arnott, R., and J. E. Stiglitz. 1985. Labor turnover, wage structure and moral hazard: The inefficiency of competitive markets. *Journal of Labor Economics* 3:434–462.

Arnott, R., and J. E. Stiglitz. 1986. Moral hazard and optimal commodity taxation. *Journal of Public Economics* 23:1–24.

Arnott, R., and J. E. Stiglitz. 1988a. The basic analytics of moral hazard. *Scandinavian Journal of Economics* 90:383–413.

Arnott, R., and J. E. Stiglitz. 1988b. Randomization with asymmetric information. *Rand Journal of Economics* 19:344–362.

Arnott, R., and J. E. Stiglitz. 1989. The welfare economics of moral hazard. In *Risk, Information and Insurance: Essays in the Memory of Karl H. Borch*, Henri Louberge (ed.). Kluwer Academic Publishers, Norwell, MA, pp. 91–122.

Arnott, R., and J. E. Stiglitz. 1990a. Price equilibrium, efficiency, and decentralizability in insurance markets. Working Paper, Stanford University.

Arnott, R., and J. E. Stiglitz. 1990b. Equilibrium in competitive insurance markets with moral hazard. Working Paper, Stanford University.

Arnott, R., and J. E. Stiglitz. 1991. Moral hazard and non-market Institutions: Dysfunctional crowding out or peer monitoring. *American Economic Review* 81:179–190.

Arrow, K. J. 1951a. *Social Choice and Individual Values.* Wiley, New York.

Arrow, K. J. 1951b. An extension of the basic theorem of classical welfare economics. In *Proceedings of the Second Berkeley Symposium on Mathematical Studies and Probability*, J. Neyman (ed.). University of California Press, Berkeley, pp. 507–532.

Arrow, K. J. 1962a. The economic implications of learning by doing. *Review of Economic Studies* 29:155–173.

Arrow, K. J. 1962b. Economic welfare and the allocation of resources for invention. In *The Rate and Direction of Inventive Activity*. Princeton University Press, Princeton, pp. 609–625.

Arrow, K. J. 1974. *The Limits of Organization*. Norton, New York.

Arrow, K. J. 1988. Toward a theory of price adjustment. In *The Allocation of Economic Resources*, P. A. Baran, T. Scitovsky, and E. S. Shaw (eds.). Stanford: Stanford University Press.

Arrow, K. J., and G. Debreu. 1954. Existence of an equilibrium for a competitive economy. *Econometrica* 22:265–290.

Asquith, P., and D. W. Mullins. 1986a. Equity issues and stock price dilution. *Journal of Financial Economics* 13:296–320.

Asquith, P., and D. W. Mullins. 1986b. Equity issues and offering dilution. *Journal of Financial Economics* 15:61–89.

Bain, J. S. 1956. *Barriers to New Competition*. Harvard University Press, Cambridge.

Bardhan, P. (ed.). 1989. *The Economic Theory of Agrarian Institutions*. Clarendon Press, Oxford.

Barzel, Y. 1968. Optimal timing of innovations. *Review of Economic Studies* 35:348–355.

Bator, F. 1958. The anatomy of market failures. *Quarterly Journal of Economics* 72:351–379.

Baumol, W. J. 1959. *Business Behavior, Value and Growth*. Harcourt Brace, New York.

Baumol, W. J. 1982. Contestable markets: An uprising in the theory of industry structure. *American Economic Review* 72:1–15.

Baumol, W. J., J. C. Panzar, and R. D. Willig. 1982. *Contestable Markets and the Theory of Industry Structure*. Harcourt Brace Jovanovich, San Diego.

Becker, G., and G. Stigler. 1974. Law enforcement, malfeasance, and compensation of enforcers. *Journal of Legal Studies* 3:1–18.

Berle, A. 1926a. Management power and stockholders' property. *Harvard Business Review* 5:424–432.

Berle, A., Jr. 1926b. Non-voting stock and "bankers" control. *Harvard Law Review*.

Berle, A., and G. Means. 1932. *The Modern Corporation and Private Property*. Commerce Clearing House, New York.

Bhagwati, J. 1987. The generalized theory of distortions and welfare. In *International Trade*, J. Bhagwati (ed.). Cambridge University Press, Cambridge, pp. 265–286.

Blinder, A. S. 1987. *Hard Heads, Soft Hearts: Tough-Minded Economics for a Just Society*. Addison-Wesley, Reading, MA.

Braverman, A., and J. E. Stiglitz. 1982. Sharecropping and the interlinking of agrarian markets. *American Economic Review* 72:695–715.

Braverman, A., and J. E. Stiglitz. 1986. Cost sharing arrangement under sharecropping: Moral hazard, incentive flexibility and risk. *Journal of Agricultural Economics* 68:642–652.

Bray, M., and D. M. Kreps. 1987. Rational learning and rational expectations. In *Arrow and the Ascent of Modern Economic Theory*. New York University Press, New York, pp. 597–625.

Brito, D., J. Hamilton, S. Slutsky, and J. Stiglitz. 1990. Pareto-efficient tax structures. *Oxford Economic Papers* 42:61–77.

Buchanan, J. 1986. *Liberty, Market and State, Political Economics in the 1980s*. New York University Press, New York.

Burroughs, B., and J. Helyar. 1990. *Barbarians at the Gate*. Harper and Row, New York.

Calvo, G., and J. Frankel. 1991. Credit markets, credibility, and economic transformation. *Journal of Economic Perspectives* 5:139–148.

Caves, D. W., and L. R. Christensen. 1980. The relative efficiency of public and private firms in a competitive environment: The case of Canadian railroads. *Journal of Political Economy* 88:958–976.

Chamberlin, E. 1933. *The Theory of Monopolistic Competition*. Harvard University Press, Cambridge.

Cheung, S. 1963. *The Theory of Share Tenancy*. Chicago University Press, Chicago.

Clark, J. B. 1923. *Studies in the Economies of Overhead Costs*. Chicago University Press, Chicago.

Coase, R. 1937. The nature of the firm. *Economica:* 386–405.

Coase, R. 1960. On the problem of social cost. *Journal of Law and Economics* 3:1–44.

Dasgupta, P. 1993. *An Inquiry into Well-being and Destination*. Oxford: Oxford University Press.

Dasgupta, P., and J. E. Stiglitz. 1972. On optimal taxation and public production. *Review of Economic Studies* 39:87–103.

Dasgupta, P., and J. E. Stiglitz. 1977. Tariffs vs. quotas as revenue raising devices under uncertainty. *American Economic Review* 67:975–981.

Dasgupta, P., and J. E. Stiglitz. 1980a. Uncertainty, market structure and the speed of R&D. *Bell Journal of Economics* 11:1–28.

Dasgupta, P., and J. E. Stiglitz. 1980b. Industrial structure and the nature of innovative activity. *Economic Journal* 90:266–293.

Dasgupta, P., and J. E. Stiglitz. 1988a. Potential competition, actual competition and economic welfare. *European Economic Review* 32:569–577.

Dasgupta, P., and J. E. Stiglitz. 1988b. Learning by doing, market structure and industrial and trade policies. *Oxford Economic Papers* 40:246–268.

Dasgupta, P., R. Gilbert, and J. E. Stiglitz. 1983. Strategic considerations in invention and innovation: The case of natural resources. *Econometrica* 512:1439–1448.

Debreu, G. 1951. The coefficient of resource utilization. *Econometrica* 19:273–292.

Debreu, G. 1959. *The Theory of Value*. Wiley, New York.

Demsetz, M. 1968. Why regulate utilities? *Journal of Law and Economics* 11:55–66.

Diamond, P. 1967. The role of the stock market in a general equilibrium model with technological uncertainty. *American Economic Review* 57:759–776.

Diamond, P. 1971. A model of price adjustment. *Journal of Economic Theory* 3:156–168.

Dixit, A. 1980. The role of investment in entry-deterrence. *Economic Journal* 90:95–106.

Dixit, A. 1992. Investment and hysteresis. *Journal of Economic Perspectives* 6:107–132.

Dixit, A., and J. E. Stiglitz. 1977. Monopolistic competition and optimal product diversity. *American Economic Review* 67:297–308.

Domar, E., and R. Musgrave. 1944. Proportional income taxation and risk taking. *Quarterly Journal of Economics* 58:388–422.

Dosi, G., C. Freeman, R. Nelson, G. Silverberg, and L. Soete. 1988. *Technological Change and Economic Theory*. Pinter, London.

Drèze, J. 1974. Investment under private ownership: Optimality, equilibrium and stability. In *Allocation under Uncertainty: Equilibrium and Optimality*, J. Drèze (ed.). Macmillan, New York, pp. 261–297.

Drèze, J. 1987. *Essays on Economic Decisions under Uncertainty*. Cambridge University Press, Cambridge.

Drèze, J., and A. K. Sen. 1989. *Hunger and Public Action*. Oxford University Press, Oxford.

Eaton, J. 1986. Lending with costly enforcement of repayment and potential fraud. *Journal of Banking and Finance* 10:281–293.

Eaton, J., and M. Gersowitz. 1981. Debt with potential repudiation: Theoretical and empirical analysis. *Review of Economic Studies* 48:289–309.

Edlin, A., and J. E. Stiglitz. 1992. Discouraging rivals: Managerial rent seeking and economic inefficiencies. Presented at CEPR Conference on Corporate Governance, Stanford University, May 1992.

Fama, E. 1980. Banking in the theory of finance. *Journal of Monetary Economics* 6:39–57.

Fang, X. 1993. Essays on the processes of economic transitions. Ph.D. dissertation. Stanford University.

Farrell, M. J. 1970. Some elementary selection processes in economics. *Review of Economic Studies* 37:305–319.

Farrell, M. J. 1987. Information and the Coase theorem. *Journal of Economic Perspectives* 1:113–129.

Farrell, M. J. 1988. Puzzles: Sylvia, ice cream and more. *Journal of Economic Perspectives* 2:175–182.

Foley, D. K. 1970. Economic equilibrium, with costly marketing. *Journal of Economic Theory* 2:280–284.

Gale, I., and J. E. Stiglitz. 1985. Futures markets are almost always informationally inefficient. Princeton University Financial Research Center Memorandum No. 57. February.

Gilbert, R. J., and D. M. G. Newbery. 1982. Preemptive patenting and the persistence of monopoly. *American Economic Review* 72:514–526.

Green, J., and N. Stokey. 1983. A comparison of tournaments and contracts. *Journal of Political Economy* 91:349–364.

Greenwald, B. C. 1986. Adverse selection in the labor market. *Review of Economic Studies* 53:325–347.

Greenwald, B., and J. E. Stiglitz. 1984. Informational imperfections in capital markets and macro-economic fluctuations. *American Economic Review* 74:194–199.

Greenwald, B., and J. E. Stiglitz. 1986. Externalities in economies with imperfect information and incomplete markets. *Quarterly Journal of Economics* 101:229–264.

Greenwald, B., and J. E. Stiglitz. 1987. Keynesian, new Keynesian and neoclassical economics. *Oxford Economic Papers* 39:119–133.

Greenwald, B., and J. E. Stiglitz. 1988. Pareto inefficiency of market economies: Search and efficiency wage models. *American Economic Association Papers and Proceedings* 78:351–355.

Greenwald, B., and J. E. Stiglitz. 1990a. Macroeconomic models with equity and credit rationing. In *Information, Capital Markets and Investments*, R. Glenn Hubbard (ed.). Chicago University Press, Chicago.

Greenwald, B., and J. E. Stiglitz. 1990b. Asymmetric information and the new theory of the firm. Financial constraints and risk behavior. *American Economic Review* 80:160–165.

Greenwald, B., and J. E. Stiglitz. 1992. Information, finance and markets: The architecture of allocative mechanisms. *Journal of Industrial and Corporate Change* 1:37–63.

Greenwald, B., and J. E. Stiglitz. 1993. Financial market imperfections and business cycles. *Quarterly Journal of Economics* 108:77–114.

Greenwald, B., J. E. Stiglitz, and A. Weiss. 1984. Informational imperfections in the capital markets and macro-economic fluctuations. *American Economic Review* 74:194–199.

Grossman, S. J. 1975. The existence of future markets, noisy rational expectations and informational externalities. Ph.D. dissertation. University of Chicago.

Grossman, S. J. 1976. On the efficiency of competitive stock markets where traders have diverse information. *Journal of Finance* 31:573–585.

Grossman, S. J. 1981a. The informational role of warranties and private disclosure about product quality. *Journal of Law and Economics* 24:461–484.

Grossman, S. J. 1981b. Nash equilibrium and the industrial organization of markets with large fixed costs. *Economica* 49:1149–1172.

Grossman, S. J., and O. Hart. 1980. Takeover bids, the free rider problem and the theory of the corporation. *Bell Journal of Economics* 11:42–64.

Grossman, S. J., and O. Hart. 1986. The costs and benefits of ownership: A theory of vertical and lateral integration. *Journal of Political Economy* 94:691–718.

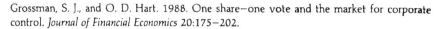

Grossman, S. J., and O. D. Hart. 1988. One share—one vote and the market for corporate control. *Journal of Financial Economics* 20:175–202.

Grossman, S. J., and J. E. Stiglitz. 1976. Information and competitive price systems. *American Economic Review* 66:246–253.

Grossman, S. J., and J. E. Stiglitz. 1977. On value maximization and alternative objectives of the firm. *Journal of Finance* 32:389–402.

Grossman, S. J., and J. E. Stiglitz. 1980a. On the impossibility of informationally efficient markets. *American Economic Review* 70:393–408.

Grossman, S. J., and J. E. Stiglitz. 1980b. Stockholder unanimity in the making of production and financial decisions. *Quarterly Journal of Economics* 94:543–566.

Grossman, S. J., and J. E. Stiglitz. 1986. Information and competitive price systems. *American Economic Review* 66:246–253.

Hahn, F. 1966. Equilibrium dynamics with heterogeneous capital goods. *Quarterly Journal of Economics* 80:133–146.

Hahn, F. 1971. Equilibrium with transaction costs. *Econometrica* 39:417–400.

Hahn, R. W. 1989. Economic prescriptions for environmental problems: How the patient followed the doctor's orders. *Journal of Economic Perspectives* 3:98–114.

Hall, R. E. 1988. The relation between price and marginal cost in U.S. industry. *Journal of Political Economy* 96:921–947.

Hannan, M. T., and J. Freeman. 1977. The population ecology of organizations. *American Journal of Sociology* 82:929–964.

Hannaway, J. 1989. *Managing Managers: The Working of an Administrative System.* Oxford University Press, Oxford.

Hannaway, J. 1992. Higher order skills, job design, and incentives: An analysis and proposal. *American Educational Research Journal* 29:3–21.

Hannaway, J. 1993a. Decentralization in two school distributions: Challenging the standard paradigm. In *Decentralization and Education: Can We Fulfill the Promise?* J. Hannaway and M. Carnoy (eds.). Josey-Bass, San Francisco.

Hannaway, J. 1993b. Political pressure and decentralization in institutional organization: The case of school districts. *Sociology of Education* 66:147–163.

Hannaway, J., and Carnoy, M. 1993. *Decentralization and Education: Can We Fulfill the Promise?* Josey-Bass, San Francisco.

Hanusch, H. 1988. *Evolutionary Economics.* Cambridge University Press, Cambridge.

Harberger, A. C. 1954. Monopoly and resource allocation. *AEA Papers and Proceedings* 44:77–87.

Harris, C., and J. Vickers. 1987. Racing with uncertainty. *Review of Economic Studies* 54:1–21.

Hart, O. 1975. On the optimality of equilibrium when the market structure is incomplete. *Journal of Economic Theory* 11:418–443.

Hart, O., and B. Holmstrom. 1987. The theory of contracts. In *Advances in Economic Theory,* T. Bewley (ed.). Cambridge University Press, Cambridge, pp. 71–155.

Hayek, F. A. 1989. *The Fatal Conceit*. University of Chicago Press, Chicago.

Heilbroner, D. 1991. Reflections: Economic predictions. *New Yorker*, July 8.

Hellwig, M. 1977. A model of borrowing and lending with bankruptcy. *Econometrica* 45: 1876–1906.

Hirschman, A. O. 1970. *Exit, Voice, and Loyalty*. Harvard University Press, Cambridge.

Hirshleifer, J. 1971. The private and social value of information and the reward to incentive activity. *American Economic Review* 61:561–574.

Hirshleifer, J. 1977. Economics from a biological viewpoint. *Journal of Law and Economics* 20:1–52.

Hirshleifer, J., and J. Riley. 1979. The analytics of uncertainty and information: An expository survey. *Journal of Economic Literature* 17:1375–1421.

Hoff, K., A. Braverman, and J. E. Stiglitz. 1993. *The Theory of Rural Economic Organizations*. Oxford University Press, Oxford.

Holmstrom, B. 1982. Moral hazard in teams. *Bell Journal of Economics* 13:324–340.

Holmstrom, B., and P. Milgrom. 1987. Aggregation and linearity in the provision of intertemporal incentives. *Econometrica* 55:303–328.

Holmstrom, B., and P. Milgrom. 1991. Multitask principal-agent analyses: Incentive contracts, asset ownership, and job design. *Journal of Law, Economics and Organization* 7 (special issue): 24–52.

Jarrell, G. A., J. A. Brickley, and J. M. Netter. 1988. The market for corporate control: The empirical evidence since 1980. *Journal of Economic Perspectives* 2:49–68.

Jensen, M. 1986. Agency costs of free cash flow, corporate finance and takeovers. *American Economic Review* 76:323–329.

Jensen, M., and W. Meckling. 1976. Theory of the firm: Managerial behavior, agency costs and ownership structure. *Journal of Financial Economics* 3:305–360.

Jensen, M., and K. Murphy. 1990. Performance pay and top management incentives. *Journal of Political Economy* 98:225–264.

Jordan, J. 1977. Expectations equilibrium and informational efficiency for stochastic environments. *Journal of Economic Theory* 16:354–372.

Jordan, J. S. 1983. On the efficient markets hypothesis. *Econometrica* 51:1325–1343.

Keynes, J. M. 1936. *The General Theory of Employment, Interest and Money*. Macmillan, London.

Klein, B., and K. B. Leffler. 1981. The role of market forces in assuring contractual performance. *Journal of Political Economy* 89:615–641.

Knight, F. 1921. *Risk, Uncertainty and Profit*. Houghton Mifflin, Boston, 1921.

Kornai, J. 1980. *Economics of Shortage*. North Holland, Amsterdam.

Kornai, J. 1986. The soft budget constraint. *Kyklos* 39(1):3–30.

Kornai, J. 1990. The affinity between ownership forms and coordination mechanisms: The common experience of reforms in socialist countries. *Journal of Economic Perspectives* 4:131–147.

Krattenmaker, T., and S. Salop. 1986. Anti-competitive exclusion: Raising rivals' costs to gain power over price. *Yale Law Journal*, December.

Kreps, D. 1990. *A Course in Microeconomic Theory*. Princeton University Press, Princeton.

Kreuger, A. 1987. The political economy of the rent-seeking society. In *International Trade*, J. Bhagwati (ed.). Cambridge University Press, Cambridge.

Laffont, J. -J. 1989. *The Economics of Information and Uncertainty*. MIT Press, Cambridge.

Lange, O. 1967. *Essays on Economic Planning*. 2d ed. Asian Publishing House, Bombay.

Lazear, E. P., and S. Rosen. 1981. Rank-order tournaments as optimum labor contracts. *Journal of Political Economy* 89:841–864.

Leibenstein, H. 1966. Allocative efficiency and X-efficiency. *American Economic Review* 56: 392–415.

Lerner, A. P. 1944. *The Economics of Control*. Macmillan, New York.

Lewis, A. 1928. *Overhead Costs*. Holt & Rinehart, New York.

Lucas, R. E., Jr. 1972. Expectations and the neutrality of money. *Journal of Economic Theory* 4:103–124.

March, J. G., and H. Simon. 1958. *Organizations*. Wiley, New York.

Marris, R. K. 1964. *The Economic Theory of Managerial Capitalism*. Free Press, New York.

Marschak, J., and R. Radner. 1972. *Economic Theory of Teams*. Yale University Press, New Haven.

Mayer, C. 1989. Financial systems, corporate finance and economic development. CEPR. Mimeo.

Mayer, C. 1990. Financial systems, corporate finance, and economic development. In *Asymmetrical Information, Corporate Finance, and Investment*, R. G. Hubbard (ed.). University of Chicago Press, Chicago.

Maynard-Smith, J. 1976. Evolution and the theory of games. *American Scientist* 64:41–45.

Maynard-Smith, J. 1982. *Evolution and the Theory of Games*. Cambridge University Press, Cambridge.

McKelvey, W. 1982. *Organizational Systematics: Taxonomy, Evolution, and Classification*. University of California, Los Angeles.

McKinnon, R. 1991a. Financial control in the transition to a market economy from classical socialism. In *The Emergence of Market Economies in Eastern Europe*, C. Clague (ed.). Basil Blackwell, Oxford.

McKinnon, R. 1991b. *The Order of Economic Liberalization: Financial Control in the Transition to Market Economy*. Johns Hopkins University Press, Baltimore

McKinnon, R. 1992. Taxation, money, oil credit in a liberalizing socialist economy. *Journal of Economic Perspectives* 5:107–122.

Milgrom, P., and J. Roberts. 1988. An economic approach to influence activities and organizational responses. *American Journal of Sociology* 94 (July suppl.): S154–S179.

Milgrom, P., and J. Roberts. 1992. *Economics, Organization, and Management*. Prentice Hall, Englewood Cliffs, NJ.

Milgrom, P., and N. Stokey. 1982. Information, trade and common knowledge. *Journal of Economic Theory* 26:17–27.

Mirrlees, J. 1971. An exploration in the theory of optimum income taxation. *Review of Economic Studies* 38:175–208.

Mirrlees, J. 1975. The theory of moral hazard and unobservable behavior. Mimeo. Nuffield College, Oxford, 1975.

Morck, R., A. Shleifer, and R. W. Vishny. 1989. Alternative mechanisms for corporate control. *American Economic Review* 79:842–852.

Morck, R., A. Shleifer, and R. W. Vishny. 1990. Do managerial objectives drive bank acquisitions? *Journal of Finance* 45:31–48.

Mortensen, D. 1989. The persistence and indeterminacy of unemployment in search equilibrium. *Scandinavian Journal of Economics* 91:367–372.

Musgrave, R. 1959. *The Theory of Public Finance*. McGraw-Hill, New York.

Myers, S. 1977. Determinants of corporate borrowing. *Journal of Financial Economics* 4:147–175.

Myers, S., and N. Majluf. 1984. Corporate financing and investment decisions when firms have information that investors do not have. *Journal of Financial Economics* 13:187–221.

Nalebuff, B., and J. E. Stiglitz. 1983a. Prizes and incentives: Towards a general theory of compensation and competition. *Bell Journal of Economics* 14:21–43.

Nalebuff, B., and J. E. Stiglitz. 1983b. Information, competition and markets. *American Economic Review* 72:278–284.

Nelson, R. R., and S. G. Winter. 1974. Neoclassical vs. evolutionary theories of economic growth: Critique and prospectus. *Economic Journal* 84:886–905.

Nelson, R. R., and S. G. Winter. 1982. *An Evolutionary Theory of Economic Change*. Harvard University Press, Cambridge.

Newbery, D., and J. E. Stiglitz. 1981. *The Theory of Commodity Price Stabilization*. Oxford University Press, Oxford.

Newbery, D., and J. E. Stiglitz. 1982. The choice of techniques and the optimality of market equilibrium with rational expectations. *Journal of Political Economy* 90:223–246.

Newbery, D., and J. E. Stiglitz. 1983. Information, competition and markets. *Economic Review* 72:278–284.

Newbery, D., and J. E. Stiglitz. 1984. Pareto-inferior trade. *Review of Economic Studies* 51:1–13.

Newbery, D., and J. E. Stiglitz. 1987. Wage rigidity, implicit contracts, unemployment and economic efficiency. *Economic Journal* 97:416–430.

Pelikan, P. 1982. *An Evolutionary Theory of Economic Change.* Harvard University Press, Cambridge.

Pelikan, P. 1989. Evolution, economic competence, and the market for corporate control. *Journal of Economic Behavior and Organization* 12:279–303.

Persky, J. 1989. Adam Smith's invisible hands. *Journal of Economic Perspectives* 3:195–201.

Persky, J. 1991. Lange and von Mises, large-scale enterprises, and the economic case for socialism: Retrospectives. *Journal of Economic Perspectives* 5:229–236.

Prescott, E. C., and R. M. Townsend. 1984. Pareto optima and competitive equilibria with adverse selection and moral hazard. *Econometrica* 52:21–45.

Radner, R. 1968. Competitive equilibrium under uncertainty. *Econometrica* 36:31–58.

Radner, R. 1972. Existence of equilibrium of plans, prices, and price expectations in a sequence of markets. *Econometrica* 40:289–303.

Radner, R. 1974. A note on unanimity of stockholders' preferences among alternative production plans: A reformulation of the Ekern-Wilson model. *Bell Journal of Economics* 5:181–184.

Radner, R. 1979. Rational expectations equilibrium: Generic existence and the information revealed by prices. *Econometrica* 47:655–678.

Radner, R., and J. E. Stiglitz. 1984. Nonconcavity in the value of information. In *Bayesian Models in Economic Theory,* vol. 5, M. Boyer and R. Kilstrom (eds.). Elsevier, Amsterdam, pp. 33–52.

Ramsey, F. 1927. A contribution to the theory of taxation. *Economic Journal* 37:47–61.

Rey, P., and J. E. Stiglitz. 1992. Short-term contracts as monitoring devices. Stanford University mimeo.

Robinson, J. 1933. *The Economics of Imperfect Competition.* Macmillan, London.

Romer, C. P. 1986. Is the stabilization of the postwar economy a figment of the data? *American Economic Review* 76:314–334.

Ross, S. 1973. The economic theory of agency: The principal's problem. *American Economic Review* 63:134–139.

Rothschild, M., and J. E. Stiglitz. 1975. Existence and equilibrium in markets with imperfect information. Paper presented to World Congress of the Econometric Society, Toronto.

Rothschild, M., and J. E. Stiglitz. 1976. Equilibrium in competitive insurance markets. *Quarterly Journal of Economics* 90:629–649.

Rotter, C. 1988. World War I and the postwar depression: A reinterpretation based on alternative estimates of GNP. *Journal of Monetary Economics* 22:91–115.

Sah, R. 1991. Fallibility in human organizations and political systems. *Journal of Economic Perspectives* 5:67–88.

Sah, R., and J. E. Stiglitz. 1985a. Human fallibility and economic organization. *American Economic Review* 75:292–297.

Sah, R., and J. E. Stiglitz. 1985b. Perpetuation and self-reproduction of organizations: The selection and performance of managers. Presented at World Congress of Econometric Society, Cambridge, August.

Sah, R., and J. E. Stiglitz. 1986. The architecture of economic systems: Hierarchies and polyarchies. *American Economic Review* 76:716–727.

Sah, R., and J. E. Stiglitz. 1987. The invariance of market innovation to the number of firms. *Rand Journal of Economics* 18:98–108.

Sah, R., and J. E. Stiglitz. 1988a. Committees, hierarchies and polyarchies. *Economic Journal* 98:451–470.

Sah, R., and J. E. Stiglitz. 1988b. Qualitative properties of profit-maximizing K-out-of-N systems subject to two kinds of failure. *IEEE Transactions on Reliability* 37:515–520.

Sah, R., and J. E. Stiglitz. 1991. Quality of managers in centralized versus decentralized economic systems. *Quarterly Journal of Economics* 106:289–296.

Salop, S. 1976. Information and monopolistic competition. *American Economic Review* 66: 240–245.

Salop, S. 1977. The noisy monopolist: Imperfect information, price dispersion and price discrimination. *Review of Economic Studies* 44:393–406.

Salop, S. C. 1979a. Strategic entry deterrence. *American Economic Review* 69:335–338.

Salop, S. C. 1979b. Monopolistic competition with outside goods. *Bell Journal of Economics* 10:141–156.

Salop, S., and D. Scheffman. 1983. Raising rivals' costs. *American Economic Review* 73:267–271.

Salop, S., and J. E. Stiglitz. 1977. Bargains and ripoffs: A model of monopolistically competitive price dispersions. *Review of Economic Studies* 44:493–510.

Salop, S., and J. E. Stiglitz. 1982. The theory of sales: A simple model of equilibrium price dispersion with identical agents. *American Economic Review* 72:1121–1130.

Salop, S., and J. E. Stiglitz. 1987. Information, welfare and product diversity. In *Arrow and the Foundations of the Theory of Economic Policy*, G. Feiwel (ed.). Macmillan, London, pp. 328–340.

Samuelson, P. 1947. *Foundations of Economic Analysis*. Harvard. University Press, Cambridge.

Samuelson, P. 1965. A theory of induced innovation along Kennedy-Weizsaecker lines. *Review of Economics and Statistics* 47:160–173.

Samuelson, P. 1967. Indeterminacy of development in a heterogeneous capital model with constant saving propensity. In *Essays on the Theory of Optimal Economic Growth*, K. Shell (ed.). MIT Press, Cambridge.

Sappington, D., and J. E. Stiglitz. 1987a. Information and regulation. In *Public Regulation*, E. Bailey (ed.). MIT Press, Cambridge, pp. 3–43.

Sappington, D., and J. E. Stiglitz. 1987b. Privatization, information and incentives. *Journal of Policy Analysis and Management* 6:567–582.

Shavell, S. 1979. On moral hazard and insurance. *Quarterly Journal of Economics* 93:541–562.

Shleifer, A., and R. Vishny. 1986. Large shareholders and corporate control. *Journal of Political Economy* 94:461–488.

Shleifer, A., and R. Vishny. 1989. Management entrenchment: The cost of manager-specific investments. *Journal of Financial Economics* 25:123–139.

Schmalensee, R. 1982. Product differentiation advantages of pioneering brands. *American Economic Review* 72:349–365.

Schmalensee, R., and J. Willig. 1983. *Handbook of Industrial Organization*. North-Holland, Amsterdam.

Schumpeter, J. 1942. *Socialism, Capitalism, and Democracy*. Harper, New York.

Schumpeter, J. [1946] 1986. *The Dynamics of Market Economies*. McGraw-Hill, New York.

Scitovsky, T. 1950. Ignorance as a source of oligopoly power. *American Economic Review* 40:48–53.

Shapiro, C. 1983. Premiums for high quality products as returns to reputations. *Quarterly Journal of Economics* 98:659–679.

Shapiro, C., and J. E. Stiglitz. 1984. Equilibrium unemployment as a worker discipline device. *American Economic Review* 74:433–444.

Shapiro, C., and J. E. Stiglitz. 1985a. Equilibrium unemployment as a worker discipline device: Reply. *American Economic Review* 75(4):892–893.

Shapiro, C., and J. E. Stiglitz. 1985b. Can unemployment be involuntary? *American Economic Review* 75(5):1215–1217.

Shell, K., M. Sidrauski, and J. E. Stiglitz. 1969. Capital gains, income, and savings. *Review of Economic Studies* 36:15–26.

Shell, K., and J. E. Stiglitz. 1967. Allocation of investment in a dynamic economy. *Quarterly Journal of Economics* 81:592–609.

Shoven, J., and L. Bagwell. 1989. Cash distributions to shareholders. *Journal of Economic Perspectives* 3:129–140.

Simon, H. A. 1991. Organizations and markets. *Journal of Economic Perspectives* 5:25–44.

Solow, R. 1957. Technical change and the aggregate production function. *Review of Economics and Statistics* 39:312–320.

Solow, R. M., and P. A. Samuelson. 1953. Balanced growth under constant returns to scale. *Econometrica* 21:412–424.

Solow, R. M., and P. A. Samuelson. 1956. A compete capital model involving heterogeneous capital goods. *Quarterly Journal of Economics* 70:537–562.

Spence, A. M. 1976. Production selection, fixed costs, and monopolistic competition. *Review of Economic Studies* 43:217–235.

Spence, A. M. 1977. Entry, capacity, investment and oligopolistic pricing. *Bell Journal of Economics* 8:534–544.

Starrett, D. 1972. Fundamental nonconvexities in the theory of externalities. *Journal of Economic Theory* 4:180–199.

Starrett, D. 1988. *Foundations of Public Economics*. Cambridge University Press, Cambridge.

Stigler, G. 1971. Theory of regulation. *Bell Journal of Economics* 2:3−21.

Stiglitz, J. E. 1969. Theory of innovation: Discussion. *AEA Papers and Proceedings* 59:46−49.

Stiglitz, J. E. 1971. Perfect and imperfect capital markets. Presented at the Meetings of the Econometric Society, New Orleans.

Stiglitz, J. E. 1972a. Some aspects of the pure theory of corporate finance: Bankruptcies and take-overs. *Bell Journal of Economics* 3:458−482.

Stiglitz, J. E. 1972b. On the optimality of the stock market allocation of investment. *Quarterly Journal of Economics* 86:25−60. (Shortened version of a paper presented at the Far Eastern Meetings of the Econometric Society, June 1970. Tokyo.)

Stiglitz, J. E. 1973a. Recurrence of techniques in a dynamic economy. In *Models of Economic Growth*, J. Mirrlees (ed.). Macmillan, London, pp. 138−161.

Stiglitz, J. E. 1973b. Taxation, corporate financial policy and the cost of capital. *Journal of Public Economics* 2:1−34.

Stiglitz, J. E. 1974. Incentives and risk sharing in sharecropping. *Review of Economic Studies* 41:219−255.

Stiglitz, J. E. 1975a. Information and economic analysis. In *Current Economic Problems*, Parkin and Nobay (eds.). Cambridge University Press, Cambridge, pp. 27−52.

Stiglitz, J. E. 1975b. Incentives, risk and information: Notes towards a theory of hierarchy. *Bell Journal of Economics* 6:552−579.

Stiglitz, J. E. 1975c. The theory of screening, education and the distribution of income. *American Economic Review* 65:283−300.

Stiglitz, J. E. 1977a. Theory of local public goods. In *The Economics of Public Services*, M. S. Feldstein and R. P. Inman (eds.). Macmillan, London, pp. 274−333.

Stiglitz, J. E. 1977b. Monopoly, nonlinear pricing and imperfect information: The insurance market. *Review of Economic Studies* 44:407−430.

Stiglitz, J. E. 1979. On search and equilibrium price distributions. In *Economics and Human Welfare: Essays in Honor of Tibor Scitovsky*, M. Boskin (ed.). Academic Press, San Diego, pp. 203−216.

Stiglitz, J. E. 1981a. Potential competition may reduce welfare. *American Economic Review* 71:184−189.

Stiglitz, J. E. 1981b. Ownership, control and efficient markets: Some paradoxes in the theory of capital markets. *In Economic Regulation: Essays in Honor of James R. Nelson*, K. D. Boyer and W. G. Shepherd (eds.). University of Michigan Press, Ann Arbor, pp. 311−341.

Stiglitz, J. E. 1982a. The inefficiency of the stock market equilibrium. *Review of Economic Studies* 49:241−261.

Stiglitz, J. E. 1982b. Self-selection and Pareto efficient taxation. *Journal of Public Economics* 17:213−240.

Stiglitz, J. E. 1982c. Utilitarianism and horizontal equity: The case for random taxation. *Journal of Public Economics* 18:1−33.

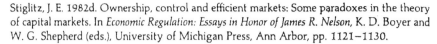

Stiglitz, J. E. 1982d. Ownership, control and efficient markets: Some paradoxes in the theory of capital markets. In *Economic Regulation: Essays in Honor of James R. Nelson*, K. D. Boyer and W. G. Shepherd (eds.), University of Michigan Press, Ann Arbor, pp. 1121−1130.

Stiglitz, J. E. 1982e. Information and capital markets. In *Financial Economics: Essays in Honor of Paul Cootner*, William F. Sharpe and Cathryn Cootner (eds.). Prentice Hall, Englewood Cliffs, NJ, pp. 118−158.

Stiglitz, J. 1983a. Public goods in open economies with heterogeneous individuals. In *Locational Analysis of Public Facilities*, J. F. Thisse and H. G. Zoller (eds.). North-Holland, Amsterdam, pp. 55−78.

Stiglitz, J. E. 1983b. The theory of local public goods twenty-five years after Tiebout: A perspective. In *Local Provision of Public Services: The Tiebout Model after Twenty-five Years*, G. R. Zodrow (ed.). Academic Press, San Diego, pp. 17−53.

Stiglitz, J. E. 1985a. Economics of information and the theory of economic development. *Revista de Econometrica* 5:5−32.

Stiglitz, J. E. 1985b. Credit markets and the control of capital. *Journal of Credit and Banking* 17:133−152.

Stiglitz, J. E. 1985c. Information and economic analysis: A perspective. *Economic Journal* Suppl., 95:21−41.

Stiglitz, J. E. 1986a. Towards a more general theory of monopolistic competition. In *Prices, Competition and Equilibrium*, M. Peston and R. Quandt (eds.). Allan, Oxford, pp. 22−69.

Stiglitz, J. E. 1986b. Theory of competition, incentives and risk. In *New Developments in the Theory of Market Structure*, J. E. Stiglitz and F. Mathewson (eds.). MIT Press, Cambridge, pp. 399−449.

Stiglitz, J. E. 1987a. Pareto efficient and optimal taxation and the new new welfare economics. In *Handbook on Public Economics*, A. Auerbach and M. Feldstein (eds.). Elsevier Science Publishers/North-Holland, Amsterdam, pp. 991−1042.

Stiglitz, J. E. 1987b. The causes and consequences of the dependence of quality on price. *Journal of Economic Literature* 25:1−48.

Stiglitz, J. E. 1987c. Competition and the number of firms in a market: Are duopolies more competitive than atomistic markets? *Journal of Political Economy* 95:1041−1061.

Stiglitz, J. E. 1987d. On the microeconomics of technical progress. In *Technology Generation in Latin American Manufacturing Industries*, Jorge M. Katz (ed.). Macmillan, London, pp. 56−77.

Stiglitz, J. E. 1987e. Design of labor contracts: Economics of incentives and risk sharing. *Incentives, Cooperation and Risk Sharing*, M. Nalbathian (ed.). Rowman and Allanheld, Totawa, NJ.

Stiglitz, J. E. 1987f. Theory of competition, incentives and risk. In *New Developments in The Theory of Market Structure*, J. E. Stiglitz and F. Mathewson (eds.). Macmillan, New York.

Stiglitz, J. E. 1987g. Technological change, sunk costs, and competition. *Brookings Papers on Economic Activity* 3.

Stiglitz, J. E. 1987h. Sharecropping. In *The New Palgrave: A Dictionary of Economics*. Macmillan, London.

Stiglitz, J. E. 1988a. Economic organization, information, and development. In *Handbook of Development Economics*, H. Chenery and T. N. Srinivasan (eds.). Elsevier Science Publishers, Amsterdam, pp. 94—160.

Stiglitz, J. E. 1988b. *Economics of the Public Sector*. 2d ed. Norton, New York.

Stiglitz, J. E. 1988c. Why financial structure matters. *Journal of Economic Perspectives* 2:121—126.

Stiglitz, J. E. 1988d. Money, credit and business fluctuations. *Economic Record* (December): 307—322.

Stiglitz, J. E. 1989a. Principal and agent. In *The New Palgrave: Allocation, Information and Markets*, J. Eatwell, M. Milgate, and P. Newman (eds.). Macmillan, London, pp. 241—253.

Stiglitz, J. E. 1989b. Imperfect information in the product market. In *Handbook of Industrial Organization*, vol. 1. Elsevier Science Publishers, Amsterdam, pp. 769—847.

Stiglitz, J. E. 1989c. Using tax policy to curb speculative short-term trading. *Journal of Financial Services Research* 3:101—115.

Stiglitz, J. E. 1989d. Incentives, information and organizational design. *Empirica* 16:3—29.

Stiglitz, J. E. 1989e. Some aspects of a general theory of economic organization. Lecture presented at the Ninth Latin American Meeting of the Econometric Society, Santiago, Chile, August.

Stiglitz, J. E. 1989f. On the economic role of the state. In *The Economic Role of the State*, A. Heertje (ed.). Basil Blackwell, Oxford, pp. 9—85.

Stiglitz, J. E. 1990a. Remarks on the occasion of the presentation of the UAP Prize. In *Journees Scientifiques & Prix UAP, 1988, 1989, 1990*, vol. 2. Conseil Scientifique de l'UAP, December, pp. 23—32.

Stiglitz, J. E. 1990b. Some retrospective views on growth theory presented on the occasion of the celebration of Robert Solow's 65th birthday. In *Growth/Productivity/Unemployment: Essays to Celebrate Bob Solow's Birthday*, Peter Diamond (ed.). MIT Press, Cambridge, pp. 50—68.

Stiglitz, J. E. 1990c. Peer monitoring and credit markets. *World Bank Editorial Review* 4:351—366.

Stiglitz, J. E. 1991a. Symposium on organizations and economics. *Journal of Economic Perspectives* 5:15—24.

Stiglitz, J. E. 1991b. Some theoretical aspects of the privatization: Applications to Eastern Europe. *Rivista di Politica Economica* (December): 179—204.

Stiglitz, J. E. 1991c. The economic role of the state: Efficiency and effectiveness. *Efficiency and Effectiveness*, T. P. Hardiman and M. Mulreany (eds.). Institute of Public Administration, Dublin, pp. 37—59.

Stiglitz, J. E. 1992a. Contract theory and macroeconomic fluctuations. *Nobel Symposium (No. 77) on Contract Economics*, L. Werin and H. Wijkander (eds.). Basil Blackwell, Oxford.

Stiglitz, J. E. 1992b. Capital markets and economic fluctuations in capitalist economies. *European Economic Review* 36:269—306.

Stiglitz, J. E. 1992c. Notes on evolutionary economics: Imperfect capital markets, organizational design, and long-run efficiency. Paper presented at Osaka University International Symposium on "Economic Analysis of Japanese Firms and Markets: A New Microeconomic Paradigm." Osaka, Japan, November 9.

Stiglitz, J. E. 1992d. The meanings of competition in economic analysis. *Rivista internazionale di Scienze sociali* 2 (April): 191–212.

Stiglitz, J. E. 1992e. The design of financial systems for the newly emerging democracies of Eastern Europe. In *The Emergence of Market Economies in Eastern Europe*, C. Clague and G. C. Rausser (eds.). Basil Blackwell, Oxford, pp. 161–184.

Stiglitz, J. E. 1993a. Incentives, organizational structures, and contractual choice in the reform of socialist agriculture. Presented at World Bank conference, "Agricultural Reform in Eastern Europe and the USSR." Budapest, August 1990, forthcoming in *Proceedings*.

Stiglitz, J. E. 1993b. *Welfare Economics with Imperfect and Asymmetric Information*. Lindahl Lectures presented at Uppsala. Oxford University Press, Oxford.

Stiglitz, J. E. 1993c. *Information and Economic Analysis*. Oxford University Press, Oxford.

Stiglitz, J. E. 1994. The role of the state in financial markets. *Proceedings of the World Bank Annual Conference on Development Economics, 1993*, pp. 19–52.

Stiglitz, J. E., and P. Dasgupta. 1971. Differential taxation, public goods, and economic efficiency. *Review of Economic Studies* 38:151–174.

Stiglitz, J. E., and A. Weiss. 1981. Credit rationing in markets with imperfect information. *American Economic Review* 71:393–410.

Stiglitz, J. E., and A. Weiss. 1983. Incentive effects of termination: Applications to the credit and labor markets. *American Economic Review* 73:912–927.

Stiglitz, J. E., and A. Weiss. 1990. Banks as social accountants and screening devices and the general theory of credit rationing. *Greek Economic Review* suppl., 12:85–118.

Summers, L., and V. Summers. 1989. When financial markets work too well: A cautious case for the securities transaction tax. *Journal of Financial Services* 3:261–286.

Taylor, F. 1948. The guidance of production in a socialist state. In *On the Economic Theory of Socialism*, O. Lange and F. Taylor (eds.). University of Minnesota Press, Minneapolis.

Tirole, J. 1982. On the possibility of speculation under rational expectations. *Econometrica* 50:1163–1181.

Wade, R. 1990. *Governing the Market: Economic Theory and the Role of Government in East Asian Industrialization*. Princeton University Press, Princeton.

Weitzman, M. 1974. Prices vs. Quantities. *Review of Economic Studies* 41:477–491.

Weitzman, M. L. 1980. The "ratchet principle" and performance incentives. *Bell Journal of Economics* 11:302–308.

Willig, R. 1992. Anti-monopoly policies and institutions. In *The Emergence of Market Economies in Eastern Europe*, C. Clague and G. Rausser (eds.). Basil Blackwell, Oxford, pp. 187–196.

Wilson, C. A. 1977. A model of insurance market with incomplete information. *Journal of Economic Theory* 16:167–207.

Wilson, R. 1977. A bidding model of "perfect" competition. *Review of Economic Studies* 44:511–518.

Wolinsky, A. 1986. True monopolistic competition as a result of imperfect information. *Quarterly Journal of Economics* 101:493–512.

Winter, S. G. 1971. Satisficing, selection, and the innovating remnant. *Quarterly Journal of Economics* 85:237–261.

Winter, S. G. 1975. Optimization and evolution in the theory of the firm. In *Adaptive Economic Models*, R. H. Day and T. Graves (eds.). Academic Press, San Diego.

Young, A. 1928. Increasing returns and economic progress. *Economic Journal* 38:527–546.

图书在版编目（CIP）数据

经济体制转型：理论与证据/（美）约瑟夫·E. 斯蒂格利茨著；韩太祥译 . -- 北京：中国人民大学出版社，2022.5

（诺贝尔经济学奖获得者丛书）

书名原文：Whither Socialism?

ISBN 978-7-300-30389-5

Ⅰ.①经… Ⅱ.①约… ②韩… Ⅲ.①经济体制改革—研究 Ⅳ.①F20

中国版本图书馆 CIP 数据核字（2022）第 039542 号

"十三五"国家重点出版物出版规划项目

诺贝尔经济学奖获得者丛书

**经济体制转型：理论与证据**

约瑟夫·E. 斯蒂格利茨　著

韩太祥　译

韩　楚　校

Jingji Tizhi Zhuanxing：Lilun yu Zhengju

| | | |
|---|---|---|
| 出版发行 | 中国人民大学出版社 | |
| 社　　址 | 北京中关村大街 31 号 | 邮政编码　100080 |
| 电　　话 | 010 - 62511242（总编室） | 010 - 62511770（质管部） |
| | 010 - 82501766（邮购部） | 010 - 62514148（门市部） |
| | 010 - 62515195（发行公司） | 010 - 62515275（盗版举报） |
| 网　　址 | http：//www. crup. com. cn | |
| 经　　销 | 新华书店 | |
| 印　　刷 | 涿州市星河印刷有限公司 | |
| 规　　格 | 160 mm×235 mm　16 开本 | 版　　次　2022 年 5 月第 1 版 |
| 印　　张 | 18 插页 2 | 印　　次　2022 年 5 月第 1 次印刷 |
| 字　　数 | 297 000 | 定　　价　76.00 元 |